本书系国家社科基金青年项目"史学家视野下的宋代君主论研究"（14CZS002）结项成果。

经邦论史

宋辽金元史学家的治国之道

申慧青 著

中国社会科学出版社

图书在版编目（CIP）数据

经邦论史：宋辽金元史学家的治国之道 / 申慧青著. — 北京：中国社会科学出版社，2025. 5. -- ISBN 978-7-5227-4479-7

Ⅰ．K092.4

中国国家版本馆 CIP 数据核字第 20244JW379 号

出 版 人	赵剑英
责任编辑	耿晓明
责任校对	闫 萃
责任印制	李寡寡

出　　版	中国社会科学出版社
社　　址	北京鼓楼西大街甲 158 号
邮　　编	100720
网　　址	http://www.csspw.cn
发 行 部	010-84083685
门 市 部	010-84029450
经　　销	新华书店及其他书店

印　　刷	北京明恒达印务有限公司
装　　订	廊坊市广阳区广增装订厂
版　　次	2025 年 5 月第 1 版
印　　次	2025 年 5 月第 1 次印刷

开　　本	710×1000　1/16
印　　张	19.25
字　　数	260 千字
定　　价	98.00 元

凡购买中国社会科学出版社图书，如有质量问题请与本社营销中心联系调换
电话：010-84083683
版权所有　侵权必究

序　言

　　从狭义的角度来看，治国理政是政治家和各级官员的职责。从广义的角度来看，"天下兴亡，匹夫有责"。那么，作为人类社会最古老最基础最综合的历史学，能否对治国理政发挥作用？能发挥什么作用？应该怎样发挥作用？这些问题，既是非常重要的史学理论问题、学术问题，也是非常重要的现实实践问题，是史学工作者——简称史学家必须解答、不能回避的重要问题。而古今中外的实际情况则是，大多数人认为历史学有用；一部分人认为历史学无用，这在理工科领域的比例要稍微高一些，以前有个理工科教授甚至公开主张取消历史学科。至于历史学能发挥什么作用、怎样发挥作用，并不是每个人都能说得清楚。集中时间阅读了申慧青教授的新著书稿《经邦论史——宋辽金元史学家的治国之道》之后感觉到，这部书稿对于我们进一步搞清楚上述三个重要问题颇有裨益。

　　该书稿在前言之后，分为上、中、下三篇。前言叙述了书稿的写作缘起、篇章结构及其内容梗概。上篇共有四章，依次论述了宋辽金元时期史学著作的发展与繁盛、程朱理学对史学的影响、理学家与事功学派王霸义利分辨对史学的影响、"经筵"制度与史学资政功能的发展等。中篇共有五章，依次论述了北宋前期的政治形势与史学的相互关系、北宋中期忧患意识与史学的互动、南宋的严峻政治形势与史学的互动、辽金元史学家的政治观念与治国主张。下篇共有三章，依次论述了西晋至元代著名君主刘备、宋太祖、海陵王、铁木真在史学著作中的形象塑造和再塑造，民间文艺作品中君主形象的演变及其特征，彰显社会上层与下层君主观念的异同。后论部分依次总结论述宋辽金元治国之论的史学特征、历史价值与局限。书稿实有两条时分时合的主线，即政治与史学。对于当时的政治与史学，书稿的探讨并非面面俱到、巨细无遗，重点探讨的是两者的相互影响。就当时的政治而言，书稿重点探讨的是最高统治者君主和国家大局问题。就当时的史学而言，重点探讨的是史学家及其著述对君主和国家大局问题的评判、主张。书稿的这种努力，具有很强的历史逻辑必要性和很宝贵的现实学术必要性。

从中国古代历史来看，早在西周时期就出现并且长期存在一个巨大的政府治理网络。这个网络并非一成不变，在规模和范围上有时大一些，有时小一些；在结构和联系上有时紧密一些，有时松散一些；在内部关系上有时比较和谐，有时矛盾尖锐，达到某种程度时甚至导致残酷争战。但是，这个网络总的演变趋势是越来越大、越来越紧密。这个现象在全世界独一无二，非常独特。在这个基础上，中国人的"大一统"观念非常强烈、非常普遍。这个巨大网络由从上到下、从下到上的各级政府及其官员编织而成，政府及其官员是关键枢纽。在各级政府及其官员中，中央政府及其君主处于最核心地位、最高统治地位。《诗经》里说："溥天之下，莫非王土。率土之滨，莫非王臣。"强调的就是君王的核心地位和最高统治地位。在这个基础上，中国人的"君为臣纲"观念也是非常强烈、非常普遍。因此，宋辽金元时期的史学家重视君主、"正统"、"大一统"、"内圣外王"、"王霸义利"、人治与法治、内忧外患等大局问题，包括申慧青教授在内的现代史学家探讨他们著述的优劣得失，都是理所当然的正确选择。相反，忽视、回避这类重大历史问题，显然是偏隅论道、因小失大。

中国史学界的现状，可用"三化"来加以概括。一是多样化。除了史料开拓整理、参与者、研究领域和研究方法的多样化之外，最突出的表现就是研究成果的多样化。研究成果的多样化，不仅仅表现在纸质著述的空前丰富而精彩纷呈，而且表现在电子化史学成果的前所未有的大量涌现。数量之多，品种之多，远超前人，在当今世界上也是无与伦比，不愧为文明古国、泱泱大国。二是精细化。由于国内世界史研究起步比较晚，史料的收集和解读困难比较多，这方面的精细研究还比较少，但精细化趋势已经越来越明显。而在中国历史研究领域，特别是在中国古代、近代史研究领域，精细研究成果层出不穷；研究成果的精细程度，不论是中国古代、近代的史学家，还是外国的史学家，都难以比肩。三是碎片化。主要表现在专题性、个案和断代研究成果比较多，贯通性、全局性研究成果比较少，理论性研究成果更为稀少。

值得我国史学界进一步共同全面深刻探讨的是，尽管多年来一直有学者批评我们史学研究的"碎片化"问题，近几年国家领导人大力倡导建立中国特色的学术理论体系，但是，目前来看，成效未彰，而且"碎片化"倾向存在愈演愈烈的隐忧。究其原因，主要在于两个方面。从客观原因来看，历史资料浩如烟海，仅凭一己之力很难掌握。即使熟悉掌握一个断代史、专门史已经很不容易，要贯通一国史、全球史就更加困难，几乎是痴心妄想。同时，研究"碎片"性历史问题，具有客观必要性与合理性。这是因为历史研究必须从点到线、再到面，必须从局部到整体，必须从分门别类的统揽全局。没有基础性的点、局部、分门别类地研究，进一步的提升和贯通就无从谈起。从主观原因来看，我国史学界近四十年对于前三十年的反思，有其必要性、正确性，但也存在矫枉过正问题。这个教训比较典型地存在于对我国20世纪五六十年代史学界"五朵金花"的反思与评价上。同时，史学家拈轻怕重也是一个比较普遍的主观原因。主要表现在很愿意、很习惯于个人奋斗钻研，这样做当然比较简单、减少麻烦；不太愿意、习惯于团队研究，这样做当然比较复杂、增加烦恼；做个案研究确实比较简单、轻松，做整体和理论研究确实非常复杂、艰难。另外，现在的管理考核机制确实有问题，普遍地急功近利，不太顾及长远。

申老师书稿所探讨的宋辽金元史学家对通史、义理、君主、治国理政等重大问题的重视，对于我们今天和未来纠正史学"碎片化"的偏颇，具有重要的参考价值。从这部书稿我们还可以看到，此期的史学家多为官员身份或准官员身份，研究历史、撰写史学论著是他们"以史为鉴"、表达治国之道的一种方式。这一特点在《资治通鉴》作者司马光等史学家身上体现得特别明显。即使比较纯粹的在野民间史学家，也具有非常浓厚的现实关怀，具有非常突出的经世致用精神。这一时期的史学家，比较普遍地具有研史致用、论史经邦、"格物致知、诚意正心、修身齐家治国平天下"的理想追求，比较普遍地关注并且回应现实重大问题和需求。这个特点，也是优点，值得我们今天和未来的史学家予以重视、借鉴。还需指出的是，申老师此书稿重视上层，但并未忽视下层，特别探讨了民间文艺作品中的君主形象及其演变，从一个侧面反映出基层民众的历史观和君主观。

正如申老师此书稿所再次揭示的那样，宋辽金元时期的史学家多数人是官员或准官员身份，他们在研究历史的时候，关心现实、联系现实就明显具有必然性。而观诸当代的史学家，情况相反，就难免存在程度不同地专注于史料、"为学术而学术"、忽视现实的倾向，这是需要改进的地方。伟大史学家司马迁的做法是"究天人之际，通古今之变"，今天的史学家岂能"厚古薄今"？不过，我们也能够比较清楚地看到，业有分工，各有长短，一个成功的史学家不一定能成为一个成功的政治家，司马迁和司马光就是如此。治国理政，规划未来，制订具体的行动路线图，主要是依靠政治家。而史学家能够服务政治家的地方，能够为治国理政发挥作用的地方，主要是提供历史知识、经验教训、历史发展的必然规律（也就是宋代学者积极探讨的"义理")。最理想的状态,是二者结合起来,共同谋划国家和人类的未来发展。

世界上的万事万物都是分层次的,历史研究也不例外。在我们当前的史学界比较普遍地重视研究小问题的同时,应该重视并加强重大问题的探讨。这是我读申老师这部书稿的最大感想和收获。

最后,建议并殷切希望申老师再接再厉,写出一部《宋辽金元史学通史》。

姜锡东

2023 年 11 月 12 日

于河北大学宋史研究中心

前言　史学视野下的家国情怀

本书的基础是笔者国家社科项目"史学家视野下的宋代君主论研究"之结项成果。作为中国古代历史理论的重要构成，君主论一般是指史学家对君主个体、君主制度发展过程的论述，也包含对君主专制这一政治现象的态度与应对。中国的皇权制度存在两千余年，君主的产生更早在皇帝之前①，针对君主个体和君主制度的议论内容极为丰富。若以发论目的区别，其大体有政论和史论之分：前者主要针对当时的现实政治，一般是对君主行事手段或具体事件的看法；而后者往往针对某一君主或者君主群体，甚至整个中国古代的君主现象与君主专制制度的意见和建议，两者分界并不明显。这种两重性，在对于宋辽金元时期史学家群体研究中尤具时代意义。在自上而下重视史学的大背景下，这一时期的史学家绝大部分兼具士大夫身份，是"居庙堂之高"的"在朝"状况。从士大夫的角度出发，他们通过对历史的记载、讲述与评论，阐述其政治观点，并希望以此影响现实君主政治的走向；而其作为史学家的文化素养，对于展示政治活动能力、强化

---

① 先秦诸子君主论所针对的对象"国君"指的是诸侯，甚至士大夫，而非名义上天下的共主——周天子，这与秦以后以"皇帝"为对象有本质区别的。春秋战国时期，是中国由奴隶制社会向封建制社会转型时期，也是君主专制制度的理论与实践逐步发展的时期。从政治上看，长期的征战导致各诸侯国势力出现了明显的不均衡，随着战国时期各国变法的深入进行，分封制度解体，封建官僚制度逐渐成型，周天子名存实亡而各国的君主实力加强；从文化思想看，儒家思想中的"天下一体"观念，法家关于君主专制的主张，都从思想上为君主专制制度的建立创造了舆论。从秦统一到两汉的大一统，君主专制制度从内容和形式都得到一再强化，君主论成了"皇帝"论，但发论对象身份的变化并不影响其内容，战国之后的学者讨论战国君主论时，亦是将"国君"视为君主专制的主体进行的。

与君主的关系都构成了影响。同时，宋辽金元时期纷繁的政局变动、复杂的民族关系以及战争导致的文化割裂、人才选拔制度的发展与局限等时代特征，又使得一些史学家会短暂或长期处于"在野"状况，对历史表述的长期浸淫提升了他们观察社会的敏锐程度，人微言轻的现实又促使其对君主制度和君主现象的观察、评论可以较少受到现实政治的影响与干预。对历史借鉴作用的强化是这一时期政治文化的重要特征，这促使士大夫的历史素养与治史兴趣超越前代，两宋政坛上的风云人物诸如宋祁、欧阳修、司马光、富弼、吕夷简、史弥远、洪迈，都曾参与史书编纂工作，金元重要的士大夫如元好问、王若虚、郝经、苏天爵等也有过著史经历。士大夫所提倡的与皇帝"同治天下"的治国态度，使得他们对制度建设与国运发展有强烈的主观能动功能，因此在著史和论史的过程中，对于历史现象的记录与分析都带有强烈的"以史为鉴"的风格。与《春秋》以来史书所承载的道德劝诫作用不同，宋辽金元士人的史论往往带有更强烈的治国思路，对于时事与历史的关系有更敏锐的关注，对历史现象的判断与评价也难免带有实用主义的功利性；但是，历史的价值又并非仅止于治国理政的借鉴，司马迁所谓"究天人之际，通古今之变，成一家之言"，是将史学的功能与价值导向了溯本追源、探求历史发展规律的方向。历史眼光与治国经验的冲突，往往使得史学家对于同一历史现象的看法会产生明显的矛盾，他们试图制衡君主活动、"制造"理想化君主形象的种种议论，往往也在这种矛盾中有了难以消解的鸿沟。基于这一时期史学和史学家的特点，本书最终突破了"君主论"的内容和特征，呈现对于宋辽金元时期史学家群体的国家治理理论的综合性研究。

为实现这一目的，本书的撰写也分为了上、中、下三个部分，上篇题为"'以史为鉴'与'得君行道'"，主要论述影响史学家治国之道的两种思潮。一方面，宋代是中国史学发展的重要时期，这一时期史学的发展不仅表现于史家的增多和史著数量与质量的提升，也表现于全社会历史热情的增进。"以史为鉴"成为宋人朝野上下的普遍认同，实用主义思潮之下，通过著史、讲史以佐政和论政在士大夫群体中极为流行，从欧阳修到司马光到范祖禹，再到朱熹、吕祖谦，两宋士大夫以前所未有的政治热情和历史情怀，投入对历史的撰述和研究之中，并试图以对历史的研究得出最有利于国家政治的治理模式。另一方面，宋代儒学的发展和科举制度的完备，也推动了士人参与政治的热情和可行性，与君主"共治天下"成为时代思潮，这也促使士大夫对"治国理政"有了更具体和更完备的要求，无论是贯通两宋的"同治天下"思想，还是程朱理学推崇的"内圣外王"精神，都表现为试图通过对君主的劝诫和谏言影响国家政治走向。在史学发展的潮流之下，这些要求往往也通过史著和史论的形式表达出来，进而通过对君主和其继承人的历史教育，"春风化雨"地使其接受。故此，史学家的思想能否得到君主的认可，也成为其治国之道是否被接纳的前提条件。"以史为鉴"和"得君行道"互为前提，成为推动两宋史学发展的动力，并进而随着文化交流影响同时期存在的其他民族政权。

中篇"史事无情，史笔有法"是整个研究的重点。宋辽金元时期的中国，具有非常明显的"变革"属性，对于两宋而言，从"祖宗家法"的确立到王安石变法再到南宋中后期的一系列改革，对制度的建设、改造与捍卫是其三百年政治史中心环节。而对于辽夏金元等民族政权来说，制度变革不仅是政权建立与扩张的基本过程，同时也影响了社会文化与社会关系的深度发展变化。这一部分以时间为经，以政局变化、朝代更替为分界点，以史学家个案研究为基础，论述史学与时代的关系，探讨时代变局之下宋辽金元治国理论的发展规律与脉络。同时，本部分对个案研究的关注，也试图拓宽这一题目的研究视野，借助思想史的研究方法，讨论宋辽金元不同时代背景之下治国理论的"同"与"不同"。

下篇"宋辽金元治国之论中的理想化人君形象再塑造"是研究的延续与深化。这一时期的治国之论尤其是君主论对于历史与史学发展更重要的意义在于对君主形象的雕琢与塑造。史学家力图塑造其所认可的理想化君主形象，又借助于历史撰述将这种历史形象加以表达。

这种形象的延续既与此一时代的个案密切相关，又深刻地影响下一个时代。作为本书最后一部分内容，笔者试图探讨的是宋辽金元史学家基于政权特征、道德要求、华夷之辨等颇具时代特色的意识形态与价值观念，对于前代君主形象的改造和本朝君主形象的塑造，以及这种"再造"如何深刻影响了包含民间文化在内的中国历史文化中的君、臣、国家的复杂关系。

  通过以上三个部分的论述，我们基本上可以得出关于这一时期国家治理理论的三个史学特征：第一，"以史为鉴"的实用主义史学思想，是宋辽金元治国理论发展的主要动力；第二，对于"华夷""正统"等观念的强调与深化，是宋辽金元治国理论的时代特征；第三，义理史学的兴起，推动了宋辽金元史学家们对于治国理政理论体系的建立，也表明在君主制度逐渐走向成熟的历史背景下，以士大夫阶层为主体的中国古代知识分子对国家治理的总结与反思。这种以历史眼光对君主制度与国家发展之关系的探讨与批评表现出的是中国古代知识阶层试图脱离君主制度的束缚、以一种更为独立的眼光审视和思考君主制度的发展与局限。也是在这种审视与修正之下，宋辽金元治国理论开启了古代中国对以君权为核心的国家制度批判与反思的先河。

目 录

上 篇
"以史为鉴"与"得君行道"

第一章 植根于实用的著史风潮 …………………………………（5）
    第一节 通史的复兴 …………………………………………（5）
    第二节 前朝断代史撰述的丰富 ……………………………（12）
    第三节 本朝史撰述的发达 …………………………………（19）

第二章 理学发展对史学及史学家的影响 ………………………（25）
    第一节 理学的流行与"内圣外王"说的兴发 ……………（26）
    第二节 史学家与理学家的交游 ……………………………（29）
    第三节 义理史学 ……………………………………………（34）

第三章 "义理"与"经世"之博弈在史学家治国之论中的表现 …………………………………………………………（39）
    第一节 "事功"准则 ………………………………………（39）
    第二节 道德线索 ……………………………………………（44）
    第三节 王霸义利之辨及其影响 ……………………………（49）

第四章 经筵之制与以史资政 ……………………………………（53）
    第一节 君主教育的发展与宋辽金元时期经筵制度的形成 …………………………………………………（54）

第二节　经筵教育中的史部专书 ……………………………（58）
　　第三节　经筵讲读与历史教育 …………………………………（63）

中　篇
史事无情，史笔有法

第五章　北宋前期政治特征、史学发展与治国之论的兴发 ……（71）
　　第一节　北宋前期的政治形势与时代思潮 ……………………（72）
　　第二节　《册府元龟》的帝王观 ………………………………（79）
　　第三节　欧阳修的修史实践与正统之论 ………………………（84）

第六章　忧患意识推动之下的治国之论 ………………………（93）
　　第一节　"变法"图强与学派之争推动下的北宋史学 ………（94）
　　第二节　司马光《资治通鉴》：全景式的帝王学百科全书 …（99）
　　第三节　从《唐史论断》到《唐鉴》：理学发展之下的
　　　　　　治国之论的演化 ……………………………………（110）

第七章　重归"忧患"
　　　　——南宋政治变局下的治国之论 …………………………（121）
　　第一节　南宋治国之论发展的内在动力与外部环境 ………（121）
　　第二节　陆游的治国之论 ………………………………………（125）
　　第三节　吕祖谦的治国之论 ……………………………………（133）
　　第四节　亡国之际隐逸派史学家的治国之论 ………………（141）

第八章　辽金史家的治国主张 …………………………………（153）
　　第一节　从"夷狄"到"中华" ………………………………（153）
　　第二节　金末史学家的治国之论与人生走向 ………………（164）
　　第三节　《契丹国志》的夷夏观念与治国之道 ……………（177）

第九章　"再造"大一统 ………………………………………（185）
　　第一节　从正统到"大一统" …………………………………（186）

第二节 郝经治国之论的义理与气节 …………………… (197)
第三节 两种"经世"
　　　——胡三省与苏天爵的治国之论 …………………… (208)
第四节 元修三史中的国家观念与治国理论 …………… (218)

下 篇
宋辽金元治国之论中的理想化人君形象再塑造

第十章 前代君主形象的变化
　　　——以刘备为例 ……………………………………… (227)
第一节 《三国志》中的刘备形象 ………………………… (227)
第二节 从《资治通鉴》到《资治通鉴纲目》
　　　——刘备形象的基调变迁 …………………………… (229)
第三节 萧常《续后汉书·昭烈帝纪》中的刘备形象 …… (233)
第四节 郝经《续后汉书·昭烈帝纪》中的刘备形象 …… (235)

第十一章 宋辽金元史著对本朝君主形象的塑造 ………… (239)
第一节 宋太祖历史形象的建构 …………………………… (240)
第二节 从"枭雄"到"昏君"的海陵王 ………………… (246)
第三节 汉蒙史料中铁木真形象记载的异同 ……………… (253)

第十二章 宋辽金元民间文艺中君主形象的范式与演化
　　　　　特征 ……………………………………………… (260)
第一节 宋以前文艺作品中的君主形象与事迹 …………… (261)
第二节 宋元民间文艺中君主形象的范式与演化特征 …… (268)

后论 作为历史理论的宋辽金元治国之论 ………………… (282)

参考文献 …………………………………………………………… (290)

上 篇
"以史为鉴"与"得君行道"

探讨中国古代史论,很难逃离"以史为鉴"的框架,似乎历史天然是被用来作借鉴的,这也是中国古代史家对历史价值的基本判定。孔子"知我罪我者其惟《春秋》"的著史动机被孟子提炼为"王者之迹熄而《诗》亡,《诗》亡然后《春秋》作……其事则齐桓、晋文,其文则史"①,以历史记载为道德劝诫的目的就已经非常明确了。孔子以著史为道德教化助力的意义自此为世所接受,进而成为儒家意识形态之下史学发展的重要推动。而后代学者对《春秋》历史叙事特征的论述,其实也是对史书应当以何种方式警世的论辩:无论是杜预所说"仲尼因鲁史策书成文,考其真伪,而志其典礼,上以遵周公之遗制,下以明将来之法"②,还是朱熹"圣人作《春秋》,不过直书其事,善恶自见"的判断,都肯定了历史撰述在"秉笔直书"基础之上的"劝世"功用,使得中国史学在社会责任感方面具有了突出的意义。

入宋之后,史学的资治功能有了更加突出和明确的意义。邓小南在其《宋代文官选任制度诸层面》中提出:"宋初政治领袖们对于任

---

① 《孟子注疏》卷8《离娄下》,(清)阮元校刻《十三经注疏》,中华书局2009年版,第5932页。
② (春秋)左丘明撰,(晋)杜预集解:《春秋左传集解》序,凤凰出版社2015年版,第1页。

官制度的贡献，与其说是创制了一套全新的制度，不如说是在强化中央集权的大背景下，对于二百年间不断变更的任官制度加以整理、改造。"在《祖宗之法：北宋前期政治述略》一书中，作者又指出，"宋初整个政治制度的建设又何尝不是如此"①，宋代政治制度确立与变革的内在动力是在于对唐五代时期盛衰转换的忧患意识，因此，对历史的研究与借鉴就有了更明确的方向。《宋书·艺文志》中宋人所撰、与唐代相关的著述有四十余部，与五代十国有关的史著也有十四部之多，足见宋人对这段历史的看重。两宋士大夫的历史素养与治史兴趣超越前代，他们所提倡的与皇帝"同治天下"的治国态度②，对国家治理具有明显的主观能动倾向，因此在其著史和论史的过程中，其对于历史现象的记录与分析都带有强烈的"以史为鉴"的风格。与既往相比，两宋士人的史论往往带有更突出的治国思路，对历史现象的判断与评价也难免带有实用主义的功利性。但历史的过程与结果又并非简单的复制，在《史记》中，司马迁提出《史记》撰述的双重价值，其一是《太史公自序》中，借对《春秋》的价值判定所言："上明三王之道，下辨人事之纪，别嫌疑，明是非，定犹豫，善善恶恶，贤贤贱不肖，存亡国，继绝世，补敝起废，王道之大者也"，强调的依然是史书的道德教化与治世功能，但在《报任安书》中，他所

---

① 邓小南：《祖宗之法：北宋前期政治述略》，生活·读书·新知三联书店2006年版，第18页。

② "共治天下"一说并非宋人所创，《三国志·魏书·武帝纪》中就有"自古受命及中兴之君，曷尝不得贤人君子与之共治天下者乎"之说［（晋）陈寿撰，（南朝宋）裴松之注：《三国志》卷1，中华书局1959年版，第32页］。但相比于前朝，宋代士大夫关于"共治天下"一事，出于主观的热情要求有了明显表现。"共治天下"或"同治天下"的说法，在宋人奏议和文集中多有出现，如文彦博说宋神宗"为与士大夫治天下，非与百姓治天下也"［（宋）李焘：《续资治通鉴长编》卷217，中华书局2004年版，第5370页］。范仲淹"自古帝王，与佞臣治天下，天下必乱；与忠臣治天下，天下必安"（《奏上时务书》，《范仲淹全集》卷6，四川人民出版社2002年版，第204页），程颐"帝王之道也，以择任贤俊为本，得人而后与之同治天下"（《河南程氏经说》卷2，《二程集》，中华书局2004年版，第1035页），徐谊"若是则人主日圣，人臣日愚，陛下谁与共功名乎！"［（元）脱脱等撰：《宋史》卷397，中华书局1985年版，第12083页］，这种直接要求与君主共同创造治天下之"功名"的，在中国历史上绝非常见。

希望的"究天人之际，通古今之变，成一家之言"，则将史学的功能与价值导向对历史本质和历史发展规律的探索。历史长过程与治国时效性的差异，往往使得史学家对于同一历史现象的看法会产生明显的矛盾。这在宋人对君主事迹的论述中，就带有更突出的意味，并且对辽金史著尤其是金代史著中的治国之论都构成了突出影响。

入元之后，蒙古统治者虽然在政治和文化上着力汉化，但因为文化习俗、语言文字等方面的隔阂，始终难于建立完整的中华文化认同，元朝的科举制度和文化政策受此影响，士人与君主之间的鸿沟较两宋和金朝都有所加深，士人"得君行道"的心愿更难完成。同时，元朝较为宽松的文化政策为学术发展提供了土壤，书院的兴起也促使了学术的传播，而大量宋金士人在元朝统治下选择了隐居求志，他们对"以史为鉴"的重视和对"得君行道"的期望以一种更为曲折的方式在其著述中表达出来，这成为治国理论在元代有所发展的推动力量。

第一章　植根于实用的著史风潮

宋辽金元时期，史著的数量和质量在中国史学发展历程中都是无与伦比的。《宋史·艺文志》中收录的秦汉以来至元末的史部书籍，计十三类二千一百四十七部，其中，宋人所撰史书占到了一半左右，除了档案性质的记录如职官、仪注、谱牒等，还有大量的记事、考证、论史的著述，其中多有通过讲史、论史而论世的内容，有较为明确的实用价值，除此之外，两宋笔记盛行，宋人笔记多以当代史为主要内容，叙议相杂，既表达对国是的关注，也有颇具历史感的感慨。辽代史著传世较少，但亦有官修史书机构的建制，所修史著也成为元修《辽史》的重要底本。金元两代受中原文化影响极深，官修私修史著都颇有影响，金章宗、金宣宗所修《大金集礼》《大金德运图说》等史著，成为研究金代历史和金代政治文化的重要参照。元修三史虽然褒贬不一，但也为研究宋辽金历史留下了重要的一手材料。其他私人史著、笔记等也传世颇多。这些著述，都构成了研究这一时期史学家治国之论的基本材料和出发点。

第一节　通史的复兴

刘知幾（几）在《史通》中，将中国传统史著分为"六家""二体"，在他看来，从先秦到唐代，虽然史著层出不穷，但究其体裁，

"诸史之作,不恒厥体",可分为六种:"一曰《尚书》家,二曰《春秋》家,三曰《左传》家,四曰《国语》家,五曰《史记》家,六曰《汉书》家"①,并以《左传》之编年与《史记》之纪传并为"二体"。对于编年这种体裁,刘知幾归纳其特点为:"系日月而为次,列时岁以相续,中国外夷,同年共世,莫不备载其事,形于目前。理尽一言,语无重出",认为编年体的特征在于能够全面反映历史事件之间的联系,它详于纪事而略于志人,详于记录政治活动与大事件,但对于那些"迹在沉冥者"如高士隐者等,则往往忽略人物的事迹。"论其细也,则纤芥无遗;语其粗也,则丘山是弃。此其所以为短也",只能反映历史宏观的主流的走向,对于历史变化多端的细节与支线,则缺乏反映;而纪传体,则"纪以包举大端,传以委曲细事,表以谱列年爵,志以总括遗漏,逮于天文、地理、国典、朝章,显隐必该,洪纤靡失",在于承载史事、展现时代风貌方面,有超越编年体的表现。同时,对于"通史"与"断代",刘知幾也有自己的看法:"通史"如《史记》者,"疆宇辽阔,年月遐长,而分以纪传,散以书表。每论国家一政,而胡、越相悬;叙君臣一时,而参、商是隔。此其为体之失者也。兼其所载,多聚旧记,时采杂言,故使览之者事罕异闻,而语饶重出。此撰录之烦者也",而"断代"如《汉书》,却是"究西都之首末,穷刘氏之废兴,包举一代,撰成一书。言皆精炼,事甚该密,故学者寻讨,易为其功"。纪传体断代史在刘知幾看来实为承载历史记录的最佳载体,故而"自尔迄今,无改斯道"。这不仅是刘知幾一人的看法,纪传体断代史成为官修前朝正史的标准体例,实为中国史家经验的累积。但刘知幾对史书体裁的评判,还与他对史书的价值判断有重要关联。在《史通·史官建制》一节中,刘知幾将史书的意义归纳为:"向使世无竹帛,时缺史官,虽尧、舜之与桀、纣,伊、周之与莽、卓,夷、惠之与跖、蹻,商、冒之与曾、闵,但一从物化。坟土未干,则善恶不分,妍媸永灭者矣。

---

① (唐)刘知幾撰:《史通》内篇《六家第一》,(清)浦起龙通释本,上海古籍出版社2009年版,第1页。

苟史官不绝，竹帛长存，则其人已亡，杳成空寂，而其事如在，皎同星汉。"则在他看来，史著的第一要义在于客观公正地保存史事，而"《春秋》成而逆子惧，南史至而贼臣书，其记事载言也则如彼，其劝善惩恶也又如此"的功效只能排在其次了。如果以客观记载历史进程为史学的首要意义，"包举一代"的纪传体断代史自然"易为其功"，可宋人对"以史为鉴"的强烈意愿，饱含着衡量政治得失、把握历史进程、营造太平盛世的愿景，刘知幾以为的断代史的优点，实则成为以历史为教科书的局限性，宋代通史的复兴就由此而来了。

  宋代之前，强调历史的借鉴意义又注意到通史"以史为鉴"优势的史学家当属杜佑，杜佑将《通典》的撰述主旨归纳为"实采群言，徵诸人事，将施有政"①，即是要以历史上可以"徵诸人事"的部分加以辑录，达到指导现实政治的目的。《通典》是制度史，其撰写也借鉴了纪传体史书中"志"的体例，但所列"八政"实为通史的作法。以"通"命名，也是这种意志的明确表达。对于《通典》的体例与内容，宋人给予了很大的认同，宋祁、欧阳修在《新唐书》中称赞它"优诏嘉美，儒者服其书约而详"②，"约而详"正是通史类历史撰述的优点；晁公武称其"分类序载，世推该洽"③，则是纪传体史书中"志"的特征。王钦若以《通典》为典范，建议宋真宗续修了《续通典》二百卷，"亦如前书卷数，时论非其重复"，南宋又有《国朝通典》，虽"草创未成书"，但具有会通意识的制度史撰述的影响力也可见一斑。宋人对《通典》一类史著的性质也作了明确划分，陈振孙在《直斋书录解题》中提出："凡通典、会要，前志及《馆阁书目》皆列之类书。按通典载古今制度沿革，会要专述典故，非类书也"④，强调了"通典"类史著作为典制体通史的内容特征，强化了

---

① （唐）杜佑撰，王文锦等点校：《通典》卷1《食货一》，中华书局1988年版，第1页。
② （宋）欧阳修、宋祁：《新唐书》卷166《杜佑传》第91，中华书局1975年版，第5090页。
③ （宋）晁公武撰，孙猛校证：《郡斋读书志》卷14《五行类 兵家类 类书类》，上海古籍出版社1990年版，第653页。
④ （宋）陈振孙撰：《直斋书录解题》卷5《典故类》，上海古籍出版社1987年版，第161页。

这类史著"徵诸人事,将施有政"的重要意义。

《通典》作为制度史的汇编,在两"唐书"中的归类置于"类书"中,这是由于此类撰述唐以前未曾出现,对其属性还有所争议,也在于宋代类书性质的变化与宋人对类书的看重。类书初兴本为应付科举,所谓"为今人之文以载古人之道"①,实际就是"剽盗偶俪,以应试格"②的"场屋"应试之作。但入宋之后,随着科举制度的变化,类书在科举考试中的作用有所下降,其所汇集的史料对于提倡"以史为鉴"的宋人就有了更具实践意义的作用。宋之前的类书所辑录内容兼及文史,出处多样,这在宋初编纂的《太平御览》《文苑英华》中也有表现。但成书于宋真宗时期的《册府元龟》却有了很大不同。《册府元龟》只取材于正史、实录,不取笔记杂史,还加注了资料出处,其应对科考的目的已然微乎其微,它的真正意义体现在了书名中:"册府"是帝王藏书的所在,"元龟"即大龟,上古以大龟为灵物,龟甲是用来占卜吉凶的重要载体,意即以古代帝王的行事原则,作为当朝统治者处理政事、治理国家的借鉴。《册府元龟》自开始编纂到完成,曾反复呈进宋真宗,"自缵集此书,发凡起例,类事分门,皆上禀圣意,授之群官"③,即使如此,宋真宗还认为此书"所编君臣事迹盖欲垂为典法,异端小说咸所不取,观所著篇序,援据经史,颇尽体要,而诫劝之理,有所未尽"④,对其期望之高,可见一斑。《册府元龟》由应对科举的"场屋"之书,一举而转变为皇帝御用的"资政"之作,书中关于国家治理方面的内容也远较前朝为重,成为研究宋代国家职能和国家治理思路的重要文献。

不仅《册府元龟》,宋代的其他官修类书也具有类似通史性质,

---

① (唐)徐坚等:《初学记》第1册序,中华书局1962年版,第2页。
② (宋)欧阳修:《论更改贡举事件札子》,《欧阳修全集》卷140,中华书局2001年版,第1590页。
③ (宋)王钦若、杨亿等:《册府元龟》序,《玉海》卷54,江苏古籍出版社1988年版,第1302页。
④ (宋)王钦若、杨亿等:《册府元龟》序,《玉海》卷54,江苏古籍出版社1988年版,第1302页。

第一章 植根于实用的著史风潮

多是对历朝历史加以汇编，使阅读者得以总揽全局、通晓古今，达到给国家现实政治作参考的目的①。这种修史潮流，至《资治通鉴》的编纂而达到顶点。《资治通鉴》成书于宋神宗元丰七年（1084），司马光作为全书的主编，历时十九年编纂，完成了这一部规模宏大的编年体通史巨著。《资治通鉴》全书二百九十四卷，内容以政治、军事与外交为主。其书名取义于"鉴于往事，资于治道"，以历史的得失作为当前统治的鉴戒。在为《资治通鉴》所作的进书表中，司马光明确其编纂目的是"监前世之兴衰，考当今之得失"②，"善可为法，恶可为戒"③，此书的资政意识与它的编纂体例有重要关联。《资治通鉴》既没有采用长期以来正史以纪传为体的编纂方式，也不模仿如《册府元龟》等类书，而是采用编年为体。在《资治通鉴》之前，编年史书往往是作为起居注、实录等官方编纂的当代史的体裁，具有档案的性质，采用编年"以事系日，以日系月，以月系时，以时系年"的方式主要还是其记载上的便利。但在司马光看来，编年体的好处就是便于借鉴，可以"使先后有伦，精粗不杂"④。《资治通鉴》史料主要源于十七史⑤，另外参据其他史部著作二百余种，全书二百九十四卷看似规模宏大，但比之十七史的浩繁卷帙，其所删减的史料也是相当多的。司马光的原则是主要选取和执政相关的史料，"删削冗长，举撮机要，专取关国家兴衰，系生民休戚，善可为法，恶可为戒者"⑥，其中尤为重视君臣事迹，以此为治国之要务。《资治通鉴》由多人合作，编写长编，但最后的编定却是司马光一人之力。有意识地

---

① 宋太宗为《太平御览》的赐名诏书言："史馆新纂《太平总类》，包罗万象，总括群书，纪历代之兴亡。自我朝之编纂，用垂永世。可改名为《太平御览》"，可见依然是将"以史为鉴"视为撰述的主要意义的。
② （宋）司马光编著：《资治通鉴》进书表，中华书局1956年版，第9608页。
③ （宋）司马光编著：《资治通鉴》进书表，中华书局1956年版，第9607页。
④ （宋）司马光编著：《资治通鉴》进书表，中华书局1956年版，第9607页。
⑤ 宋时汇刻包括《史记》在内的各朝代纪传体断代史正史，计有《史记》《汉书》《后汉书》《三国志》《晋书》《宋书》《南齐书》《梁书》《陈书》《魏书》《北齐书》《周书》《南史》《北史》《隋书》《新唐书》《新五代史》，计十七部。
⑥ （宋）司马光编著：《资治通鉴》进书表，中华书局1956年版，第9607页。

选择和利用史料，使司马光在"以史为鉴"方面比前人有更多的自觉性和主动性，《资治通鉴》也因其兼容并包所有与治理国家相关的历史事实和议论，而成为专供帝王考察治国之道的百科全书式著作。

《资治通鉴》成书之后宋人对它极为重视，以它为底本的节选、简写和改写也数不胜数，其中颇有如《资治通鉴纲目》《通鉴纪事本末》这样对后世影响深远的杰作。更重要的是，编年体的史书撰述体裁和通史的形式都因此而复兴，对宋代以后的史学发展起到了重要的推动作用。南宋的编年史的撰述更多表现于当代史的修纂，将在下节予以详述，而其对通史的影响，还在于推动了宋人对"会通"的讨论。"会通"本出于儒经，《周易·系辞》说"圣人有以见天下之动，而观其会通，以行其典礼"①，后人多以此词指代世间各种事物运行变动之间的交汇与联系，如唐德宗诏书称"圣人设教，罔不会通，而学者遵行，宜有先后"②，以"会通"讲立法制度之间的关系；书法家张怀瓘言"法本无体，贵乎会通，观彼遗踪，悉其微旨"③，以"会通"说书法字体的流变。而以"会通"阐述史学的要旨，当属南宋史学家郑樵。在所著《通志》序中，郑樵详细论证了史学的"会通之义"，开宗明义提出"百川异趋，必会于海，然后九州无浸淫之患；万国殊途，必通诸夏，然后八荒无壅滞之忧"，将历史学的价值定位在了记录历史事件与现象、考察现象之间的变化与联系、研究探求历史发展规律的高度。郑樵的通史主张也基于此：历史是"相因"的，但断代为史的缺陷在于割裂了历史发展的联系性，"前王不列于后王，后事不接于前事，郡县各为区域，而昧迁革之源，礼乐自为更张，遂成殊俗之政"④，解决之道，唯有通史："后人之续己（班彪），如己

---

① 《周易正义》卷7《系辞上》，（清）阮元校刻《十三经注疏》，中华书局2009年版，第163页。

② （唐）李适：《令应选人习三礼诏》，董诰等编：《全唐文》第1部卷52，中华书局1983年版，第568页。

③ （唐）张怀瓘：《六体书论》，《全唐文》第5部卷432，中华书局1983年版，第4407页。

④ （宋）郑樵：《通志》总序，（宋）郑樵《通志二十略》，中华书局1995年版，第4页。

之续迁，既无衍文，又无绝绪，世世相承，如出一手"，在郑樵的理想中，历史撰述当如一部包罗万象、永无尽头的大通史，史书内容的无限包容与时间的无限延伸是一致的。郑樵注意到了历史撰述作为承载历史的载体所应当具备的开放性，但他忽视了历史撰述的多样性，忽视了时代特征、政治活动乃至文化发展水平对历史学的推动与影响，他的史学实践也为其所局限。郑樵所著《通志》除"二十略"是他所独创，"其十五略，汉唐诸儒所不得而闻也"①，"兹五略，虽本前人之典，亦非诸史之文也"②，其他内容，"自有成规，不为智而增，不为愚而减，故于纪传，即其旧文，从而损益"，实为对前代诸史的照搬，选材并不见精，观点亦无新意③。四库馆臣批评《通志》"其纪传删录诸史，稍有移掇，大抵因仍旧目，为例不纯；其年谱仿《史记》诸表之例，惟间以大封拜、大政事错书其中，或繁或漏，亦复多歧"。《通志》内容陈冗拖沓，即使郑樵所自负的"二十略"，也存在"采摭未备，笔削不遑"④的缺憾，但郑樵及《通志》所强调的"会通之义""会通之法"，依然是宋代史学发展中极其重要的一环。

通史应当如何撰述？历史是孤立事件的串联还是彼此"相因"？"以史为鉴"是历史研究的起点还是终极目标？这些问题，元代史学家马端临通过《文献通考》试图予以更进一步的解答。《文献通考》的序言是一篇关于中国古代史学"会通"思想与通史体裁的重要文献，在肯定了《史记》作为通史"审后王之道，而论于百王之前"的"会通之义"之后，他又以司马光等所撰《资治通鉴》即"详于理乱兴衰，而略于典章经制"的撰述特征为例，阐明了以史为鉴的局限性。在马端临看来，"理乱兴衰，不相因者也，晋之得国异乎汉，隋之丧邦殊乎唐"，政权建立与发展的过程中，有太多偶发性，这些孤立的历史事件很难判断其彼此之间的联系，就更难谈得上"借鉴"，

---

① 指氏族、六书、七音、天文等十五略。
② 指礼、职官、刑法、选举、食货五略。
③ 即使郑樵所自得的"二十略"，大部分明目也并非首创，既往成果中对此研究颇多，在此不赘述。
④ （宋）郑樵：《通志》总序，（宋）郑樵《通志二十略》，中华书局1995年版，第2页。

所谓"代各有史，自足以该一代之始终，无以参稽互察"。但是，"典章经制，实相因者也"，制度的创立发展与演变是有联系的，制度是为了应对社会发展而生，也会随着社会变化而变，表面伟大正确的制度，随着社会发展也未必不会产生局限，而任何看似顽固守旧的制度，其创立也自缘由对某种社会现象、社会矛盾的应对。"变通张弛之故，非融会错综，原始要终而推寻之，固未易言也"，在马端临看来，只有这种包含"历代因革之故"的具有通史性质的制度史，才有"粲然可考"的价值。故而历代史著，在以史为鉴、会通古今方面，马端临最推崇杜佑的《通典》，但是因为社会发展是无限延续的，制度也会随之产生变化，所谓"时有古今，述有详略"，这正是《文献通考》撰述的最主要目的。马端临"典章制度相因"的看法，将历史借鉴的对象作了更为具体的限定，历史进程中的"人"与"事"都具有偶然性和随机性，脱离自身所处的时代背景而以具体的历史人事为鉴，是一种盲目的行为。唯有制度与历史进程相辅相成相依，对制度的立废变革，不能只着眼于当前，而要将视野既关照历史，也包含将来。历史事件的发生与发展自有偶然性，机械地认定一切理乱兴衰都不"相因"是有局限性的，但如果从"会通"的角度考虑，制度之间的关联确实比事件要稳定和可知，对这种"相因"的研究，更具有"历史规律"的价值。马端临的观点，反映了宋元以来史学家历史意识的深化。

"以史为鉴"观念的深化促使史学家更加着眼于历史进程中的规律与经验的总结，这种对历史的总结与借鉴又推进了通史编纂的不断深发，宋辽金元撰史、论史、考史的活动在这两种力量的推进下，产生了更加长足的发展。

第二节　前朝断代史撰述的丰富

通史复兴的同时，断代史的修撰也不落后，这不仅表现在官修正史方面，私人修撰的断代史著述亦呈现出丰富的成果。如果说宋辽金元时期史学家的通史撰述表现了士大夫探求历史规律、力图掌握历史发展脉络的强烈愿望，那么在强烈的忧患精神和参政意识影响下，这些兼具书生和政治家气质的史学家也尤为强调在国家制度建设方面对前代经验教训的直接借鉴。两宋有"进故事"之风，即集合前代有借鉴意义的史事，汇于奏议之中，以贻君王，作为"资政"的参考。据《玉海》卷五十四载："元祐二年，侍读苏颂请诏史官学士录新旧唐书，日进数事，十一月壬申，诏经筵官，遇非讲读日，进汉唐故事二条"，是有明确记载的由皇帝发起的"鉴古"活动。其后，文彦博进汉唐故事十一条，述汉高祖、文景、武帝、宣帝及唐太宗、玄宗、穆宗等朝往事，并对这些君主的行为进行品评。与文彦博同朝为官的"唐鉴公"范祖禹，进先秦至北宋仁宗朝史事二十二条，并在其中十八事之后都附有议论。南宋士大夫的文章与奏疏中，对前代史事亦多有提及，如杨时论唐太宗过问褚遂良所编实录，责备太宗行为是"好名"，李纲批判唐肃宗在明皇避难四川之时逼其禅让，认为是篡位等。

　　唐朝去宋不远，所存史料与典故均多于前代，明君如唐太宗等更是一直为宋人所重，而中唐以后直至五代的党争、藩镇、宦官之祸对宋人又有很强的警示作用。故宋人关于唐五代史的史著尤丰，且多和当时的现实政治有密切联系。据《宋史·艺文志》，两宋史学家的唐五代史撰述即有薛居正《五代史》一百五十卷，郑文宝《南唐近事》一卷，王禹偁《五代史阙文》二卷，尹洙《五代春秋》两卷，欧阳修、宋祁《新唐书》二百五十五卷、《目录》一卷，李绘《补注唐书》二百二十五卷，欧阳修《新五代史》七十四卷，吴缜《新唐书纠缪》二十卷又《五代史纂误》三卷、《朱梁列传》十五卷，范质《五代通录》六十五卷，郑向《五代开皇记》三十卷，胡旦《唐乘》（一作"策"）七十卷，王沿《唐志》二十一卷，孙甫《唐史记》七十五卷，孙冲《五代纪》七十卷，胡旦《五代史略》四十二卷，石介《唐鉴》五卷，范祖禹《唐鉴》十二卷，刘恕《十国纪年》四十二卷，马令《南唐书》三十卷，陈敦修《唐史断》二十卷，唐仲友

《唐史义》及续，陆游《南唐书》十八卷等。其中，尹洙《五代春秋》、王禹偁《五代史阙文》、欧阳修《新五代史》和《新唐书》、范祖禹《唐鉴》，以及马令、陆游两种《南唐书》流传至今，郑文宝《南唐近事》、薛居正《旧五代史》、孙甫《唐史纪》有辑本传世。

  以上诸书成书最早的是薛居正《旧五代史》一百五十卷，始纂于宋太祖开宝六年（973）四月，至次年闰十月甲子日完竣呈上。《旧五代史》所取史料依于五代实录，网罗史实归纳成书，纪事详细而少褒贬，清人评价其书说"（薛）居正等奉诏撰述，本在宋初，其时秉笔之臣，尚多逮事五代，见闻较近，纪传皆首尾完具，可以征信，故异同所在，较核事迹，往往以此书为长。虽其文体卑弱，不免叙次烦冗之病，而遗文琐事，反藉以获传，实足为考古者参稽之助"①，还是比较公允的。

  稍晚于薛氏《五代史》成书的，还有王禹偁所编《五代史阙文》一卷，书前有王禹偁所作序，称"臣读五代史总三百六十卷……然自梁至周君臣事迹，传于人口而不载史笔者，往往有之，或史氏避嫌，或简牍漏略，不有纪述，渐成泯灭。善恶鉴诫，岂不废乎？因补一十七篇，集为一卷"，《四库全书》收录此书，并据书中王禹偁所作注考证当成书于宋真宗咸平（998—1003）初年，晚于《旧五代史》。但王禹偁称读"五代史总三百六十卷"，据陈尚君《旧五代史新辑会证》一书考证，《五代实录》计三百六十卷②，王禹偁所读当为此。《五代史阙文》辑实录所不传的五代史事，其来源"闻于耆老者"③，但"五代史于朱全昱、张承业、王淑妃、许王从益、周世宗符皇后诸

---

① （清）永瑢等：《四库全书总目》卷46《史部 正史类二》，中华书局1965年版，第411页。

② 陈尚君在《〈旧五代史〉重辑的缘由和方法》一文中也提到："五代虽称乱世，但武夫称帝，日常运作的文官体制则相对稳定，史书编纂也始终没有中辍。几位史官如张昭、尹拙、贾纬等，虽识见、文笔或稍弱，但矢志修史，勤勉不辍，完成了五代实录的编修。所谓五代实录，不是一部书，而是十七部史书的总称，总数达三百六十卷，其中除两种功臣传外，都是编年体史书。"《文汇报》2005年9月18日。

③ （宋）王禹偁：《五代史阙文》序，曾枣庄主编《宋代序跋全编》卷2，齐鲁书社2015年版，第143页。

条,亦多采此书,而《新唐书·司空图》,即全据禹偁之说"①,可见宋人对此书还是颇为信服的。这部书以时间为序,辑录了五代间十七件史事,所记梁太祖朱温之隐忍,唐武帝李克用之好杀,明宗李嗣源之纯厚,晋高祖石敬瑭之迷信,颇少忌讳,世人所重亦因于此。《五代史阙文》多纪事而少议论褒贬,颇类薛居正之《旧五代史》,但王禹偁对后唐诸君主较多褒奖,则与其以后唐为正统的态度有关②,这一点对欧阳修《新五代史》也有所影响。

北宋早期较为重要的唐代史著,当属石介《唐鉴》和孙甫《唐史纪》,这两部书均略早于《新唐书》,在著史目的和历史思想方面各具特色。石介《唐鉴》今已不存,但他所著《徂徕集》中有为其所作的序文,可见"以唐史为鉴"的著书目的。他试图通过探讨唐朝覆亡的原因,给宋皇朝以警示。他归纳唐亡原因是:"唐十八帝,惟武德、贞观、开元、元和百数十年,礼乐征伐自天子出。女后乱之于前,奸臣坏之于中,宦官覆之于后。颠侧畸危,绵绵延延,乍倾乍安,若续若绝,仅能至于三百年,何足言之!"③将唐朝灭亡归结于"女后""奸臣""宦官"。针对唐代兴亡之过往,石介针对宋代诸朝在治国理政方面的得失有具体而微的建议:"后之为国者,鉴李氏之覆车,勿专政于女后,勿假权于中官,勿任委于奸臣,则国祚延祐,历世长远,当传于子、传于孙,可至千万世,岂止龌龊十八帝、局促三百年者哉。"④石介是宋初儒学复兴的重要人物,他所论以"礼乐征伐自天子出"为唐代兴衰的界限,有很明显的"春秋"精神,是宋代"春秋学"发展的滥觞,但"勿专政于女后,勿假权于中官,

---

① (清)永瑢等:《四库全书总目》卷51《史部 杂史类》,中华书局1965年版,第464页。
② 王禹偁在《酬安秘丞见赠长歌》中有"一从巢寇犯阙来,梁氏礼闱还草创。庄宗明宗虽膺命,晋朝汉朝俱不永……有周道衰犹叹凤,天公留得归皇宋"的诗句,可见他是以后唐为正的。
③ (宋)石介:《徂徕石先生文集》卷18《〈唐鉴〉序》,中华书局1984年版,第212页。
④ (宋)石介:《徂徕石先生文集》卷18《〈唐鉴〉序》,中华书局1984年版,第212页。

勿任委于奸臣"的见解又是针对君主专制下的权利归属所给出的具体化建议，这些观念对其后的《资治通鉴》和《唐鉴》等都有深远影响。但《唐鉴》原书已阙，其具体的撰述体例和内容都不得而知了。

孙甫《唐史纪》由事迹和议论两部分构成，该书在体例上模仿《春秋》，自李渊攻打长安始，至朱温篡位终，以编年体写成，记录唐朝近三百年的军政大事，全书七十五卷，"其间善恶分明可为龟鉴者，各系以论，凡九十二篇"①。北宋中期，《唐史纪》的史事部分即已失传，但议论部分流传于世，后人将这部分辑录成书，即今之所见《唐史论断》。孙甫著书的目的是："欲明治乱之本，谨戒劝之道，不师《尚书》《春秋》之意，何以为法？"②强调儒学经典对历史借鉴的重要意义，对唐朝在尊王攘夷、恢复王道方面的缺失都有尖锐的批评。在孙甫的史学理念中，"尊王"与"明道"有了初步的沟通，这引发了其后理学家们的强烈共鸣。直至南宋，朱熹还对弟子称赞《唐史纪》："孙之翰唐论精练，说利害如身处亲历之。"③

欧阳修所撰《新五代史》以及欧阳修、宋祁等人合著的《新唐书》是宋人关于唐五代史最重要也流传最深广的著作。《新五代史》成书于宋仁宗皇祐五年（1053），《新唐书》成书于宋仁宗嘉祐五年（1060）。虽然《新唐书》为集众人之力所作，但本纪十卷和赞、志、表都出自欧阳修之手，《新五代史》为欧阳修所独撰，故此这两部史著中的史论部分，都可以看作欧阳修个人历史思想的体现。欧阳修以"君子大居正，王者大一统"的"正统"观念为其史论的核心，将个人的道德素养与国家的治乱兴衰联系起来，"明道"与"尊王"由此达到了统一。

北宋中期成书的范祖禹《唐鉴》④，是宋人私撰唐史著作中最为

---

① （清）永瑢等：《四库全书总目》卷88《史部 史评类》，中华书局1965年版，第752页。
② （宋）孙甫：《唐史论断》序，吕祖谦编：《宋文鉴》卷87，中华书局1992年版，第1239页。
③ （宋）黎靖德编：《朱子语类》卷134《历代一》，中华书局1986年版，第3208页。
④ 现存《唐鉴》主要有两个系统：原本《唐鉴》十二卷，以及吕祖谦音注《唐鉴》二十四卷。其中，十二卷本的传世版本是现藏于上海博物馆的南宋孝宗朝浙江刻本，与《唐鉴》成书年代最为接近，内容也最为完整，这也是本书所采用的版本。

知名的一部，也堪称宋代最重要的义理史学读本。熙宁二年（1069），司马光开史局作《资治通鉴》，以刘攽、刘恕、范祖禹、司马康等为助手，辑录材料，编为长编，再由司马光统一删定成书，《资治通鉴》在选材和史论方面所体现的，主要是司马光的意见和看法。范祖禹对唐史颇有心得，他对史著的义理精神也远较司马光为重，故而他选择在《资治通鉴》之外另作《唐鉴》①。范祖禹记唐朝史事三百零六条，除自唐中宗嗣圣元年（武后光宅元年，684 年）中宗即位，至唐中宗神龙元年（705）这二十二年只记史事、全无评论之外，其余部分均保持一事一议，有的还是长篇评论。从史论内容来看，范祖禹强化正统意识，重视"内圣外王"之说，提倡治国应先"治心"，体现了浓厚的理学色彩。

上述著作之外，宋人编纂的唐五代史著还有尹洙所著《五代春秋》，刘恕《十国纪年》、陈敦修《唐史断》二十卷、唐仲友《唐史义》等。《五代春秋》是编年体史书，记事起于梁太祖开平元年，迄于后周世宗显德七年。尹洙此书仿《春秋》体例，讲究微言大义，不著评论。刘、陈二书仅《宋史·艺文志》有存目，刘恕《十国纪年》尚有司马光为其所作的序传世。刘恕协助司马光编修《资治通鉴》，负责五代十国部分的史事，故此对这段历史颇有了解，此书当为以编年为体记五代史事的史著。

此外，关于南唐的三种史书也颇有特色。《南唐近事》成书于太平兴国二年（977），全书一卷，作者郑文宝是汀州宁化（今属福建）人，其父郑彦华曾为南唐右千牛卫大将军，熟悉南唐旧事，他作此书是因为眼见南唐"君臣用舍，朝廷典章，兵火之余，史籍荡尽，惜乎前事十不存一"②，此书虽为历史笔记的性质，但保存了不少一手史料。马令《南唐书》成于北宋徽宗崇宁四年（1105），陆游《南唐

---

① 此种做法也见于《资治通鉴》的另一编修者刘恕，刘恕在史书起止年代、史料选取、考证方法、史评史论等方面都与司马光有争论，《资治通鉴》成书之后，他另著《资治通鉴外纪》《十国纪年》等著作，阐述个人的历史观点。

② （宋）郑文宝：《南唐近事》序，商务印书馆 1930 年版，第 1 页。

书》成于南宋中期，这两部书都是关于南唐的纪传体史书。马令《南唐书》仿欧阳修，多以"呜呼"起始，着重于褒贬之法，陆游《南唐书》的议论则是平实简洁，切中实务，这也是两宋史论在"义理"与"经世"两条路径上的两种典型表现。

上述史著之外，两宋历史笔记中也多有唐五代史事，宋人对这段历史的重视，着实表现了一种强烈的忧患意识。宋人关于唐五代史的史著和史论，多与当时的现实政治有密切联系，既是可以"资于治道"的往事，亦可看作士大夫对当政者的建议与批评。

宋末元初之际，随着理学发展，前代史撰述出现了新的潮流，出于对治国理政者道德品性和正统属性的看重，三国史撰述再次兴起。朱熹曾自言，其著《资治通鉴纲目》的目的就是明"主在正统"①，并举刘备为例，称"三国当以蜀汉为正"。虽然没有三国史著述，但其观点影响甚深。南宋中后期至元代初年，以"蜀汉正统"为核心的三国史层出不穷，周密在《癸辛杂识》中曾总结南宋中后期的著史状况，称："温公作《通鉴》，则朱晦庵作《纲目》以纠之。张敬夫亦著《经世纪年》，直以蜀先主上继汉献帝。其后庐陵萧常著《后汉书》，起昭烈章武元年辛丑，尽后主炎兴元年癸未，又为吴、魏《载记》。近世如郑雄飞亦著为《续后汉书》，不过踵常之故步。最后翁再又作《蜀汉书》，此又不过拾萧、郑弃之竹马耳，盖欲沽特见之名，而自附于朱、张也。"② 这些著述除萧常《续后汉书》外多已佚亡，但表现出的是南宋义理史学发展之下，对历史新的观察角度和思潮。入元之后，这种思潮继续发展，其最具代表性的著作当属郝经《续后汉书》，这部书是郝经被困江苏真州时所著，有自陈气节志向的用意。郝经在《续后汉书》的序言中说此书是"取纲目之义例"③，这也是宋末元初之际义理之学北传的重要见证。

---

① （宋）黎靖德编：《朱子语类》卷105《朱子二》，中华书局1986年版，第2673页。
② （宋）周密：《癸辛杂识》后集，中华书局1988年版，第97页。
③ （元）郝经：《续后汉书》原序，商务印书馆1958年版，第4页。

第三节　本朝史撰述的发达

与通史撰述同时发展、对时政与史学都同样意义深远的是这一时期当代史的修撰，尤其是私人撰写本朝史著的兴发。宋代设置了起居院、日历所、实录院、国史馆、会要所等专门修史的机构，在本朝史书的编纂方面有很多成就，编修会要、实录等本朝史，其中的宋代历朝会要经清人徐松辑录编成《宋会要辑稿》传世，成为研究宋代历史的最为重要的史料之一。但是宋代史学更为突出的成绩体现在私人修史方面，宋人私撰的本朝史著最为知名的当属南宋关于北宋史的三部鸿篇巨制：李焘《续资治通鉴长编》九百八十卷①，李心传《建炎以来系年要录》二百卷、徐梦莘《三朝北盟会编》二百五十卷，这三部著作均成书于南宋中后期，详尽记录了自北宋赵匡胤开国至南宋宋金协议签订的史事，内容以政治和军事为主，兼及经济文化等，虽为私家著述，但所录内容翔实准确，具有很高的史料价值。此外的私人本朝史撰修还有詹玠《唐宋遗史》四卷、蔡幼学《宋编年政要》四十卷、李攸《宋朝事实》三十五卷、李唐英《宋名臣传》十卷、葛炳奎《国朝名臣叙传》二十卷、吕中《国朝治迹要略》十四卷，以上诸书除李攸《宋朝事实》外均佚，但在一些类书中仍可见片段文字，也是研究这段时期历史的重要补充。

如果说对通史编纂与研究反映了史学家试图总结和把握历史进程中的因果关系与规律的愿望，那么对本朝史的记录则更着重于一种"反思"的精神。南宋隆兴初年，时为国史院编修官的李焘借修撰北宋国史之机，辑录事迹，以编年为例，陆续撰写了《续资治通鉴长编》九百八十卷进呈宋孝宗。② 在乾道四年的《进书表》中他言明撰

---

① 今存五百二十卷。
② 马端临《文献通考》收录李焘《进书表》四封，时间分别为隆兴元年（1163）、乾道四年（1168）、淳熙元年（1174）、淳熙九年（1182）。

写此书的目的是"陛下徒以祖宗之孙谋彝宪往往在是，遂委曲加惠，导之使前"，似乎是让孝宗学习先帝们的治国经验，秉持"祖宗家法"，但这些"彝宪"都指什么呢？李焘在隆兴初年和淳熙初年两次进书的《进书表》中都有详述："如建隆、开宝之禅授，涪陵、岐、佑魏之迁殁，景德、庆历之盟誓，曩霄、谅祚之叛服，嘉祐之立子，治平之复辟，熙宁之更新，元祐之图旧，此最大事，家自为说""然熙、丰、祐、圣、符、靖、崇、观和、康之大废置、大征伐，关天下之大利害者，其事迹比治平以前特异"①，李焘对北宋政治的关注，"危政"远胜于"治道"，中后期远胜于前期②，而他所详细记录的事迹，毋宁说是"彝宪"，实不如说是"教训"，对本朝史的批判与反思跃然纸上。略晚于《续资治通鉴长编》的李心传《建炎以来系年要录》、徐梦莘《三朝北盟会编》等，悉效《长编》，四库馆臣评论是书，虽然"大抵李焘学司马光而或不及光，心传学李焘而无不及焘"③，但亦认可三书的撰述主旨实为一致，"然自汴都丧败，及南渡立国之始，其治乱得失，循文考证，比事推求，已皆可具见其所以然"④，这正是宋人所撰本朝史的重要意义。

李焘论述其著史缘由时，还提到一条直接原因，乃是"学士大夫各省所传，不考诸实录、正史，纷错难信……聚九朝三世之各见殊闻，事或传于两说。惟折诸圣，乃得其真"⑤，这从侧面反映了宋代笔记撰述的兴盛。伴随着两宋史鉴思想的大兴，文人士大夫的笔记也一反魏晋以来以乱力怪神为主要题材的做法，宫闱秘史、人物逸事、典

---

① （宋）马端临：《文献通考》卷193《经籍考二十》，中华书局2011年版，第5612页。
② 《续资治通鉴长编》全书九百八十卷，宋太祖建隆至宋英宗治平年间事仅一百零八卷，"治平以后，文字增多"。
③ （清）永瑢等：《四库全书总目》卷47《史部 编年类》，中华书局1965年版，第426页。
④ （清）永瑢等：《四库全书总目》卷49《史部 纪事本末类》，中华书局1965年版，第438页。
⑤ （宋）马端临：《文献通考》卷193《经籍考二十》，中华书局2011年版，第5611—5612页。

章制度乃至名物典故皆可收录。以笔记纪本朝史事在唐代就已经兴起，李肇在论及《国史补》创作缘由时提到："予自开元至长庆撰《国史补》，虑史氏或阙则补之意，续传记而有不为。"① 李肇这句话被视为笔记从"小说"向记载野史琐闻、考据辩证转变的重要例证。除《国史补》之外，如封演《封氏闻见记》、张鷟《朝野佥载》等，也都以记载历史掌故为多。然唐人笔记中的大多数，依然带有浓郁的文学色彩与志怪特质，如《酉阳杂俎》《博异志》等。或如《北里志》《教坊记》之类，所载虽也算时事，但受材料所限，多为"仆马豪华，宴游崇侈"②的情节。而且唐代科举初兴，尤重文学诗赋，所谓"江湖休洒春风泪，十轴香于一桂枝"③，士人以诗词为晋身之阶，以传奇为行卷之文，笔记中自然也多虚实莫辨之语。宋人论唐人笔记是"文备众体，可以见史才、诗笔、议论"④，既肯定了它的阅读价值，也从另一方面反映了其文体的芜杂和内容的散乱。相较之下，宋人笔记的史学意识要突出很多：范镇著《东斋记事》，称"追忆馆阁中及在侍从时交游语言，与俗传说，因纂集之"⑤；欧阳修作《归田录》，多载"朝廷之遗事，史官之所不记，与夫士大夫笑谈之余而可录者"⑥，范成大撰《桂海虞衡志》，意在"因追记其登临之处，与风物土宜，凡方志所未载者，萃为一书。蛮陬绝徼，见闻可纪者，亦附著之，以备土训之图"⑦；即使如孟元老《东京梦华录》、周密《武林旧事》这种怀恋前朝之作，写作目的也是"谨省记编次成集，庶几开卷，得睹当时之盛"⑧、"后之览者，能不兴忾我寤叹之悲乎"⑨。这些

---

① （唐）李肇：《唐国史补》序，陈尚君辑校《全唐文补编》卷77，中华书局2005年版，第949页。
② （唐）孙棨：《北里志》序，董诰等编《全唐文》卷827，中华书局1983年版，第8715页。
③ （唐）郑谷：《赠杨夔二首》，《全唐诗》卷677，中华书局1960年版，第7763页。
④ （宋）赵彦卫：《云麓漫钞》卷8，中华书局1996年版，第135页。
⑤ （宋）范镇：《东斋记事》自序，中华书局1980年版，第1页。
⑥ （宋）欧阳修：《归田录》自序，中华书局1981年版，第3页。
⑦ （宋）范成大：《桂海虞衡志》序，中华书局2002年版，第81页。
⑧ （宋）孟元老：《东京梦华录》序，中华书局1982年版，第4页。
⑨ （宋）周密：《武林旧事》序，浙江人民出版社1984年版，第1页。

笔记中的内容多是对当代史的记录，政治、经济、文化、交通、宫闱趣闻、朝野密录，不一而足。对这些庞杂而丰富的内容，庄绰在其所著《鸡肋编》序中，将它们喻为杨修所言之"鸡肋"，又说"阿瞒之绩，无见于策，而其空言，竟著于后，是岂非鸡肋之腊邪"①，风趣地阐明了宋人笔记对"补史氏之阙"的重要价值。且宋代科举"先策论而后诗赋"②，强调实学，反感虚词。作者史学意识的提升与社会上对"经世"之学的倡导，反映在笔记中对国家治理事迹的记载上，自然就重国是而轻征兆、多史实而少浮言了。

宋代笔记的作者身份也非常复杂，宋代政坛上的重要人物（或其后辈）多有笔记传世。这些人陷于两宋政治旋涡之中，笔记亦多载时政要务，虽然因政治立场的不同，其内容也有不尽不实、诽谤诋毁之处③，但因其所处政治地位的微妙，故而对朝堂政事的了解和把握要超越唐人。宋代的士大夫群体浓厚的"同治天下"情结④，使得他们对朝堂政事的责任感远超前代。自宋初以来的优裕文臣的政策一直延续至南宋灭亡，对文臣的优待以至于"满朝朱紫贵，尽是读书人"⑤。虽然自仁宗朝开始党争之祸愈演愈烈，诸多士人因直言进谏而被远放他乡，受尽颠沛流离之苦，但整个宋朝因言获罪而至身死的士人并不多见。相对宽松的政治环境让士大夫在政治活动方面有了更多的发展空间，也促使士大夫自身"同治天下"的愿望越发突出。"同治天下"或"共治天下"的说法，有别于儒家惯常所强调的"民贵君轻"

---

① （宋）庄绰：《鸡肋编》卷上，中华书局1983年版，第1页。

② （宋）范仲淹：《答手诏条陈十事》，载（宋）李焘《续资治通鉴长编》卷143，中华书局2004年版，第3435页。

③ 如邵伯温《邵氏闻见录》记变法派人物行事多有诋毁、叶绍翁《四朝闻见录》对韩侂胄的评价有失偏颇等。

④ 关于宋代"皇帝与士大夫共治天下"的议题，前辈学者论述颇多，如张其凡《"皇帝与士大夫共治天下"试析——北宋政治架构探微》（《暨南学报》2001年第6期），张希清《士大夫与天子"共治天下"——范仲淹与庆历新政》（《博览群书》2010年第10期）等，兹不赘述。

⑤ （宋）张端义：《贵耳集》卷下，《全宋笔记》第六编第十册，大象出版社2013年版，第356页。

"水可载舟亦可覆舟"①的说法,将"治天下"与"有天下"作了区分,皇帝拥有四海,只要治内百姓安居乐业,国家自然稳定发展,天下太平,这是"水可载舟"的道理。但是在治理"天下"的时候,不能仅凭独断,更需要礼贤下士,尊重士大夫的看法,这样不仅有助于君主多角度地考虑和解决问题,更重要的是创造协调的君臣关系和政治氛围,这是保证国家平稳发展的直接因素。在君主专制的前提之下,宋人所提倡的这种皇帝和士大夫互相掣肘又互为依赖的治国模式,实际上是限制了君权的膨胀和君主的独断。"同治天下"的要求,体现的是宋代士大夫"以天下为己任"的责任感和自主意识,正是在这种责任感的驱使之下,无论是"居庙堂之高"或"处江湖之远",这些士大夫的表札、奏议与著述等,都反映了对天子的忠诚和对国家命运的关注。他们通今博古,议古论今,在他们的著述中,随处可见对前代兴亡盛衰的评点,以及由此延伸的对当代执政者的批评。这种忧患意识与宋人知难不畏的精神、端方正直的性格、严谨求实的治学态度都有密切关系,是宋代知识分子的突出特点。

金代士人延续了宋人以史著记录历史、参与时政的时代特征,以严谨态度和求实精神撰写了一批颇有时代风貌的史著与历史笔记。金代史官著述谨严,赵翼称赞其"金记注官最得职"②,金末私人撰史尤其突出,出现了元好问、王若虚、刘祁等一批重要史家。元好问所撰《金史》与《壬辰杂编》虽没有传世,但成为元代修撰《金史》的重要参照,王若虚不仅是文学大家,史学批评也颇有所长,其《史记辨惑》《诸史辨惑》《新唐书辨惑》等文章,都是中国古代史学批评的重要文献。刘祁《归潜志》详记金末名流列传及亡国始末,成为金代末年的直接见证,也为元人撰修《金史》提供了重要史料。

通史的兴发推动了学者对历史衍生与发展的求索,对唐五代史的

---

① 见(南朝宋)范晔:《后汉书》卷65《皇甫张段列传第五十五》注3,中华书局1965年版,第2132页。

② (清)赵翼:《廿二史札记》卷28"金记注官最得职"条,王树民校证本,中华书局2013年版,第654页。

关注展示了士大夫以"故事"匡扶政治、用历史经验纠正政治弊端的决心，本朝史撰述的勃兴反映了士人"以天下为己任"的责任感和使命感。宋辽金元史学发展的重心，多与对国家政治走向的重视有关。历史是治国理政的参照，宋辽金元史学发展过程中表现出的对国家治理事迹和国家治理制度的关注，已然具有了不同于其他时代的目的与意义。

第二章　理学发展对史学及史学家的影响

前辈学者论及宋代的学术发展，都予以了很高的赞誉，如陈寅恪所言："华夏民族之文化，历数千载之演进，造极于赵宋之世。"① 漆侠也在所著《宋学的发展与演变》一书的开篇提出，宋学是"与汉学相对立"的，"探索古代经典的巨大变革"②。所谓"巨大变革"，一是指从研究方法而言，以"义理之学"取代了"章句之学"，一是从治学目的而言，将"学术探索与社会实践结合"③，通过对经典的重新论述来阐明治国安邦的道理。宋代是学术复兴的重要时期，王学、关学、洛学、蜀学等各擅胜场。周敦颐创于前、二程发于后的洛学，经过南宋杨时等学者的推广和发扬，尤其是朱熹的阐发与深入，成为对宋元明以来的中国古代社会影响最为深广的哲学体系。理学的发展也造成了史学观念的变化，这在两宋史著与史论中也有明显的反映。深受理学家影响的史学家以"尊王攘夷"为标准衡量历史变局的成败，从"诚意正心"的角度来阐发历史人物的得失，确立了"内圣外王"的为政标准。宋人对理学的推崇也扩散到了金元乃至高丽的史学撰述与评论中，对后世亦有深刻影响。

---

① 陈寅恪：《邓广铭〈宋史职官志考证〉序》，陈寅恪《金明馆丛稿二编》，河北教育出版社2005年版，第245页。
② 漆侠：《宋学的发展和演变》，河北人民出版社2002年版，第3页。
③ 漆侠：《宋学的发展和演变》，河北人民出版社2002年版，第6页。

第一节　理学的流行与"内圣外王"说的兴发

从学术渊源来看，理学的兴起源于对"汉学的反动"①，就实际目的而言，则起于对佛道之学的抵制与对儒学的尊崇，这种学术潮流并非宋人首创，实则具有深厚的社会渊源与学术渊源。南朝范缜一面精研儒道，"博通经术，尤精《三礼》"②，一面批评佛教，斥其"浮屠害政，桑门蠹俗"③；唐人韩愈因"迎佛骨"劳民伤财而上《谏佛骨表》，又以"周道衰，孔子没"而作《原道》，"排佛"与"宏儒"本就是一体两面。宋人继承前人传统，北宋初年排佛者如王禹偁、石介等均是宋初儒学的领军人物，他们排佛的理由或认为佛教"造寺多矣，计其费耗，何啻亿万"④，或"以其人易中国之人，以其道易中国之道，以其俗易中国之俗，以其书易中国之书，以其教易中国之教"⑤，都是将佛教视为破坏国家政治稳定性与儒家文化一元性的首要因素，视其为对"中国"的严重威胁。

批判佛学与佛教的同时，宋初学者也着力于儒学的重建。石介作《尊韩》，重建儒学"道统"，大力推崇韩愈，以韩愈为"贤人之卓"，显示了他欲匡复"道统"的决心；孙复作《春秋尊王发微》，以"尊王攘夷"为《春秋》大义，并强调"欲治其末者必端其本，严其终者必正其始"⑥；胡瑗执教太学，讲解《周易》《尚书》，培养了不少

---

① 邓广铭：《略谈宋学》，《邓广铭全集》第 7 卷，河北教育出版社 2005 年版，第 400 页。
② （唐）姚思廉：《梁书》卷 48《儒林传·范缜传》，中华书局 1973 年版，第 664 页。
③ 范缜：《神灭论》，载（唐）姚思廉《梁书》卷 48《儒林传·范缜传》，中华书局 1973 年版，第 670 页。
④ 王禹偁上宋真宗言事疏，事见《宋史》卷 293，中华书局 1985 年版，第 9797 页。
⑤ （宋）石介：《徂徕石先生文集》卷 10《汉论》，中华书局 1984 年版，第 111 页。
⑥ （清）黄宗羲、全祖望：《宋元学案》卷 2《泰山学案·高平讲友》，中华书局 1986 年版，第 73 页。

儒学人才，"礼部所得士，瑗弟子十常居四五"①。石介、孙复、胡瑗三人并称为"宋初三先生"，是宋代儒学复兴的重要人物。元祐初，时人论及庆历朝士风，都十分推崇三人，认为"石介在仁宗朝，文学行义，名重一时，经术博深，议论坚正，以扶持名教为己任。尝以孙复、胡瑗为国子监直讲，教养人才，士风丕变"②，以之为"庆历之风"的典范。南宋末年，大儒黄震论及宋初理学之兴，说："宋兴八十年，安定胡先生、泰山孙先生、徂徕石先生始以其学教授，而安定之徒最盛，继而伊洛之学兴矣。故本朝理学虽至伊洛而精，实自三先生而始。"③ 三先生是为宋代理学的滥觞。宋初三先生之后，经过周敦颐、张载、邵雍等人的深化，宋代理学的思想体系大致形成。程颢、程颐兄弟创"洛学"，进一步摆脱了佛道的影响而回归到儒学正宗，其思想亦成为理学的正统与典型形态。二程以"理"为世界的本体，视"天理"为道德之源，并将儒家所强化的"礼"与"理"相统一，将儒家所提倡的父子君臣之"礼"解释为"父子君臣，天下之定理"④。二程还提出了"存天理，灭人欲"、"主敬"⑤、"慎独"⑥ 等主张，目的都是维护"礼"的尊严，进而维护"君臣父子"之天理。

亦在此时，二程还提出了"内圣外王"的说法。"内圣外王"之说起于庄子，庄子认为："天下大乱，贤圣不明，道德不一……是故内圣外王之道，暗而不明，郁而不发，天下之人各为其所欲焉以自为方"⑦，在庄子的理论中，"圣有所生，王有所成"，都是源于"道"，

---

① （宋）李焘：《续资治通鉴长编》卷184，中华书局2004年版，第4461页。
② （宋）李焘：《续资治通鉴长编》卷436，中华书局2004年版，第10505页。
③ （清）黄宗羲、全祖望：《宋元学案》卷2《泰山学案·高平讲友》，中华书局1986年版，第73页。
④ （宋）程颢、程颐：《河南程氏遗书》卷5，《二程集》，中华书局2004年版，第77页。
⑤ （宋）程颢、程颐：《河南程氏遗书》卷15，《二程集》，中华书局2004年版，第143页。
⑥ （宋）程颢、程颐：《河南程氏遗书》卷6，《二程集》，中华书局2004年版，第81页。
⑦ （清）郭庆藩：《庄子集释》卷10，中华书局2012年版，第1069页。

而所谓圣人就是"以天为宗,以德为本,以道为门,兆于变化",即能够顺乎自然又重视内在修养的人,而"王治"实是圣人之"道"的外在表现。庄子对"内圣外王"的阐释其实已经带有一定的儒学色彩,他与儒的区别在于,庄子认为,这些原则"邹鲁之士、缙绅先生"都可以做到,然而真正的圣、王所具备的,是更加"暗而不明,郁而不发"的"道"。庄子希望君主以修炼、节制自身为要,通过自身的提高来潜移默化地影响子民。"内圣外王"之说,实质是道家以"无为"为出发点的政治理论注脚。西晋学者郭象为庄子作注,在序言中说,《庄子》"通天地之统,序万物之性,达死生之变,而明内圣外王之道,上知造物无物,下知有物之自造也"①,特别强调庄子学说的"内圣外王"之道,但郭象是玄学家,其《庄子》注所竭力表达的也依然是"至人极乎无亲,孝慈终于兼忘,礼乐复乎已能,忠信发乎天光:用其光则其朴自成"的道家的无为之说。

真正将"内圣外王"发扬光大并使之成为君主治国理政基本原则还是要到宋代。义理之学的发展之下,理学家们以儒学经典指导治国理政,成为"内圣外王"说产生的重要前提。邵雍为人"高明英迈,迥出千古,而坦夷浑厚,不见圭角,是以清而不激,和而不流"②,程颐称赞他是"内圣外王之学也",将"内圣外王"视为儒家修养的根基。朱熹则是将"三纲领"与"八条目"相结合,详细论述了彼此之间的关系,格物至于修身,都是自身的修养,目标是能够"至善",而基本目的是"明德";齐家至于平天下,是对国家的作用,"亲民"是其要旨。如此,则三纲领与八条目的融合,就是"治心"与"治国"的过程的统一,这亦是朱熹所倡言的"内圣外王"之境界。"帝王之功,圣人之余事,有内圣之德,必有外王之业"③,他以"明明德,亲民,止于至善"作为君主活动之纲领,正是因其所体现的"内

---

① (清)郭庆藩:《庄子集释》序,中华书局2012年版,第3页。
② (元)脱脱等撰:《宋史》卷427《邵雍传》,中华书局1985年版,第12728页。
③ (宋)朱熹:《论孟精义》卷4,《朱子全书》第7册,上海古籍出版社2002年版,第708页。

圣之德",只要通过"格物、致知、诚意、正心、修身"的路径,就可以达到"齐家、治国、平天下"的"帝王之功"。

程朱理学所推崇的"内圣外王"说,在南宋末年不断得到发扬,随着理学的兴起,成为君主和士大夫对待国家治理的最高准则。因此,"诚意、正心、修身、齐家、治国、平天下",也成为后世士大夫规劝皇帝的常见之语,元明清各朝不绝于史,如《元史·裕宗传》就记载,至元二十三年(1286),时为皇太子的真金召见谕德李谦、夹谷之奇,他二人陈述了十条有益于"澄原固本,保守成业"之事,第一条就是"正心","太子之心,天下之本也。太子心正,则天心有所属,人心有所系矣。唐太宗尝言,人主一心,攻之者众,或以勇力,或以辨口,或以谄谀,或以奸诈,或以嗜欲,辐辏攻之,各求自售。人主少懈,而受其一,则其害有不可胜言者。殿下至尊之储贰,人求自售者亦不为少,须常唤醒此心,不使为物欲所挠,则宗社生灵之福。固本澄原,莫此为切。"① 则在元朝初年,"正心"之说就已经成为君主教育的第一要务。不仅李谦、夹谷之奇二人,元初士大夫如伯都、嶙嶙、窦默、孙良桢等人都曾上言皇帝,进"正心"之说②,他们之中既有蒙古人,有汉人,还有女真人,可见其时"正心"之论已经不局限于汉族士人,已经随着理学的传播而扩大。

第二节　史学家与理学家的交游

理学的发展对宋辽金元的史学发展有极深的影响,一方面表现于理学思想在史著中的表达,一方面表现于理学家与史学家的交流,而前者在很大程度上又由后者所决定。全祖望《宋元学案》一书梳理了北宋至元末(兼及金代)的学术传承与发展史,其中涉及学派的传承

---

① (明)宋濂等撰:《元史》卷115《裕宗传》,中华书局1976年版,第2892页。
② 事迹俱见《元史》本传。

与不同学派学者间的交游状况，其中不乏史学家①与理学家的交流，这种交流对史学和理学都有深远的影响。②

比较早的与理学家互动的史家当属范祖禹。范祖禹的史学思想，既受叔祖父范镇家传，又受到司马光十几年如一日的指点提携，但其思想既不同于范镇这种传统儒者，也与司马光在《资治通鉴》中所表现出的经世致用思想有一定的差别。范祖禹史学思想中强烈的义理化倾向，似乎更受到与他同时代的理学家的影响。熙宁三年（1070），范祖禹受司马光举荐参修《资治通鉴》，自开封来到洛阳，自此居洛十五年，直至元丰七年（1084）书成。当时以洛阳为中心，辐射至周边颍昌（今河南许昌）等地，聚集了司马光、范镇、吕公著、范纯仁、程颐、程颢、韩维、邵雍等名士。范祖禹处于这些学者名流之间，在思想上也自会受到影响。而其中最为后人关注的，就是他与二程尤其是程颐的交游。清初全祖望作《宋元学案》，其中《华阳学案》篇明言："范正献公之师涑水，其本集可据也。其师程氏，则出自鲜于绰之讹。《伊洛渊源录》既疑之，而又仍之，误矣。陈默堂（陈渊）答范益谦（范冲）曰：'向所闻于龟山（杨时），乃知先给事之学与洛学同。'则其非弟子明矣。"③考证传世的《范太史集》与二程文集，确实没有关于范祖禹师承于二程的确实记录，范祖禹作《明道先生哀词》，也只说"先生以亲老求为闲官，居洛阳殆十年，与弟伊川先生讲学于家，化行乡党，家贫蔬食或不继而事亲务养，其志赒赡，族人必尽其力。士之从学者不绝于馆，有不远千里而至者"④，并未明言师之。元丰初，司马光居洛阳，范镇居颍昌，二人常有来往⑤，

---

① 此处"史学家"特指有历史著述的学者，不包含如孙复、二程等对历史有创见但并无史著的学者。

② （清）黄宗羲、全祖望：《宋元学案》，中华书局1986年版。

③ （清）黄宗羲、全祖望：《宋元学案》卷21《华阳学案·序录》，中华书局1986年版，第845—846页。

④ （宋）范祖禹：《明道先生哀词》，（宋）程颢、程颐：《河南程氏遗书》附录，《二程集》，中华书局2004年版，第333页。

⑤ 关于范镇与司马光在元丰初年的交往，范祖禹也多有记录，如在《司马温公布衾铭记》就有"元丰中，公在洛，蜀公自许往访之"的记载，《祭蜀公文》中也载有"屏居洛邑十有三年，公每肩舆，凡五六至，奉侍几杖，尝闻训言"，见（宋）范祖禹《范太史集》卷36、37，文渊阁《四库全书》第1100册，台湾商务印书馆1983年版，第395、414页。

交往辩论，二程等多以后辈身份从游。由此推测，范祖禹与二程平辈相交的可能似乎大于师承的关系。关于这一点，吕本中在回忆吕夷简的交游时曾云，"荥阳公交游，则二程、二张、孙莘老、李公择、王正仲、顾子敦、杨应之、范淳夫、黄安中、邢和叔、王圣美也"①，此处二程与范祖禹并列，也从侧面反映了二人的关系。故范祖禹与二程虽无师承，但可以推断得出范祖禹与二程确有交游。程颢去世，范祖禹为其写哀词，称赞"先生为人清明端洁，内直外方，其学本于诚意正心，以圣贤之道，可以必至"②，不仅对程颢的品质高度赞赏，对二程理学的特征表述也非常准确；范祖禹对程颢的学问也非常推崇，《河南程氏文集》中收录《范太史遗事》的一条记载："范公淳夫尝论：颜子不迁怒，不贰过，惟伯淳能之"③，可见范祖禹在推举程颢方面的不遗余力。正是因为对二程学识和人品的倾慕，范祖禹的《唐鉴》一书颇见理学影响，《河南程氏外书》记载："范淳夫尝与伊川论唐事，及为《唐鉴》，尽用先生之论，先生谓门人曰：'淳夫乃能相信如此。'"朱熹也认为"（范祖禹）所著《论语说》《唐鉴》议论亦多资于程氏"④。《唐鉴》和《帝学》之中，关于"正统论"的看法以及关于帝王锤炼"心性"的意义，都与北宋的理学家的理念有深厚的联系，尤其是关于"心性论"的诸多看法，将理学观念融入史学著作之中，是宋代义理化史学著作的典型，《唐鉴》堪称北宋义理史学最重要的代表作了。范祖禹因此书颇得程氏赞誉，元祐初年，范祖禹呈进《唐鉴》，程颐大为赞许，"元祐中，客有见伊川先生者，几案无他书，惟印行《唐鉴》一部，先生谓客曰：'近方见此书，自三

---

① （宋）吕本中：《童蒙训》卷上，国家图书馆馆藏《童蒙训》，南宋绍定本，第12页。
② （宋）范祖禹：《明道先生哀词》，（宋）程颢、程颐：《河南程氏遗书》附录，《二程集》，中华书局2004年版，第333页。
③ （宋）程颢、程颐：《河南程氏文集》遗文，《二程集》，中华书局2004年版，第674页。
④ （清）黄宗羲、全祖望：《宋元学案》卷21《华阳学案·涑水门人》，中华书局1986年版，第855页。

代以后无此议论'"①，这番称赞既可见朋友之义，但更多的其实也是思想观念上的相通之处。

南宋袁枢与杨万里、朱熹等人的相交亦是典范。杨万里年少时曾求学于张浚，"浚勉以正心诚意之学，万里服其教终身"②，是伊洛之学在南宋前期的重要传人③。他与袁枢私交甚厚，曾同为太学官，"志同志，行同行，言同言"④。乾道七年（1171）袁枢任职礼部，因与佞幸张说有隙，自请外任严州（今浙江金华一带），潜心著史，完成了《通鉴纪事本末》四十二卷。《通鉴纪事本末》一书是对《资治通鉴》的重新编排，袁枢"区别其事而贯通之"⑤，虽然对通鉴内容照本宣科，但分题标目的用字如"灭""判""伐""平"等颇为讲究，尽用《春秋》之义。杨万里亲为作叙，称道读此书"如生乎其时，亲见乎其事，使人喜，使人悲，使人鼓舞未既而继之以叹且泣也"⑥，并认为此书堪作君主的教科书，"有国者不可以无此书，前有奸而不察，后有邪而不悟"。朱熹对《通鉴纪事本末》也评价颇高，认为"其部居门目、始终离合之间，又皆曲有微意"⑦，以此书比之于左丘明，认为其对《资治通鉴》有"依经以作传"的效果。袁枢、杨万里、朱熹三人都有济世救国的抱负，但均仕途坎坷。淳熙十二年（1185），杨万里任东宫侍读，与宋孝宗接触颇多，他随即"疏朱熹、袁枢以下六十人以献"⑧，孝宗也各有任用。袁枢进《通鉴纪事本末》

---

① （宋）晁说之：《晁氏客语》，《全宋笔记》第一编第十册，大象出版社2003年版，第125页。
② （元）脱脱等撰：《宋史》卷433《杨万里传》，中华书局1985年版，第12863页。
③ 《宋元学案》将杨万里归入《赵张诸儒学案》，认为其学承自张浚，而"中兴二相，丰国赵公尝从邵子文游，魏国张公尝从谯天授游。丰公所得浅，而魏公则惑于禅宗，然伊洛之学从此得昌"。
④ （宋）袁枢：《通鉴纪事本末》叙，中华书局2015年版，第1页。
⑤ （元）脱脱等撰：《宋史》卷389《袁枢传》，中华书局1985年版，第11934页。
⑥ （宋）袁枢：《通鉴纪事本末》叙，中华书局2015年版，第1页。
⑦ （元）马端临：《文献通考》卷193《经籍考二十》，中华书局2011年版，第5609页。
⑧ （元）脱脱等撰：《宋史》卷433《杨万里传》，中华书局1985年版，第12868页。

于宋孝宗，被赞"治道尽在是矣"①，朱熹虽然多数时间都作地方官，也在宁宗继位后担任侍讲，传授"诚意正心"之道。但因韩侂胄擅权，三人都被排挤，杨万里、袁枢归老林下，对朱熹的排斥引发庆元党禁，成为南宋一朝士大夫政治的转折点。但三人的交游与学术交流未断，《朱子语录》记有朱熹与袁枢关于扬雄"君子于仁也柔，于义也刚"之言的论辩②，虽意见相左，但所交流之道理精深。杨万里、袁枢之交往更是贯通二人的一生，杨、袁二人晚年都精研易学，杨万里曾为袁枢《易赞》作跋，认为其人"眸子不运而见三圣，一心空洞以纳太极"③，盛赞其明心见性；而杨万里所著《易传》，全祖望认为"明辅嗣之传，当以伊川为正脉，诚斋为小宗。胡安定、苏眉山诸家不如也"。两人学问又互为参照，《通鉴纪事本末》的"春秋"笔法与义理精神，被杨万里视为"其于治乱存亡，盖病之源医之方也"④，杨万里之《易传》兼通经史，"以史事证经学，尤为洞邃"⑤，也极有可能就是受袁枢之影响。

南宋与金因南北分立，文化上也有所隔膜⑥，但金朝汉化进程迅速，重科举，尊儒学，金代史家对"义理"也颇为看重，重要史家如元好问、王若虚、刘祁等，都对道德心性之学颇有所得。刘祁所撰《归潜志》中记载了诸多金代士人名流，颇见作者交游之广。至元代，理学家与史学家的交游依然见于史，如马端临与程时登之"相善"⑦。马端临生于南宋末年，其父马廷鸾是宋度宗朝的宰相，宋亡后隐居山

---

① （元）脱脱等撰：《宋史》卷389《袁枢传》，中华书局1985年版，第11934页。
② （宋）黎靖德编：《朱子语类》卷17《大学四》，中华书局1986年版，第374页。
③ （宋）杨万里：《易赞》，载曾枣庄主编《宋代序跋全编》卷149卷，齐鲁书社2015年版，第4258页。
④ （宋）袁枢：《通鉴纪事本末》叙，中华书局2015年版，第1页。
⑤ （清）黄宗羲、全祖望：《宋元学案》卷44《赵张诸儒学案·紫岩门人》，中华书局1986年版，第1433页。
⑥ 金末史学家王若虚自言，其学术"正闰之说吾从司马公，性命之说吾从欧阳子，祭礼之说吾从苏翰林，封建之说吾从范太史"，所列均是北宋士人，可见其时南宋学术还没有传到金朝。《滹南遗老集校注》卷30，辽海出版社2006年版，第344页。
⑦ （清）黄宗羲、全祖望：《宋元学案》卷89《介轩学案·古山门人》，中华书局1986年版，第2974页。

野，马端临也随父亲隐居不仕。马端临受业于曹泾，"曹泾精诣朱子学，先生从之游，师承有自"①。而程时登从学于程正则，程正则又学于朱熹的弟子董铢②，马、程二人都可算朱熹在元代的传人。二人学问相契，程时登精于理学，著有《周易启蒙辑录》《大学本末图说》《中庸中和说》等，而马端临醉心史学，有《文献通考》传世。论及《文献通考》成书之缘由，马端临在书前序言中指出"典章经制，实相因者也，殷因夏，周因殷，继周者之损益，百世可知，圣人盖已预言之矣"③，要探求历史发展的深层规律与联系，但无论是排目顺序还是内容重点，依然可见理学之影响。如他论春秋之季，认为"以春秋视后世，不为乱世也，何哉？后世之法度不及春秋之法度，后世之人才不及春秋之人才"等语，都可见理学之影响。尤其"经籍考"七十六考，占全书的五分之一，是内容最厚重的部分，这部分马端临所撰序和按语也最多，也可见作者对历代文献与儒家精神的重视。

史学家与理学家的交游，只是这一时期士人交游的一个侧影，是宋金元士风的一种反映。宋金士大夫本着家国天下的情怀行走朝野，士人之间的交游既有政治上的互相扶持，也有学术上的彼此仰慕；而入元之后，无论是隐居乡野怀念故国的现实选择，还是发展儒学弘扬义理的文化抉择，都使得理学同好之间的交往成为学术交流的大端。在这种交游过程中，理学精神也时刻在影响和塑造着历史的书写，宋辽金元史学的"义理化"倾向逐渐成型。

第三节　义理史学

熙宁年间，司马光撰《资治通鉴》于洛下，曾与程颐有一番交

---

① （清）黄宗羲、全祖望：《宋元学案》卷89《介轩学案·曹氏门人》，中华书局1986年版，第2977页。
② （清）王梓材、冯云濠：《宋元学案补遗》卷89《介轩学案补遗》，中华书局2012年版，第5271页。
③ （元）马端临：《文献通考》自序，中华书局2011年版，第1页。

流。这位"著书立言,名重天下,从游之徒,归门甚众"①的当世大儒向年长他十余岁的史学家提出了一个咄咄逼人的问题:"敢与太宗、肃宗正篡名乎?"②在程颐的口述中,司马光对他是全然赞同③。然则《资治通鉴》虽然也记述了李世民为秦王时屯兵洛阳、积蓄力量等史实,以之为"玄武门之变"的导火索,但是依然没有明言太宗之过,反而从太宗建功立业的角度出发,先引西周泰伯让贤、春秋子臧避位之典,又假设太宗后发制人,最后归结于"为群下所迫",以此为唐太宗辩解。认为建成、元吉行凶在先,并为李世民辩护说:"立嫡以长,礼之正也。然高祖所以有天下,皆太宗之功;隐太子以庸劣居其右,地嫌势逼,必不相容",认为这是李世民不得已之举。程颐之所以有这样一问,与二程对唐代皇位传承过程中之僭越行为的憎恶有关,即使如唐太宗这种公认的明君,二程也给出了非常严厉的批评:"唐太宗后人只知是英主,元不曾有人识其恶,至如杀兄取位。若以功业言,不过只做得个功臣,岂可夺元良之位?至如肃宗即位灵武,分明是篡也。"④针对司马光的辩护,程颐认为:"唐之纪纲,自太宗乱之,终唐之世无三纲者,自太宗始也。"⑤则在程颐看来,李世民的行为破坏了最基本的道德根基,其恶果在于赋予了"篡权夺位"这一恶劣行为的合法性,而司马光对"玄武门之变"的撰述和评价非但没有对这种行为进行批判,反而为其"彰目"。《二程外书》中有程颐针对《资治通鉴》中的另一处记述,批评司马光"以为法者天下之公器,惟善持法者,亲疏如一,无所不行。皆执一之论,未尽于义

---

① (宋)文彦博:《与程颐复简》,《文彦博集校注》集外佚文,中华书局2016年版,第1030页。
② (宋)程颢、程颐:《河南程氏遗书》卷2,《二程集》,中华书局2004年版,第19页。
③ "伊川曰:'太宗、肃宗端的如何?'温公曰:'皆篡也'。"程颐、程颢:《河南程氏外书》卷12,《二程集》,中华书局2004年版,第438页。
④ (宋)程颢、程颐:《河南程氏遗书》卷17,《二程集》,中华书局2004年版,第178页。
⑤ (宋)程颢、程颐:《河南程氏遗书》卷18,《二程集》,中华书局2004年版,第236页。

也。义既未安，则非明也。有所不行，不害其为公器也。不得于义，则非恩之正。害恩之正，则不得为义"①，其实与前例同，都是不满《资治通鉴》以行事的实际效果为评价标准，而不顾及其动机与对后世的示范性作用。

司马光的做法招致了理学家的反对，也在无形之中促进了另一部史学著作的出现。他的弟子兼助手范祖禹于元祐元年（1086）向宋哲宗和太皇太后高氏进献他"于职事之余，讨论唐史，撮其行事，缉成一书"②之《唐鉴》，其撰书目的是"窃惟治乱兴废，皆起细微，言之于已然不若防之于未然，虑之于未有不若视之于既有"③，与《通鉴》之"鉴于往事，以资治道"颇相类，但范祖禹在进书表中又言，"稽其成败之迹，折以义理"④，则《唐鉴》所记之重点，还在于对历史事件所含之"义理"的探讨。如前所述，范祖禹与二程交游颇多，朱熹《伊洛渊源录》引鲜于绰《传信录》以为范祖禹是程颐门人⑤，但表示了不同看法。他在翻阅范祖禹之子范冲所著《范太史遗事》之后认为，"家传遗事载其言行之懿甚详，然不云其尝受学于二先生之门也"⑥。但无论如何，范祖禹比之司马光，对历史著述中所蕴含的"德""义""礼"等儒家价值因素要重视得多，从这点看，他更加接近二程等理学家们的主张，这更为突出地表现于记载武则天一朝史事的做法上。武后一朝的纪事，《旧唐书》仿前朝吴兢之法，于"本纪"部分设"武后本纪"一节，以武则天所创"大周"的年号纪事，

---

① （宋）程颢、程颐：《河南程氏遗书》卷8，《二程集》，中华书局2004年版，第577页。

② （宋）范祖禹：《进〈唐鉴〉上太皇太后表》，曾枣庄主编：《全宋文》第98册卷2128，上海辞书出版社2006年版，第45页。

③ （宋）范祖禹：《进〈唐鉴〉上太皇太后表》，曾枣庄主编：《全宋文》第98册卷2128，上海辞书出版社2006年版，第45页。

④ （宋）范祖禹：《进〈唐鉴〉表》，曾枣庄主编：《全宋文》第98册卷2128，上海辞书出版社2006年版，第44页。

⑤ （清）黄宗羲、全祖望：《宋元学案》卷21《华阳学案·涑水门人》，中华书局1986年版，第855页。

⑥ （清）黄宗羲、全祖望：《宋元学案》卷21《华阳学案·涑水门人》，中华书局1986年版，第855页。

称李显为"庐陵王",以武则天行事为纪事线索①;欧阳修等人所著《新唐书》,依然保持了上述特点,但在结语的"赞"的部分,欧阳修提出了列武后于本纪的理由是:"昔孔子作《春秋》而乱臣贼子惧,其于杀君篡国之主,皆不黜绝之,岂以其盗而有之者,莫大之罪也,不没其实,所以著其大恶而不隐欤?自司马迁、班固皆作《高后纪》,吕氏虽非篡汉,而盗执其国政,遂不敢没其实,岂其得圣人之意欤?抑亦偶合于《春秋》之法也。"②欧阳修之史法为司马光所得,在《资治通鉴》的"唐记"部分,以武后年号系年,详述了一朝史事。至于此间的正统之义,司马光自述"正闰之际,非所敢知,但据其功业之实而言之"③。范祖禹的态度与前代史家截然相反,《唐鉴》记武后一朝的史事,有几个重要特点:其一,称李显为"中宗"不称"庐陵王";其二,系年于中宗而非武后;其三,以李显活动为线索,仿《春秋》"公在乾侯"之法,每一年后必记"帝在房州";其四,二十二年史事,只记事件,不做议论,唯于神龙元年(705)武后还政中宗一事之后有一段议论:"武后实有天下,不得不列于'本纪',不没其实,所以著其恶也。臣以为不然。中宗之有天下,受之于高宗也,武后以无罪而废其子,是绝先君之世也。天下者,唐之天下也,武氏岂得而间之?故臣复系'嗣圣'④之年,黜武氏之号,以为母后祸乱之戒,窃取《春秋》之义。"⑤在范祖禹看来,历史绝不能止步于"记事之体",更重要的是体现"《春秋》之法",武则天篡权的行为,无论从"道统"还是"政统"看,都是对唐朝封建法统的破坏,而以两《唐书》和《资治通鉴》之记事,不仅没有明确批判的意思,反而还将武则天纳入"正统"之中,破坏了封建王朝的秩序。范祖禹在叙述这段历史时,受理学家的主张影响⑥,大力效仿《春秋》,以

---

① (后晋)刘昫等:《旧唐书》卷6《则天皇后本纪》,中华书局1975年版,第113页。
② (宋)欧阳修、宋祁:《新唐书》卷4《则天皇后中宗本纪》,中华书局1975年版,第115页。
③ (宋)司马光编著:《资治通鉴》卷69,中华书局1956年版,第2187页。
④ 唐中宗年号,681—705年(684年,武则天改元"光宅")。
⑤ (宋)范祖禹:《唐鉴》卷4,上海古籍出版社1984年版,第104—105页。
⑥ 据《河南程氏外书》所载,"《唐鉴》议论多与伊川同,如中宗在房陵事之类"。(宋)程颢、程颐:《河南程氏外书》卷12,《二程集》,中华书局2004年版,第439页。

"微言大义"体现褒贬,无论从叙事上还是从议论上,都脱离了传统史家,宋代史学的"义理化"倾向,于此有了质的体现。

所谓义理史学,即以史著和史论传达儒学尤其是理学中的"天""性""道""理"等概念,用历史著述凸显道德性的行为准则。程颐在《春秋传序》中称:"夫子作《春秋》,为百王不易之大法……或抑或纵,或予或夺,或进或退,或微或显,而得乎义理之安,文质之中,宽猛之宜,是非之公,乃制事之权衡,揆道之模范也。"① 视《春秋》为史著典范,以历史撰述为彰表"义理""制事权衡"的载体。宋代最重要的义理史学之作当属朱熹的《资治通鉴纲目》,始纂于乾道八年(1172),其后一直在反复修订中,至朱熹去世而书未就,由其弟子赵师渊补成。比之于《通鉴》,《纲目》"别为义例,增损隐括"②,朱熹并没有增加任何史料,其重点全在通过依据道德属性和"正统"地位,对历史事件作重新的排布和整理,达到"岁周于上而天道明矣,统正于下而人道定矣,大纲既举而监戒昭矣,众目毕张而防微著矣"③ 的目的。《纲目》于研究历史发展的规律性和吸纳历史上的经验教训以"鉴往知来"并无太大用意,唯《朱子语类》中的一段记录,可以显见朱熹编纂《纲目》的目的:"问纲目主意。曰:'主在正统。'问:'何以主在正统?'曰:'三国当以蜀汉为正,而温公乃云:'某年某月,诸葛亮入寇',是冠履倒置,何以示训?缘此遂欲起意成书。推此意,修正处极多。若成书,当亦不下《通鉴》许多文字。'"④ 在理学家看来,"王霸并用,义利双行"的功利主义思想遮蔽了历史发展中的正直与道义,一味追求"王霸雄图"的背后是文化和道德的沦丧。以《资治通鉴纲目》为代表的义理史学的发展,反映了在时代巨变之下史学家对于历史价值判断的新的趋向。

---

① (元)脱脱等撰:《宋史》卷427《程颐传》,中华书局1985年版,第12722页。
② (宋)陈仁阳:《通鉴纲目》序,曾枣庄主编《宋代序跋全编》卷36,齐鲁书社2015年版,第55页。
③ (宋)陈仁阳:《通鉴纲目》序,曾枣庄主编《宋代序跋全编》卷36,齐鲁书社2015年版,第55页。
④ (宋)黎靖德编:《朱子语类》卷105《朱子二》,中华书局1986年版,第2637页。

第三章 "义理"与"经世"之博弈在史学家治国之论中的表现

宋辽金元时期史学的多途发展，推动着史学家针对君主活动与国家走向之关系的思考和评论都产生了深刻变化。传统史学的经世功能被宋代士大夫强烈的"以天下为己任"的责任感而强化，从历史上的"建功"角度给予皇帝劝诫和建议依然是这一时期治国之论的重要内容。另外，义理史学的极大发展又使得《春秋》所展现的道德品评属性复兴，传统的"王道"与"霸道""言义"或"言利"的论争纷起，且理学家们对君主的评价更倾向于其道德的纯粹性，而往往忽略其功绩，争议也由此而出：义理史学认为"尧舜三代自尧舜三代，汉祖唐宗自汉祖唐宗，终不能合而为一也"[1]，而浙东事功派则推崇"王霸并用，义利双行"[2]，这些论争都使得史家将君主对自身的建设视为国家治理的第一要务，对其个人行为准则和评价标准的重视，亦是士人"同治天下"呼声的具体表现。进入元朝，义理史学的发展之下，"内圣外王"评价标准的强化，则可见元代"重建大一统"过程之中史学的挣扎与新走向。

第一节 "事功"准则

深刻的忧患意识是宋辽金元史学发展的基础，汉唐的极盛而衰、

---

[1] （宋）朱熹：《寄陈同甫书·八》，（宋）陈亮、邓广铭点校：《陈亮集》卷28，中华书局1987年版，第366页。

[2] （宋）陈亮、邓广铭点校：《陈亮集》卷28《又甲辰秋书》，中华书局1987年版，第340页。

魏晋的分裂离乱、五代的兵燹之祸、宋金末年的屠杀惨景都给史学家以强烈的启示，对历史运转"相因"与"不相因"的探讨成为史学发展的助推力，忧患意识表现于对历史经验教训的借鉴和重视，而君主专制制度之下，君权的完善以及君臣间关于权力的协调合作成为国家治理理论的重要内容。故此，史论中只要涉及与国家治理相关的内容，史学家就往往联系古今，通过对前朝君主的批评来进谏本朝行事。北宋学者多以汉唐五代为鉴汲取其制度建设和君臣关系方面的经验；南宋士人，尤其是浙东诸儒，更为注重对北宋覆亡之耻的反思，徘徊于和、战之间；辽、金等民族政权的史学家从政权稳定的角度出发，通过对国家统治和国家治理方式的讨论强化政权对中华文化的认同；元代特殊的历史地位则让史学家更多地关注"统一"之下的矛盾与分化。变法、党争、兵乱……种种严峻的现实问题激发了这一时期士大夫执着的参政精神，同时也造就了儒家传统忧患意识的发展与深化，司马光"可不戒哉！""可不慎哉！"的呼吁代表了史学家直面君主的最深切恳求与劝谏，而在士大夫群体"同治天下"的舆论呼声中，这种迫切又直接表现于对执政者"建功立业"的渴求，所谓"若是则人主日圣，人臣日愚，陛下谁与共功名乎？"① 君主之"事功"也成为考察其政治能力的核心要点。所谓"事功"，后人多以此指南宋浙东学派之学术观点，"功到成处，便是有德；事到济处，便是有理"②，浙东学派中人论史多有"事功"的特征，全祖望也以为"永嘉以经制言事功，皆推原以为得统于程氏；永康则专言事功而无所承，其学更粗莽抢魁"③，"事功"由此成为浙东学派之代言。如果取"事功"之"功劳""功业"之义，则"事功"的史学观点，实则为宋辽金元史学之主流，也是从实用角度出发之治国之论的主要表现。

---

① （元）脱脱等撰：《宋史》卷397《徐谊传》，中华书局1985年版，第12083页。
② （宋）陈傅良：《致陈同甫书》，（宋）陈亮《陈亮集》卷29，中华书局1987年版，第393页。
③ （清）黄宗羲、全祖望：《宋元学案》卷56《龙川学案·序录》，中华书局1986年版，第1830页。

基于君主论的国家治理之论的产生源于士人阶层的崛起，是"士"取得"君"的接纳、与"君"结成同盟的工具。《史记·商君列传》载商鞅说秦孝公事，商鞅"说君以帝王之道比三代，而君曰：'久远，吾不能待。且贤君者，各及其身显名天下，安能邑邑待数十百年以成帝王乎？'故吾以强国之术说君，君大说之耳。然亦难以比德于殷周矣"①，商鞅深知"帝道""王道""霸道"的区别，秦孝公也未必不懂"为君之道"只会让他远离"德治"，但对于亟须迅速崛起的秦国来说，商鞅之"法"虽然"谲诈"，却依然促使君臣之间达成了合作。而如孟子等儒家所持的"王道"，虽然讲究"施仁政于民，省刑罚，薄税敛，深耕易耨，壮者以暇日，修其孝悌忠信，入以事其父兄，出以事其长上"，但其目的依然是"制梃以挞秦楚之坚甲利兵矣"②，"仁政"或"霸道"均是过程，"事功"才是结果。秦朝统一，君主专制制度建立并逐渐完善，保证国家统治者权力的稳固和传递有序成为最大的政治，"霸王道杂之"成为诸多治国者的选择，而历史事实往往也在佐证这点。晋武帝司马炎传位于晋惠帝，这本是符合儒家所倡之宗法制度的"王道"，但最终成为西晋灭亡的导火索，《晋书·武帝纪》的史论部分是唐太宗亲撰，这位不世出的"至治之君"③ 严厉批评了司马炎"惠帝可废而不废，终使倾覆洪基"的行为之后，提出"全一人者德之轻，拯天下者功之重"④，明确将"功"置于"德"之前。在宋朝，"以史为鉴"思想浓厚，皇帝多读史书，士大夫也往往以"故事"相谏。然历史进程中类似晋武帝、唐太宗之史事比比皆是，宋高宗就曾直率指出："观六经，皆论王道；史书多杂霸道"⑤，这是为上位者所真切感受到的"理想"与"现实"的差距。这一时期的史学家往往兼具士大夫身份，他们既有对历史的了解

---

① （汉）司马迁撰：《史记》卷68《商君列传》，中华书局1959年版，第2228页。
② 《孟子注疏》卷1上《梁惠王章句上》，（清）阮元校刻《十三经注疏》，中华书局2009年版，第5800页。
③ （宋）欧阳修、宋祁：《新唐书》卷2，中华书局1975年版，第48页。
④ （唐）房玄龄：《晋书》卷3《武帝纪》，中华书局1974年版，第82页。
⑤ 佚名撰，汪圣铎点校：《宋史全文》卷18，中华书局2016年版，第1291页。

与把握,也有对现实政治的高度敏感,更能深刻体会历史进程中"明君"背面的铁血现实,为完成"功业"的不择手段,则其治国之论中的"事功"倾向也非常明显。然而,"同治天下"的士大夫政治模式也使得他们参与政治的主观热情极高,为了谋得最高权力者的支持,实现自身的政治抱负,诸多史学家将"得君行道"视为史著的首要目的,皇帝被视为其著述的首要读者,所载所传所论亦多与君臣事迹有关。欧阳修撰《新五代史》的宗旨在于"国之所以存者以有民,民之所以生者以有君"①,则此书根本在于为君之道;宋初所修《册府元龟》,要"著历代君臣德美之事,为将来取法"②,亦是以皇帝借鉴古今为要务;至司马光等编纂《资治通鉴》,宋神宗"鉴于往事,有资于治道"而赐书名,更表现出对此种"帝王教科书"的重视与认同;直至南宋孝宗时李焘进《续资治通鉴长编》,依然是希望孝宗能"豫席恩言,比迹先正"③,强调对先主们丰功伟绩的追随。

  对"事功"的强调,也成为史学家评价皇帝的首要标准。宋人注重唐史,对于明君如唐太宗有极高评价。《新唐书》赞颂他"盛哉,太宗之烈也!其除隋之乱,比迹汤、武;致治之美,庶几成、康。自古功德兼隆,由汉以来未之有也"④;司马光在《稽古录》中说他是"太宗文武之才,高出前古,盖三代以还,中国之盛,未之有也"⑤;即使视"玄武门之变"为大逆不道的范祖禹,也在奏疏中以唐太宗为善于纳谏的正面典范,称其"能审取舍矣",认为"此前世帝王之所不及也"⑥。功勋的伟大可以掩盖其权力的非合法性。曹操所建魏政权翦灭异族平定北方,但在苏轼看来,"夫魏虽不能一天下,而天下亦

---

  ① (宋)陈师锡:《五代史记序》,《新五代史》附录,中华书局2016年版,第1024页。
  ② (明)李嗣京:《册府元龟考据》,(宋)王钦若等编纂,周勋初等校订:《册府元龟》附录,凤凰出版社2006年版,第2页。
  ③ (元)马端临:《文献通考》卷193,中华书局2011年版,第5612页。
  ④ (宋)欧阳修、宋祁:《新唐书》卷2《太宗纪》,中华书局1975年版,第48页。
  ⑤ (宋)司马光:《稽古录》卷15,中国友谊出版公司1987年版,第589页。
  ⑥ (宋)范祖禹:《唐鉴》卷3,上海古籍出版社1984年版,第86页。

无有如魏之强者"①，视曹魏为三国正统。苏轼的观点是两宋史家关于三国正统的主流，直至南宋后期义理史学盛行，朱熹作《资治通鉴纲目》，蜀汉为正统的观念才逐渐树立。不仅评价前代君主以"功绩"为先，宋人对本朝君主事迹和君臣活动的记述与评论就更以此为圭臬。北宋建立的根基是后周政权，"陈桥兵变"一事实为僭位之举，即使宋人也深以为戒，王大成《野老纪闻》曾记，宋仁宗与文彦博议狄青之事，仁宗以为狄青忠良，不应受排挤，文彦博直言说："太祖岂非周世宗忠臣，但得军情，所以有陈桥之变。"② 以此为君弱臣强之历史参照；但审慎如此，对太祖的这一行为，宋代史家依然认为值得称颂，司马光在《涑水记闻》中记录此事颇有《春秋》笔法：赵匡胤"呜咽流涕曰：'吾受世宗厚恩，今为六军所逼，一旦至此，惭负天地，将若之何？'"惺惺作态之姿跃然纸上。但司马光依然认为赵匡胤此举是"聪明之主，生知之性如合符矣"③，认为太祖堪比周武王，他的篡位不仅是天命所归，且是应时应势之举。

对"事功"的强调，也表现于史学家强调历史与现实政治相联系、以史为鉴、以史"参政"的特征。中国古代有尊重"故事"之风，即以前代事为本朝行政的依据。如《资治通鉴》就记载，汉哀帝时，朱博就曾以汉武帝置刺史的故事建言汉哀帝复刺史而罢州牧，强化君权；《旧唐书》也载有唐宪宗读"贞观、开元故事"，得出"太宗之创业如此，玄宗之致理如此，既览国史，乃知万倍不如先圣。当先圣之代，犹须宰执臣僚同心辅助，岂朕今日独能为理哉"④ 的感慨。但不同于前朝的是，宋代"进故事"是集合前代有借鉴意义的史事，汇于奏议之中，以贻帝王，作为"资政"的参考，俨然成为一种资政的手段。元祐二年，侍读苏颂就曾"请诏史官学士新旧唐书，日进数事"，宋哲宗遵循了苏颂的建议，"十一月壬申，诏经筵官，遇非讲读

---

① （宋）苏轼：《正统论三首·辩论二》，《苏轼文集》卷4，中华书局1986年版，第121页。

② （宋）王楙：《野客丛书》附录，中华书局1987年版，第355页。

③ （宋）司马光：《涑水记闻》卷1，中华书局1989年版，第5页。

④ （后晋）刘昫等：《旧唐书》卷15《宪宗纪》，中华书局1975年版，第472页。

日,进汉唐故事二条"①。范祖禹进北宋仁宗前史事二十二条,其中十八事之后都附有议论。范祖禹身为谏官,"进故事"虽是记载史事,但更具备"直谏"的效果,对执政者的批评与现实政治有紧密联系。他曾在"进故事"中论及"唐明皇东封过诸州"一事②,并评论说:"一郡守不得人,则千里之地受其害,一县令不得人,则百里之地受其害,欲天下之民皆得其所,莫如选择守令之为急也。唐明皇东封过诸州而怀、魏、济、宋皆有良守,亦足见其时州郡多得人矣。"范祖禹的这番议论表面论史,实为探讨时事,他对唐玄宗能够准确判断地方官员的才能加以赞誉,实则是在忧患意识和入世精神影响下,向宋哲宗传达"同治天下"的政治理念,这亦具备非常明显的"事功"特性。

但是如前述,范祖禹俨然是北宋最具有义理精神的史学家,他所进唐代"故事",可与其所撰《唐鉴》互为参照。《唐鉴》中有针对唐玄宗杀谏官周子谅一事的严厉批评,范祖禹认为"古之杀谏臣者,必亡其国,明皇亲为之,其大乱之兆乎"③,并将玄宗"开元之初,谏者受赏,及其末也而杀之"的矛盾行为作对比论述,将其杀谏官之举归因于"陷溺其心",提出首要"治心"的观念,又颇具理学的理念,表现了宋代史学家在国家治理层面上强调"君德"的因素。

第二节 道德线索

在国家治理中强调"德"的作用,尤其是用"德"对人进行评

---

① (元)脱脱等撰:《宋史》卷340《苏颂传》,中华书局1985年版,第10866页。

② 《范太史集》卷27:唐明皇东封,还至宋州,宴从官于楼上,刺史寇泚预焉。上谓张说曰:"向者屡遣使臣,分巡诸道,察吏善恶。今因封禅历诸州,乃知使臣负我多矣。怀州刺史王丘饩牵之外一无它献,魏州刺史崔沔供帐无锦绣示我以俭,济州刺史裴耀卿表数百言莫非规谏,如三人者,不劳人以市恩,真良吏矣。"顾谓寇泚曰:"比亦屡有以酒馔不丰诉于朕者,知卿不借誉于左右也。"文渊阁《四库全书》第1100册,台湾商务印书馆1983年版,第312页。

③ (宋)范祖禹:《唐鉴》卷5,上海古籍出版社1984年版,第124页。

价与劝诫，是中国古代历史理论的传统。成汤伐桀前的誓词中说"有夏多罪，天命殛之"①，周公论殷商亦说"故殷先王终以德配天，而享国长久也"②，都是将君德与天命直接相连，"把德看作君王个人品行，即含有对王的意志行为的某种规范意义，同时又认可了王对德的垄断特权"③。然而春秋战国之际，君主制度还未正式建立，更未曾与儒家的道德礼法建立联系，对人君道德的要求多构建于能完成功业的基础之上。《管子》中的一则故事很有代表性："（齐桓）公曰：'寡人不幸而好田，晦夜而至禽侧，田莫不见禽而后反。诸侯使者无所致，百官有司无所复。'对曰：'恶则恶矣，然非其急者也。'公曰：'寡人不幸而好酒，日夜相继，诸侯使者无所致，百官有司无所复。'对曰：'恶则恶矣，然非其急者也。'公曰：'寡人有污行，不幸而好色，而姑姊有不嫁者。'对曰：'恶则恶矣，然非其急者也。'公作色曰：'此三者且可，则恶有不可者矣？'对曰：'人君唯优与不敏为不可，优则亡众，不敏不及事。'"④ 好猎，好酒，好色，对个体而言都是道德上的极大亏欠，但在管仲看来，这些私人德行的亏欠，远不如"优"（优柔寡断）和"不敏"（不勤政）对国家发展的影响深远。不唯管子，儒家自身的治国理论中也存在这种倾向，孟子评价梁惠王"贪利"的心态，并非出自对他逐利心态本身的批判，而是认为"上下交征利而国危矣"，一味追求利益的态度会导致国家的衰微甚至覆灭，依然是从"建功"角度去进行批评。战国后期齐人邹衍提出"五德终始"之说，将当政者的行政方略与政权的自然属性建立了联系，进一步促进了君德与天命的联系。

然而入宋之后，史学家对"君德"的评判有了不同的发展趋向。

---

① 《尚书正义》卷8《商书·汤誓》，（清）阮元校刻《十三经注疏》，中华书局2009年版，第338页。

② 顾颉刚、刘起釪：《尚书校释译论》卷45《君奭》，中华书局2005年版，第1568页。

③ 刘泽华：《从神到人：春秋政治意识的转型》，刘泽华主编《中国传统政治思维》，吉林教育出版社1991年版，第72页。

④ 黎翔凤：《管子校注》卷8，中华书局2004年版，第446页。

五代以来军阀各自为政的混乱局势和赵匡胤"黄袍加身"的兵谏之举，都影响了宋朝政权正统属性的建立。宋初有"德运"之争：北宋袭后周而建，继承后周的"木德"，确立"火德"；但后梁代唐名不正而言不顺，故而朝臣赵垂庆曾上书，要求置五代于闰位，宋朝直接承唐，改德运为"金德"。然而越过五代，则宋太祖创业立国的合法性又不复存在，修于宋真宗大中祥符六年（1013）的《册府元龟·帝系》序提到一种解决方案："朱梁建国，如秦之暴，虽宅中夏，不当正位。同光缵服，再承绝绪。晋承唐后，是为金德，汉氏承晋，实当水行。周祖即位之初，有司定为木德……至于皇朝。以炎灵受命，赤精应谶，乘火德而王。"① 这一结论回避了后梁"僭越"的史实，问题似乎得到了解决，但关于"德运"的争论未歇，直至宋真宗天禧四年（1020）五月，光禄寺丞谢绛等大臣依然上书主张修改德运。也正是在关于"德运"的纷争中，"正统"观念开始为北宋士大夫所关注。宋代学者中第一次系统地对"正统"这一观念作出论述的是欧阳修，在其所著《正统论》三篇中，他提出"正者，所以正天下之不正也；统者，所以合天下之不一也"② 的观念，从"德—正""行—统"两方面来阐述"正统"的含义，将道德和功业都作为评价君主执政能力的指标。他所主撰的《新唐书》和《新五代史》，也强调将《春秋》的义理精神贯彻于撰述的过程，借此革晚唐、五代政治之弊端，兴"三代"之治，以达到"王政修明，礼义之教充于天下"③ 的局面，实质上是将道德与功业相提并论，成为衡量君主的独立标准。在这种评价体系之下，皇帝即使并未建立功业，但因其所作所为符合儒家道德的标准，也可被视为承接正统，反过来说，如果行事不符合道德教化标准，也只能算是"霸主"了。因此才有前文所述司马光与程颐关于"玄武门之变"的争议，司马光以"高祖所以有天下，皆

---

① （宋）王钦若、杨亿等编纂：《册府元龟》卷1，凤凰出版社2006年版，第2页。
② （宋）欧阳修：《欧阳修全集》卷16《正统论》上，中华书局2001年版，第267页。
③ （宋）欧阳修：《欧阳修全集》卷17《本论》中，中华书局2001年版，第288页。

太宗之功"①为由为李世民辩护,而程颐所坚称的"唐之纪纲自太宗乱之"②,就表现出了明确的道德倾向。

宋辽金元治国理论中对执政者的道德批判与道德评价,还建立在这样一重逻辑之上:君主对道德的追求会促使其避免政治上的"礼崩乐坏",为净化政治环境与社会环境,营造正面的典型形象,"垂拱"而天下治矣。北宋初年的儒学复兴运动为这种对道德的追求提供了理论上的支持,"史者儒之一端"③的认知使得史学家对史学的道德教化属性也并没有异议,"主敬""慎独""治心"等儒学观念被史学家所接纳,成为重要议题。宋神宗曾问道于程颢,大程回答:"先圣后圣,若合符节,非传圣人之道,传圣人之心也;非传圣人之心也,传己之心也。己之心,无异圣人之心,广大无垠,万善皆备,欲传圣人之道,扩充此心焉耳。"④宋代理学基于内心修养的角度而形成一种内向型的思想体系,其将治国之道归于"明明德,亲民,止于至善"三纲领,并以"格物、致知、诚意、正心、修身、齐家、治国、平天下"八条目,循序渐进地将个人素质与国家政治相结合,以内心修养作为国家政治的起点,既承担了社会责任,又明确了君臣之间的高下之别。这种"泛道德论"的道德建设与评价体系一方面维系了父子君臣的纲常伦理关系;另一方面,它将国家建设与皇帝自身的道德建设相联系,弱化了国家矛盾,减缓了民族冲突,建立了为统治者认可的伦理规范,终于由北宋诸学派中的一支而跃升为南宋的显学。对个体道德的要求甚至超越了"功业",成为君主自身终极的追求与最基本的评价标准,即使对于"事功"颇有追求的吕东莱,也依然强调:"身修而后家齐,家齐而后国治,国治而后天下平,是犹自浴而至织,

---

① (宋)司马光编著:《资治通鉴》卷191,中华书局1956年版,第6012—6013页。
② (宋)程颢、程颐:《河南程氏遗书》卷18,《二程集》,中华书局2004年版,第236页。
③ (宋)司马光编著:《资治通鉴》卷123,中华书局1956年版,第3868页。
④ (清)黄宗羲、全祖望:《宋元学案》卷13《明道学案上·濂溪门人》,中华书局1986年版,第560页。

自耕而至春，一阶一户岂可妄躐哉？"①吕祖谦并非完全否定历史上的贪功冒进之君，认为他们也能"侥幸而收功利"，但这种成功只不过是"圣人之遗泽，三纲五常之犹未亡者"，是"平天下"的捷径，但绝非正途。

　　元朝"惟学术尚未替，上虽贱之，下自趋之，是则洛、闽之沾溉者宏也"②，元代粗放型的管理模式给儒学发展提供了较为自由的空间，元初隐居不仕的宋金士人回顾前朝，感时伤怀之余亦有痛定思痛的总结陈词，同时，元代统治上层亦需通过修史来完成再造大一统的功业。元代史学的发展虽较宋代薄弱，但仍有所建树，以道德建树为国家治理准绳在官私史学方面都依然盛行。刘祁著《归潜志》记述金代史事，卷末《辨亡》篇论及金代灭亡原因，认为虽然"末帝非有桀纣之恶"，但金国"其所以不长久者，根本不立也"③，将金朝灭亡原因归咎于建立和发展过程中的投机与诡诈。《归潜志》中的记载对元修《金史》有直接影响，从史事到史论，《元史》多有取自《归潜志》之处，但这种影响也因人而异。对于明君如金世宗完颜雍，刘祁评价他"天资仁厚，善于守成，又躬自俭约，以育士庶"，《金史》则说他"躬节俭，崇孝弟，信赏罚，重农桑，慎守令之选，严廉察之责……可谓得为君之道矣"，相差无几；但对于海陵王完颜亮这种争议较强的人物，《归潜志》的评价还能做到"功""德"并重，一方面批评他"淫暴自强"，另一方面也赞赏其"英锐有大志"，认可他"定官制律令皆可观，又擢用人材，将混一天下"的功业，惋惜其"功虽不成，其强至矣"④，而元修《金史》的评价就更倾向于保守的道德主义，对于完颜亮是一边倒的痛斥，认为他"三纲绝矣，何暇他论"，又说"卒之戾气感召，身由恶终，使天下后世称无道主以海陵

---

①　（宋）吕祖谦：《东莱博议》卷3《宋人围曹》，中国书店1986年版，第184页。
②　（清）黄宗羲、全祖望：《宋元学案》卷首《宋元儒学案序录》，中华书局1986年版，第17页。
③　（元）刘祁：《归潜志》卷12《辨亡》，中华书局1983年版，第135页。
④　（元）刘祁：《归潜志》卷12《辨亡》，中华书局1983年版，第136页。

为首"①，这种建立在道德评判上的彻底否定，也表现了经过理学近百年的熏陶，元代官方史学对于君主道德评价标准的认同。

第三节　王霸义利之辨及其影响

发生于南宋孝宗年间的"王霸义利之辨"，是学术史上的一件大事，其影响范围也超越了学派之争本身。这场以书信往来的方式进行的学术争辩，出经入史，深思创发，朱熹试图以"道统"制约"君道"，提醒皇帝重视"心性"的修炼，而陈亮所强调的"人"与"道"的一致，则是从"事功"的角度激励国家各级执政者和建设者有所作为，建功立业。其争论的焦点，则是"内圣"与"外王"的关系。因此，这一场争辩，对当时和后世的治国之论，都有重要的影响，所体现的是宋人对君主理想形象的强调。

"王道"与"霸道"，"言利"或"言义"本为中国政治哲学的古老命题。战国时孟子见魏惠王于大梁城，曾提出"未有仁而遗其亲者也，未有义而后其君者也。王亦曰仁义而已矣，何必曰利"②的见解，在孟子看来，"义"与"王道"是有直接对应的关系的。而所谓"霸道"，先秦时多指以非正义的手段完成富国强兵之举，荀子说"霸道"是"诈心以胜矣"③，《春秋》认为"齐桓公卒而霸道衰"④，都有此指。孔子推崇王道而唾弃霸道，"仲尼之徒无道桓文之事"⑤，"王道"是儒家眼中国家政治的理想状态，程颐认为，"先王之世，

---

① （元）脱脱等撰：《金史》卷5《海陵纪》，中华书局1975年版，第118页。
② 《孟子注疏》卷1上《梁惠王章句上》，（清）阮元校刻《十三经注疏》，中华书局2009年版，第5795页。
③ （清）王先谦：《荀子集解》卷3《仲尼篇第七》，中华书局1988年版，第108页。
④ 《春秋公羊传注疏》卷11《僖公十五年》，（清）阮元校刻《十三经注疏》，中华书局2009年版，第4895页。
⑤ 《孟子注疏》卷1下《梁惠王章句上》，（清）阮元校刻《十三经注疏》，中华书局2009年版，第5807页。

以道治天下，后世只是以法把持天下"①，"三代"成为宋代理学家心目中的理想盛世。然而这种看法却既难以符合历史的发展，也难以得到执政者的认同，宋高宗赵构就曾直言不讳地说："朕观六经，皆论王道；如史书，多杂霸道。"②

理学家的道德理想与史学家所秉行的"以史为鉴"的理念出现了极大差异③，研究历史的目的究竟是谋求结果的最大利益还是过程中的道德属性？对这一问题的关注与问难，衍生了宋代关于历史价值的一场著名论证：朱熹与陈亮关于"王霸义利"的辩论。王霸义利之辨始于宋孝宗淳熙十一年（1184）朱熹与陈亮之间的书信往来。陈亮曾于淳熙年间两度入狱，朱熹评其遭遇，认为："老兄高明刚决，非吝于改过者，愿以愚言思之，绌去义利双行、王霸并用之说，而从事于惩忿窒欲、迁善改过之事，粹然以醇儒之道自律，则岂独免于人道之祸，或有补于将来耳。"④陈亮不满这番指责，写信予以反驳，他先自陈入狱经历，认为"当路之意主于治道学耳，亮滥膺无须之祸"，进而，他详论了自己关于"王霸义利"之事的看法，提出："自孟、荀论义利王霸，汉、唐诸儒未能深明其说，本朝伊、洛诸公辨析天理人欲，而王霸义利之说于是大明……诸儒自处者曰义、曰王，汉、唐做

---

① （宋）程颢、程颐：《河南程氏遗书》卷1，《二程集》，中华书局2004年版，第4页。

② 佚名撰，汪圣铎点校：《宋史全文》卷18，第1291页。

③ 如罗炳良在《宋代义理史学再评价》（《廊坊师范学院学报》2009年第4期）中提出"从整体上来看，宋代义理史学和汉唐时期史学的最大区别，就是以儒家的义理思想作为研究历史的根本原则，把议论褒贬作为追求义理的手段，对史学加以思辨的反思，从而形成了一套史学规范，使得宋代史学带有重视理论的鲜明色彩"；汤勤福在《义理史学发微》（《史学史研究》2009年第1期）中提出"传统史学与义理史学最重要的区别是在史学思想方面，其最主要表现即是否对历史所含'义理'进行探讨。唐宋史学都强调总结历史的经验教训，都含有'鉴戒'之意，这是传统史学的重要特点，而非'义理史学'的标志"；曹鹏程《历史事实的重建与诠释——宋代义理史学再认识》（《史学月刊》2014年第12期）提出的"一组历史事实，既可以通过前者构成因果链条，也可以通过后者彰显其教化价值。义理史家的关怀显然是后者"等观点。

④ （宋）朱熹：《寄陈同甫书·四》，（宋）陈亮《陈亮集》卷28，中华书局1987年版，第359页。

得成者曰利、曰霸，如此却是义利双行、王霸并用。"① 陈亮从中国君主专制制度的发展过程和儒学自身的发展过程两方面，论证了"王霸并用，义利双行"和"才德双行，智勇仁义交出并见"的现实意义。朱熹回信再论王霸义利，反驳陈亮观点，提出"故汉唐之君虽或不能无暗合之时，而其全体却只在利欲上。此其所以尧舜三代自尧舜三代，汉祖唐宗自汉祖唐宗，终不能合而为一也"②。从淳熙十一年至淳熙十三年（1186），三年之内，两人往来通信八封，是宋代关于史学的"义理"与"经世"的最重要论辩。陈亮对汉唐的推崇体现了尊重历史进程的原则，而朱熹强调"天理人欲二字，不必求之于古今王霸之迹，但反之于吾心义利邪正之间"③，其目的是希望皇帝由"正心"以"培壅本根、澄源正本"，最终达到理想的"三代之治"。

朱熹与陈亮关于"王霸义利"的辩论，所争议焦点已经不是关于如何治国安邦的问题，而是究竟应该以"功"还是以"德"作为国家治理评价标准的问题。以功绩为标准的评价体系，是通过彰显君主的赫赫之功而强化其统治国家的神圣意义；而以朱熹为表率的理学家对于"君德"的认同，实为"内圣外王"观念的具体化。理学在南宋的全面兴起，促使"诚意正心修身齐家治国平天下"的"大学"之道被强化，重三代而轻汉唐渐成趋势，即使对义理之学有所驳斥的浙东士人如吕祖谦、陈傅良等人，对"三代"的"王治"依然满怀向往与尊崇。因此，陈亮与朱熹之间这场"王霸义利"的辩论，尤其具有重要意义，陈亮对汉唐的推崇，表现了尊重历史的原则和"王霸""功德"并重的经世思想和实证史学在南宋的延续，而理学家以及义理史学家们希望治国者通过"正心"来"培壅本根、澄源正本"，则是希望通过对道德的强化来维系孔子所

---

① （宋）陈亮、邓广铭点校：《陈亮集》卷28《又甲辰秋书》，中华书局1987年版，第340页。
② （宋）朱熹：《寄陈同甫书·八》，（宋）陈亮《陈亮集》卷28，中华书局1987年版，第366页。
③ （宋）朱熹：《寄陈同甫书·六》，（宋）陈亮《陈亮集》卷28，中华书局1987年版，第359页。

追寻的"大同"之治。

"王霸义利"之中所反映的对君主的评价标准的争议,不仅存在于朱熹与陈亮之间,也不只存在于南宋一朝。既有如方回者,批评陈亮之观念是"高谈汉唐,取其一二近似偶合者,以为帝王事业杂霸之念,横乎胸中,其于道知其偏不知其全"①,亦有杨慎等人,以为朱熹之论"世界皆是利欲,亦过矣"②。评价皇帝究竟应当以何为标准,一直是众说纷纭,然而,不论是陈亮"王霸并用"的慷慨陈词,还是朱熹"诚意正心"的诚恳殷切,确如后世学者所言:"新安朱夫子之文,其上孝宗封事,感奋激烈,殆有过于同甫之所云者。"③ 宋代士大夫的评论与批判,尽管出发点有所不同,但所体现的对家国天下的重视却是相同的。

---

① (元)方回:《桐江续集》卷34《汪虞卿鸣求小集序》,文渊阁《四库全书》第1193册,台湾商务印书馆1983年版,第411页。
② (明)杨慎:《升庵诗话》卷7《陈同甫与朱子书》,丁福保辑《历代诗话续编》,中华书局2006年版,第779页。
③ (清)朱彝尊:《曝书亭集》卷36《朱文公文钞序》,文渊阁《四库全书》第1318册,台湾商务印书馆1983年版,第59页。

第四章　经筵之制与以史资政

宋代形成了非常完整的君主教育体系——经筵侍讲制度，并延续至元朝，从选定继承人开始就有意识地对其进行道德伦理与政治能力的教育培养，"庙趋郊见，于以彰率礼之教，授经齿学，所以敦道义之则"①，并将这种教育贯穿其整个执政过程。对皇帝和皇帝继承人的教育与一般的儒家教育不同，它往往具有道德性与实用性的双重性质，是其执政活动规范化与制度化的有效保证。关于宋辽金元经筵制度的研究成果已经较为丰富②，对于经筵制度的运行模式、经筵官员的选择、讲义内容甚至经筵官的俸禄等问题都有所研究。经筵侍讲的主体是儒学教育，无论是经筵官的身份还是讲义内容，都与儒学尤其是理学有密切联系。但在"以史为鉴"的观念驱使之下，宋元经筵教育之中的史学因素依然有很明确的存在。经筵侍讲是"同治天下"的最直接路径，本章所着力探讨的，即士大夫如何依托经筵制度，在以儒学教育为主体的经筵侍讲活动中，将依托于君主作为的治国理论贯彻于君主教育之中。

---

① （宋）王钦若、杨亿等编纂：《册府元龟》卷256，凤凰出版社2006年版，第2915页。
② 近年来已有不少关于宋代经筵制度的论文和专著出版和发表，已出版专著有姜鹏《北宋经筵与宋学的兴起》（上海古籍出版社2013年版），相关学位论文和期刊论文也有多篇，王琦《宋代经筵讲义研究综述》（《历史文献研究》第40辑，华东师范大学出版社2015年版）以及吴晓容硕士论文《两宋经筵与学术》（南京大学，2013年）中都有相关研究成果的综述，此处不赘述。

第一节　君主教育的发展与宋辽金元时期经筵制度的形成

经筵制度的成型是在宋朝，但是对君主教育的重视由来已久。中国古代帝王的学习模式，一是读书，二是由下臣讲读经书，这后一种活动，称为侍讲。侍讲古已有之，《史记》记载了汉高祖刘邦立国初年，"陆生时时前说称诗书。高帝骂之曰：'乃公居马上而得之，安事诗书！'陆生曰：'居马上得之，宁可以马上治之乎？乡使秦已并天下，行仁义，法先圣，陛下安得而有之？'高帝不怿而有惭色，乃谓陆生曰：'试为我著秦所以失天下，吾所以得之者何，及古成败之国。'陆生乃粗述存亡之徵，凡著十二篇。每奏一篇，高帝未尝不称善，左右呼万岁，号其书曰《新语》"①。《新语》的主旨在"崇王道，黜霸术，归本于修身用人"②，是以儒家思想为本的政治学著述，刘邦以《新语》为"秦所以失天下，吾所以得之者何，及古成败之国"的教科书，表现了其主动向学的精神，而陆贾进献之《新语》，可以视为最早见于史籍的皇帝教科书，陆贾为汉高祖说《诗》《书》，其实已有侍讲的雏形。至唐初十八学士为唐太宗讲经史，侍讲已经普及。宋以前以大臣为侍讲，为皇帝讲解经义，但无经筵名。直至宋代，侍读、侍讲学士及侍读、侍讲、崇政殿说书统称经筵官，遂有经筵之称。"经筵"是古代帝王为习读经书而设置的御前讲席，虽然自汉代即有侍讲官员之职，但"经筵"一词出现是北宋仁宗朝的事情了。担任经筵侍讲的士大夫通过为皇帝讲习儒经，阐发了他们对于皇帝的个人修养、政治韬略、治国方针等问题的看法，在一定程度上影响了君主的决策，成为连接君臣的重要纽带。

---

① （汉）司马迁撰：《史记》卷97《郦生陆贾列传》，中华书局1959年版，第3699页。
② （清）永瑢等：《四库全书总目》卷91《子部 儒家类一》，中华书局1965年版，第771页。

第四章 经筵之制与以史资政

宋人对君主的学习过程非常重视，除国史外，一些私人撰史对此也有所记录，有些类书中专设"帝学"门，就是辑录历朝执政者为学之道的。如《玉海》"帝学"门、《海录碎事》"帝学"门、《通鉴总类》"帝学"门、《锦绣万花谷》"圣学"门和"经筵"门等，此外，还有范祖禹所著《帝学》，是辑录历代皇帝治学的专书，并附有简要的评论。这些著作中，尤以《帝学》所载北宋经筵制度最为详细，是研究宋代君主教育的重要史料。而《锦绣万花谷》的"经筵"部分，十七条目中有十二条都与两宋经筵制度有关，可以弥补《帝学》记载之不足。

北宋初年延续了唐代制度，设置侍讲官员，如宋真宗时"设直庐于秘阁，侍读更直，侍讲长上"[1]，而"经筵"这一名词的出现是在宋仁宗朝。据《续资治通鉴长编》记载，仁宗天圣二年（1024），三月丁酉，"皇太后谕宰臣曰：'比择儒臣侍上讲读，深有开益。'宰臣因言工部郎中马宗元通经有行义，可使入奉经筵"[2]，《帝学》卷四《仁宗皇帝上》记载了乾兴元年（1022）十二月甲辰，仁宗"召辅臣崇政殿西庑殿观孙奭讲《论语》，既而帝亲书唐人诗以分赐"一事，并于其后说明"自是，每召辅臣至经筵，多以御书赐之"，可见，宋仁宗初年，经筵制度已经逐渐形成。《帝学》还记录了宋代经筵重要的讲官——崇政殿说书一职的出现。这是宋代经筵的重要侍讲官，宋仁宗景祐元年（1034）置，掌为皇帝讲说书史，解释经义，并备顾问。翰林学士之学术深厚者为侍讲、侍读，官阶较低而资历较浅者则为说书，宋以后废。《帝学》卷四载："景祐元年正月丁亥，尚书都官员外郎贾昌朝、尚书屯田员外郎赵希言、太常博士崇文院检讨王宗道、国子博士杨安国，并为崇政殿说书，日以二人入侍讲说，崇政殿置说书自此始。"范祖禹就曾多次推荐官员至崇政殿说书一职。

举行经筵主要有两个方面的作用：一是"味道研经"，探究经书中的微言大义；二是"以古证今"，亦即以史为鉴，吸取封建统治经

---

[1] （宋）李焘：《续资治通鉴长编》卷45，中华书局2004年版，第957页。
[2] （宋）李焘：《续资治通鉴长编》卷102，中华书局2004年版，第2353页。

验教训，经筵侍讲的内容也就以经史为主。讲读所需书籍主要是由讲读官所选定的，皇帝个人的意志和喜好对此也有很大影响。一般来说，经筵侍讲的书籍是以经书为主的，北宋所尊为"经"的儒家著作是"九经"，包括《易》《书》《诗》《左传》《礼记》《周礼》《孝经》《论语》《孟子》，其中，仁宗朝的经筵侍讲对经书采纳最广，上列诸经都有讲授，而宋神宗则格外重视《书》《诗》《周礼》三经。本着"以史为鉴"的原则，史书也是侍讲的重要内容，除《史记》《汉书》《后汉书》《唐书》等正史之外，自司马光主修的《资治通鉴》完成后，也成为讲读的重要课本，《锦绣万花谷·帝学》就有"孝宗乾道三年，诏洪迈等对选德殿。云：'独今间暇，取《尚书》及《资治通鉴》孜孜而读之，帝之所以帝，王之所以王，法其所以兴，戒其所以亡，日诵心惟未尝一日辄去手也。'"①的记录。

宋代经筵所授内容以经学为主，吴晓荣《两宋经筵与学术》一文中对《全宋文》所载宋人编写的经筵讲义有详细统计，两宋以讲授"六经"为主旨的经筵讲义计四十五种，其中北宋占十一种，南宋三十四种②；《宋会要·崇儒》中有关于南宋经筵侍讲的记录，所载从宋高宗建炎二年（1128）至嘉定十二年（1219），经筵官侍读侍讲的书籍包括《论语》《资治通鉴》《春秋》《三朝宝训》《尚书》《诗经》《左传》《孟子》等，亦是以经书为主，归于史部的仅有《资治通鉴》《三朝宝训》寥寥；《宋史》记载南宋沦亡之际，陆秀夫护佑卫王赵昺漂流海上，"虽匆遽流离中，犹日书《大学章句》以劝讲"③，以上材料俱可表明宋代的君主教育强调的是以儒家礼义精神为内核的道德教化，且随着理学在南宋的发展壮大，这种倾向尤为明显。其中的道理在前文亦有讨论：宋代对君主道德的强调，一方面出自"王者大一统，君子大居正"的"正统"理念，另一方面也与宋代士大夫"君

---

① 佚名：《锦绣万花谷》续集卷2《圣学》，文渊阁《四库全书》第924册，台湾商务印书馆1983年版，第837页。
② 见吴晓荣《两宋经筵与学术》，硕士学位论文，南京大学，2013年。
③ （元）脱脱等撰：《宋史》卷451《陆秀夫传》，中华书局1985年版，第13276页。

臣一体""同治天下"的政治要求有关,皇帝恪守"君德",才能与儒学出身的文官系统结成同盟。陆秀夫选择《大学》作为赵昺的教材,这篇被朱熹定为"《四书》之首"的文章虽短,但它所阐述的从"正心"到"平天下"的路径,却暗合了宋末三杰"以一旅一成中兴"[1]的心态。

经学之外,经筵亦有助于行政能力的培养,宋高宗绍兴元年(1131),就有人给高宗进言,建议他"于经筵中读《三朝宝训》","先取论政体听断,更益以谨灾祥、省费用数卷进读,则内修之道尽矣。次取议武备、制军旅、论边防、抚夷狄数卷进读,则外攘之策举矣。事要理切,既有以开广圣志,兴利除弊,庶足以拯济阽危"[2],经筵官员不仅是向皇帝"传道"的老师,还兼具"授业"和"佐政"的功能。

金代制度多仿宋朝,自海陵王之后汉化倾向明显,对儒学的崇尚也日渐高涨。《金史》中关于"经筵"的记载不多,但从"(大定)十年八月,帝在承华殿经筵"[3]等记载中,也可推测金朝当是仿效宋朝设立了经筵之制。值得注意的是,金朝后期的金哀宗正大三年(1226)在内廷设立了益政院,"以学问赅博、议论宏远者数人兼之。日以二人上直,备顾问,讲《尚书》《通鉴》《贞观政要》",形式与宋朝"崇政殿说书"一职相似,但相较于宋人经筵侍讲对道德的全面强化,金人益政院所讲内容更倾向与国家政治密切相关的治国纲目,杨云翼为益政院选首之时,"云翼为言帝王之学不必如经生分章析句,但知为国大纲足矣。因举数条,一皆本于正心诚意,敷绎详明。上听忘倦"[4],《金史》认为益政院"名则经筵,实内相也"[5],益政院的设置与金末所设招贤所都有危亡之际不拘一格网罗人才的用

---

[1] （元）脱脱等撰:《宋史》卷451《陆秀夫传》,中华书局1985年版,第13276页。
[2] （清）徐松辑:《宋会要辑稿·崇儒》,中华书局1957年版,第2299页。
[3] （元）脱脱等撰:《金史》卷19《世纪补》,中华书局1975年版,第412页。
[4] （元）脱脱等撰:《金史》卷110《杨云翼传》,中华书局1975年版,第2423页。
[5] （元）脱脱等撰:《金史》卷56《百官志二》,中华书局1975年版,第1280页。

意,是所谓"危亡之政"①,但将其设置于经筵之上,也从侧面表明相比于宋代,金人的经筵减少了纯粹的道德教化,更注重对执政能力的培养。

入元之后,经筵制度也被元代统治者所继承。虽然蒙古人以刀马起家,但从忽必烈执政之后,就比较看重儒学对国家治理的正面意义,以儒生入朝详解经书也是自忽必烈始。1260年五月忽必烈称蒙古国大汗,次年九月,就"以儒人杨庸教孔、颜、孟三氏子孙,东平府详议官王镛兼充礼乐提举"②,虽无"经筵"之名,但作用是一致的。忽必烈未必是真心笃信儒学,但他对儒学教化作用的重视,表现出了一个草原帝国向皇权专制国家的转向。《元史》说忽必烈"信用儒术,用能以夏变夷,立经陈纪,所以为一代之制"③,评价还是十分精确的。元仁宗时,曾为培养皇太子"宜选耆儒敷陈道义"④,也具有经筵的性质。元代正式设立经筵制度是在泰定帝统治时期,《元史》载泰定帝即位次年二月,就"开经筵及择师傅,令太子及诸王大臣子孙受学"⑤。元代以宰相领经筵,所以领经筵事者均为蒙古人,泰定帝时的宰相也先铁木儿、元顺帝的宰相脱脱等都曾担任此职。但负责侍讲的官员多为汉人,所讲内容也是"《帝范》《资治通鉴》《大学衍义》《贞观政要》等书"⑥,也有前代君主的"圣训"类著述,无论是制度建设还是讲授内容,均为宋代经筵的延续。

第二节 经筵教育中的史部专书

如上文所述,经筵侍讲的教材以儒经为主,这固然与宋代尤其是

---

① (元)脱脱等撰:《金史》卷55《百官志一》,中华书局1975年版,第1216页。
② (明)宋濂等撰:《元史》卷2《太宗纪》,中华书局1976年版,第74页。
③ (明)宋濂等撰:《元史》卷17《世祖纪十四》,中华书局1976年版,第377页。
④ (明)宋濂等撰:《元史》卷26《仁宗纪三》,中华书局1976年版,第585页。
⑤ (明)宋濂等撰:《元史》卷29《泰定帝纪一》,中华书局1976年版,第644页。
⑥ (明)宋濂等撰:《元史》卷29《泰定帝纪一》,中华书局1976年版,第644页。

第四章　经筵之制与以史资政

南宋所强调的"王道"的建设有关，也与宋代士大夫对皇帝的实际需求有密切联系。但经筵之中亦不乏历史教育，甚至有一类历史著述，其主要目的就是为治国提供政治指导和帮助，并因其颇合时政的历史意识成为君主经筵之上的教科书。

宋代第一部颇有"皇帝教科书"性质的史书是《册府元龟》，此书作为"兼收四部"的"类事之书"①，却并非为"场屋之用"。《册府元龟》始修于宋真宗景德二年（1005），《玉海》中录有宋真宗亲撰《册府元龟》序，其中讲道："朕遹遵先志，肇振斯文，载命群儒，其司缀辑。粤自正统，至于闰位，君臣善迹，邦家美政，礼乐沿革，法命宽猛，官师议论、多士名行，靡不具载，用存典刑"②，可见《册府元龟》的成书首先是出自宋真宗的意志。正因于此，真宗对《册府元龟》的编纂多有过问，自景德二年始修至大中祥符六年（1013）书成，八年间《长编》所载的宋真宗对编纂工作的过问即有六次，并且每次都提出了建议和意见。如景德三年（1006）四月，"（真宗）幸崇文院观四库图籍及所修君臣事迹，遍阅门类，询其次序，王钦若、杨亿悉以条对，有伦理未当者，立命改之。谓侍臣曰：'朕此书盖欲著历代事实，为将来典法，使开卷者动有资益也。'"③可见，真宗皇帝是希望通过《册府元龟》的编修，树立一种符合国家统治的意识形态要求，以此树立正统的治国方针与社会伦理。在这一思想的指导下，《册府元龟》集中体现了北宋初年正统的帝王观，这一点，在其"帝王部"的编纂中表现得尤为明显。作为帝王研究在类书中加以集纂，这一做法在唐代已经出现，"帝王部"并非《册府元龟》的独创，而是类书编纂的一贯传统。

然而《册府元龟》之前的类书中关于帝王的内容，多是按照时间顺序，将古今帝王按照先后顺序将其事迹进行罗列，而《册府元龟》

---

① （清）永瑢等：《四库全书总目》卷135《子部 类书类一》，中华书局1965年版，第1141页。

② （明）李嗣京：《册府元龟考据》，（宋）王钦若、杨亿等《册府元龟》附录，凤凰出版社2006年版，第2页。

③ （宋）李焘：《续资治通鉴长编》卷62，中华书局2004年版，第1349页。

与之相比,则无论是在内容的广博性上还是编目的次序上,都有很大的不同。《册府元龟》的"帝王部"所列一百二十八个子目,每一子目前均有一小序,用以阐述设立此一子目的意义,内容多为帝王所具备的某一德行或所实施的某一行为对国家的影响。即使如"孝德"这种私人的活动,都具有"德教加于百姓、刑于四海者,天子之孝也"①的意义。《册府元龟·帝王部》所归纳的一百二十八个子目,正表明了对帝王从身心修养到治国安邦的各项要求,每一子目下所撰写的小序,则体现了这一要求的具体内容。《册府元龟》成书之际,宋代的经筵制度还没有正式出现,《册府元龟》一书在经筵中也并没有得到有效的利用,但从其修撰过程和收录内容看,它已经具备了君主历史教育的意识。

真正被视为教材的史著,当属司马光《资治通鉴》。《资治通鉴》由多人汇编史料辑录而成,但其中的史论全出自司马光。《资治通鉴》全书史论共计一百一十九条,其中与君主治国理政相关的论断有七十余条,占其史论的三分之二多。《资治通鉴》中的议论通常也是附于重要事件的记录之后,以"臣光曰"起,但其论多从具体事件出发,见微而知著地体现了司马光"一道三德五才"的为君之道,司马光对皇帝和皇帝制度的见解由此而得到了全面的阐述。《资治通鉴》以二百九十四卷的浩瀚篇幅,记每朝兴亡,论历代得失,记载军国要事,表明政治得失。不同于司马光的另一本历史著作《稽古录》从大的关节把握治国之得失,《资治通鉴》的治国理论,虽亦着眼于兴衰成败的帝王大业,但往往落笔于细节之处,司马光通过对历代执政者的批评,展示了他对国家统治者的要求。他在史论中讲为君之道,论君主之才德,探讨君臣之礼,其出发点源于他深刻的"鉴古"思想,着力于探讨君臣相与之道,所体现的是宋代士大夫积极的参政精神。史载《资治通鉴》成书之后,神宗皇帝爱不释

---

① (宋)王钦若、杨亿等:《册府元龟》卷27《帝王部 孝德》,凤凰出版社2006年版,第269页。

手,每于睿思殿认真阅读①,时人也评价甚高,黄庭坚称赞司马光著书的认真态度,说"左准绳,右规矩,声为律,身为度"②,周必大也曾引用他人语评价《资治通鉴》,认为"读此足矣,故能明于古今治乱及天时人事"③。它也是使用频率最高的经筵讲义之一,《宋会要辑稿》中记载自宋高宗至宋理宗,经筵之上讲读《资治通鉴》的事迹共五次,甚至超过了《左传》《论语》等儒家经典。

另外两部虽然经筵之上很少提起,但依然具有教材性质的著述,当属范祖禹的《唐鉴》与《帝学》。范祖禹是两宋史学家中唯一担任过经筵侍讲官员之人,元丰八年(1085),宋神宗去世,哲宗继位,宣仁太后临朝称制,当年范祖禹将所著《唐鉴》呈进,次年八月,就在高太后赏识之下迁任著作郎兼哲宗侍讲④。范祖禹作为侍讲不可谓不尽心,哲宗年幼,因酷暑厌学暂停讲学,他立即上《劝学札子》于哲宗,称"陛下今日之学与不学,系他日治乱,如好学,则天下君子欣慕,愿立于朝,以直道事陛下,辅佐德业,而致太平;不学,则小人皆动其心,务为邪谄,以窃富贵"⑤,提醒皇帝"正君心"的必要性,建议哲宗重开经筵。范祖禹除本人继续担任侍讲外,又陆续举荐了韩维、苏颂、苏轼入经筵讲学⑥,元祐五年(1090),范祖禹又将所著《帝学》进呈宋哲宗。这两部书的撰写和进呈都是在范祖禹担任经筵官期间,有很明确的"教材"性质。《唐鉴》以唐史作参照,针砭时弊,表述"诚意正心"的为政之本;《帝学》通过向人主"劝

---

① 邵博著《邵氏闻见后录》卷21载:"司马文正《资治通鉴》成,进御。丞相王珪、蔡确见上,问:'何如?'上曰:'当备降出,不可久留。'又咨叹曰:'贤于荀悦《汉纪》远矣。'罢朝,中使以其书至政事,每叶缝合以睿思宝章。睿思殿,上禁中观书之地也。舍人王震等在中书,从丞相来观,丞相笑曰:'君毋近禁闼。'以言上所爱重者。"(宋)邵博:《邵氏闻见后录》,中华书局1983年版,第195—196页。
② (宋)黄庭坚:《跋司马温公与潞公书》,曾枣庄主编《宋代序跋全编》卷113,齐鲁书社2015年版,第3108页。
③ (宋)周必大:《均州黄使君牧之墓碣》,曾枣庄主编《全宋文》第233册卷5194,上海辞书出版社2006年版,第162页。
④ (宋)李焘:《续资治通鉴长编》卷360,中华书局2004年版,第8609页。
⑤ (元)脱脱等撰:《宋史》卷337《范镇传》,中华书局1985年版,第10795页。
⑥ (宋)李焘:《续资治通鉴长编》卷437,中华书局2004年版,第10527页。

学",将家学、家法与国朝政事相联系,进而达到"治道"的目的。这两部书虽然是范祖禹进献哲宗的读本,且宋哲宗亲政后,因元祐党禁《唐鉴》还一度成为禁书,但对北宋之后的皇帝教育还是颇有影响的。宋高宗时,孙觌就曾进《讲筵乞读范祖禹〈唐鉴〉札子》,建议将《唐鉴》列入经筵书目,宋孝宗淳熙三年(1176),东宫官也曾请增读范祖禹《唐鉴》,高孝两朝对《唐鉴》的看重可见一斑。宋高宗对《唐鉴》确实也颇有心得,他曾比较阅读《资治通鉴》与《唐鉴》,认为"读《资治通鉴》,知司马光有宰相度量;读《唐鉴》,知范祖禹有台谏手段"①,话虽简短,但确为对此二书的精准评判。《帝学》在宋朝的影响不及《唐鉴》②,但从长远看,《帝学》的影响似较《唐鉴》为大。南宋之后的学者对《唐鉴》的关注,多集中于它所表达的义理史学精神,如"中宗在房陵"之类的记载,重视《唐鉴》所蕴含的褒贬之义。《帝学》则不同,晁公武《郡斋读书志》《宋史·艺文志》以及《四库全书》中,都将其归于"子部·儒家类"之下,但《帝学》在《宋史·艺文志》的"史部·史钞类"亦可见,不仅儒生学者对它颇为重视,居庙堂之高的天子也对它赏识有加,还出现了不少模拟它的著作。《帝学》因其直面皇帝"心性"的培养,成为后人所看重的指导君主求学、向学的教科书。

上述之外,还有一类著作可以视为皇帝历史教育的读本,即被宋人归入"政书"的"宝训"类著作。宋代历朝都有宝训修撰,内容大体皆取自实录,"一是保存正史所不载的祖宗谟训,二是供经筵讲读以传扬祖宗家法"③。北宋就已经有经筵中讲读"宝训"的传统,宋哲宗初年就有于经筵中读记载宋太祖至宋真宗朝事迹的《三朝宝

---

① (清)永瑢等:《四库全书总目》卷88《史部 史评类》,中华书局1965年版,第750页。

② 《唐鉴》不仅南宋初就列入经筵,还传入金地,金章宗就曾根据《唐鉴》中对于"尊号"的议论给金太祖太宗议定谥号,见《金史》卷106《杨云翼传》。但根据文渊阁藏《帝学》所录序及"札子奏",《帝学》南宋初年开禁,但直到嘉定朝才有刻本。

③ 孔学:《宋代宝训纂修考》,《史学史研究》1994年第3期。

训》的记载①。南宋初，宋高宗也曾于经筵中读《三朝宝训》。宋朝讲究"祖宗家法"，高宗对国政的把持程度又非常深，因而不仅他在位时重视这部书，即使退居德寿宫之后，《三朝宝训》的作用依然不可估量。即高宗之后，宋孝宗对《三朝宝训》的重视程度堪称两宋第一人，《宋会要》记载孝宗自登基到退位，诏经筵讲读《三朝宝训》凡十余次，尤其淳熙七年（1180），孝宗曾五次下诏议读《三朝宝训》事，次年四月，因"祖宗谟训已屡终篇"，连经筵官员都建议更换他书讲读；淳熙十六年孝宗退位前后，又接连下诏命人讲读此书。到底是什么事情引发了孝宗思前朝之幽情已然成了历史的谜团，但南宋前期的两朝内禅，过程近似结局却大相径庭，宋孝宗之后对《三朝宝训》的研读几乎不传于史，宋孝宗对祖宗的追思，在汲汲于"治道"之外，又带有一种难言的悲剧感。

第三节　经筵讲读与历史教育

开设经筵的目的并不在于让帝王多读书，更重要的是通过与经筵官研读讨论而获取可以被士大夫认可的治国理政、"内圣外王"的途径。《帝学》讲到仁宗朝经筵之上，"屡面论以经史意旨，须详悉询说"②，宋高宗更明确以"政事之余，与卿等语，知学先王之道为有益。方且夙夜孜孜于经史，今若讲筵暂辍，则朕诵读既多，有疑无质，徒费日力"为理由，否定了黄潜善等人暂罢经筵的建议，经筵制度实为沟通宋代"君—臣"治国体系的桥梁，经筵侍讲官员的选择，很能反映某一时代的政治走向。南宋秦桧专政，把持台谏，其党羽"万俟卨以中丞、罗汝檝以谏议始兼侍读，自后每除言路，必兼经

---

① （元）脱脱等撰：《宋史》卷17《哲宗纪》，中华书局1985年版，第320页。
② （宋）范祖禹：《帝学》卷5，陈晔校释本，华东师范大学出版社2015年版，第120页。

筵"①，台谏通过兼任经筵官员把持朝政成为南宋一朝之弊政。但多数时候，君臣之间的学习与交流，对于士大夫参与朝政还是有一定意义的。经筵讲读的书目以经书为主，但皇帝爱听的还是讲史论史，宋高宗就曾直言不讳地说："儒臣讲读，若其说不明，则如梦中语耳。何以启迪朕意？将来开讲，欲令胡安国兼读《春秋》，随事解释，不必作义，朕将欲咨询。"②不仅皇帝可以经由研读史书"资于治道"，士大夫亦可以通过对历史事件的讲读、讨论而传达本人的政治态度以"佐治"。《帝学》中记载了一则孙奭与宋仁宗通过读史互动的例子："天圣末，孙奭年高视昏，或阴晦，则为徙御座于阁外。奭每讲论至前世乱君亡国，必反复规讽，帝意或不在书，奭则拱默以俟，帝为竦然改听"③，此事发生之时仁宗已经成年但还未亲政，孙奭的规讽就极有未雨绸缪之意了。

"规讽"之外，宋朝诸帝还经常借经筵探讨历史问题，这更明确地表现了宋代"以史为鉴"的取向。淳熙九年（1182）四月，宋孝宗曾反复阅读唐代诤臣陆贽的《奏议》，颇有心得，故而召集经筵官员，以此为讲义举行了一次针对"唐德宗之失"的讨论。这番讲读讨论从淳熙九年一直延续到淳熙十三年，针对侍讲黄洽所言"德宗猜忌刻薄"、崔敦诗所言"德宗于军旅间，亦多是中人传旨，实情安得上达"的过失，宋孝宗很坦率地认可唐德宗的问题在于"不肯推诚待下""猜忌刻薄"④；针对萧燧所举德宗任用欺诞、聚敛之奸佞的例子，孝宗也表示认同。不仅如此，宋孝宗还将讨论记录授予执政大臣，"可为万世法程"。宋孝宗前期一力"恢复"，励精图治，但隆兴之后恢复之志丧失，反而焕发了读史兴趣。他在北伐失败之后排斥宰执、重用佞幸，但执政最后阶段的政治局面反而较淳熙初年清明，这与孝宗晚年热衷讲读史书未必没有关系。

---

① （元）脱脱等撰：《宋史》卷162《职官二》，中华书局1985年版，第3813页。
② （清）徐松辑：《宋会要辑稿·崇儒》，中华书局1957年版，第2298页。
③ （宋）范祖禹：《帝学》卷4，陈晔校释本，华东师范大学出版社2015年版，第92页。
④ （清）徐松辑：《宋会要辑稿·崇儒》，中华书局1957年版，第2305页。

第四章 经筵之制与以史资政

金元经筵活动中也不乏对历史的探讨。金世宗、章宗两朝的名臣移剌履执掌国史，他曾就《贞观政要》与金世宗讨论唐太宗的用人之道，得出"忠嘉之士，何代无之，但上之人用与不用耳"的结论，也曾就金章宗排斥经书唯爱《左传》，提出"左氏多权诈，驳而不纯。《尚书》《孟子》皆圣贤纯全之道，愿留意焉"①的建议，于儒学颇见心得，章宗也欣然接纳。元代在元顺帝时月鲁帖木儿知经筵事，"进读之际，引援经史，一本于王道，帝嘉纳焉"②。但总体而言，无论是对于经筵制度还是对于经筵讲史的重视，都有金不如宋、元不如金的趋势。

宋金元的经筵侍讲活动为士大夫"得君行道"制造了机会。经筵官员具有双重身份：他们是深受执政者信赖的臣子，可以近距离地接触皇帝，能够更直观地判断政治形势和君主志趣；他们又具有"帝师"的身份，依托于儒家传统中"尊师重道"的成分，他们以讲读经史为由，可以进行更直接的劝谏。经筵官员对于执政者具有智囊团和监督者的双重身份，如果"色温而气和，尤可以开陈是非，道人主之意"③，一旦能逢清正温良的明主，不失为君臣相得的美事，北宋仁宗、南宋孝宗朝经筵频开，君臣借此明道论政，亦可称历史上的一段佳话。但也因为这种特殊的亲密关系，具有独立行政能力的君主往往以信赖的近臣充当经筵官员。宋朝长期存在以谏官为经筵的情况，《宋史》载"（秦桧）每除言路，必预经筵，桧死始罢。庆元后，台丞、谏长暨副端、正言、司谏以上，无不预经筵者"④，一旦经筵为弄权者所把持，就会立成欺上瞒下、玩弄权术的工具，不但规劝君主为上位者、"得君行道"成为空话，他所生产的治国之论，也与士大夫所希求的君主理想形象背道而驰了。

---

① （元）脱脱等撰：《金史》卷95《移剌履传》，中华书局1975年版，第2100页。
② （明）宋濂等撰：《元史》卷144《月鲁帖木儿传》，中华书局1976年版，第3435页。
③ 程颐推举范祖禹为经筵语。（宋）程颢、程颐：《河南程氏遗书》卷22，《二程集》，中华书局2004年版，第291页。
④ （元）脱脱等撰：《宋史》卷162《职官二》，中华书局1985年版，第3815页。

中　篇
史事无情，史笔有法

宋辽金元的"变革"属性，对这一时期史学撰述的影响尤甚。从两宋角度，对制度的建设、改造与捍卫是其三百年政治史的中心环节，对于辽夏金元等民族政权而言，制度变革更是政权建立与扩张的基本环节。制度的变革也影响了社会文化与社会关系的深度发展变化，"唐宋变革论"提出之后，"至迟在20世纪五六十年代之交，已基本成为我国学界的共识"①，虽然也有学者提出修正与质疑，但是"变革"这一要素，确实成为探讨这一时期历史的绕不过的话题。而这一时期的史学家既是社会变革的参与者，又是观察与记录者，他们的史著与史论，在"变"与"不变"的冲击之下，亦产生了不同于前代的个性化面目。

治国之论的形成是"人们对重大历史问题的关注和探索累代相传，历时既久而探讨愈深，从而形成了一些理论的'重心'……前人对一些重大历史问题的理论探究是带有连贯性的，而这种连贯性的生成和发展，把历史理论不断推向深入"②。中国古代君主制的国家性质决定了国家治理理论基础是史学家通过对历史上长期存在的君主制度

---

① 张邦炜：《唐宋变革论的正解与误解》，《中国经济史研究》2017年第5期。
② 瞿林东主编：《中国古代历史理论》，安徽人民出版社2011年版，第21页。

的记录与分析,探讨基于君权之下的皇帝与臣僚、中央与地方、军政与民政等问题的实施细则。这些理论的发明与深入探讨,它的形成是长期的、层累的,很难归功于某一个史学家的贡献。但是,如前文所述,宋辽金元时期史学家群体中,尤其是两宋史学家,绝大部分兼具士大夫身份,是"居庙堂之高"的"在朝"状况,这往往会促使他们通过对历史的记载、讲述与评论,表达治国理念,并希望以此影响现实政治的走向。史学家的影响力,除了与其史学素养有关外,史学家的政治活动能力、他与皇帝的关系乃至这一时期文化意识形态的发展等,都构成了很大影响。因此,宋辽金元治国之论又具有非常鲜明的时代特征,与这一时期的政治发展有密不可分的关系。但同时宋元时期纷繁的政局变动、复杂的民族关系、战争导致的文化割裂、人才选拔制度的发展与局限,又使得一些史学家远离现实政治,对历史的长期浸淫提升了其观察社会的敏锐程度,人微言轻的现实又促使其对国家治理制度的观察、评论可以较少受到现实政治的影响与干预——当然对于执政者的影响只会更低。对于宋元时期史学家的个案研究,重要史学家如司马光、范祖禹、郑樵、马端临等人的史著与史论都颇受重视,但是,多数研究成果主要还是针对史家的史论阐述其对国家治理的看法和理解,由此导致对治国之论的研究只能是对某人思想研究的组成部分,而无法构成纵贯古代史学的整体性思路。在论及《宋徽宗》一书的写作时,作者伊沛霞(Patricia Ebrey)说,她是"尝试以徽宗的视角来看待一切问题,因为如果不这样做的话,我将无法理解他所做出的选择"①,这是最理想的历史研究状态,但作者也提出,有些地方的代入如"他对艺术世界的积极参与,我就觉得非常好理解",但对于当代人而言,理解历史人物的基于时代性的一些行为如"徽宗遇见林灵素之后对道教所产生的热情,就要难理解得多"。对历史人物的研究很难做到"还原",对其思想的研究就更难说"准确解读",正如前文所述,宋辽金元史家的治国之论既有对历史现象的长

---

① [美]伊沛霞:《宋徽宗》,韩华译,广西师范大学出版社2018年版,第3页。

期观察、历史理论的"层累",也有基于现实政治的功利性、短效性;既有长期思考的成熟见解,也不乏针锋相对的"有激而言"①。理解史家的个性,"代入"他所生活的时代,这种理想化的研究模式未必可以实现,但通过梳理社会发展脉络,把握时代思潮,结合史学家"居庙堂之高则忧其民,处江湖之远则忧其君"的价值观,则宋元治国之论中的"同"与"不同"、其所表达的时代性与个性化,依然可以成为被衡量与对比研究的对象。本部分的内容,就是以时间为经、以制度的发展变革和思想的传承转化为纬,探讨时代变局之下作为历史理论的宋辽金元治国之论的发展规律与脉络。

---

① 朱熹论范祖禹《唐鉴》语,见《朱子语类》卷134第8册,中华书局1986年版,第3208页。

第五章　北宋前期政治特征、史学发展与治国之论的兴发

　　宋代政治与史学有密切的联系，而北宋前期又是史学尤其是官方史学大发展的时期，《郡斋读书志》中详载绍兴之前宋人所撰史书，包含正史、编年、实录、杂史、伪史、史评六类，凡一百零五种，其中编撰于宋神宗之前的著作有近三十种，许多颇有影响的官修史书就出现在这一时期：宋太祖即位之初诏令开史馆编撰《五代史》，其后又有《新唐书》的编纂；自宋太宗至宋真宗，《文苑英华》《太平御览》《太平广记》《册府元龟》四部官修类书相继问世；司马光主持编修《资治通鉴》始于治平三年（1066），成书于元丰七年（1084），这部跨越了以熙丰变法为标志的北宋大变局的皇皇巨著，也是笔者研究宋辽金元治国之论的重要标志与节点。这一时期的私人撰史也颇值得重视，欧阳修在主持《新唐书》之外所撰写的《新五代史》、孙甫的《唐史记》、王禹偁的《五代史阙文》、石介的《唐鉴》以及大量的历史笔记类著作，都是考察这一时期国家治理理论特征的重要参照。

　　值得注意的是，北宋立国之初对于历代帝王年号、年代纪的编修。对历代年号的辑录源于防范本朝所用年号与前代有重复，不仅宋朝，唐代亦有类似著作，如崔侗的《帝王授受图》、杜光庭的《帝王年代州郡长历》等，但宋人在编纂此类典籍之时，触发了一个重要问题，即对五代政权属性的判定。这一问题引起了宋人关于"正统"的一场讨论，这也成为北宋前期治国之论的一个重要导向。

第一节　北宋前期的政治形势与时代思潮

960年，赵匡胤通过"陈桥兵变"终结了后周政权，建立了宋朝，在与其兄弟赵光义的共同努力下于979年平定北汉，完成了中原范围内的统一，但国家内外依然危机重重：对内，君主集权制度受到了唐中后期以来藩镇割据的极大冲击，皇帝的权力受到了种种外力的制约；对外，早于北宋50余年建立的辽朝政治稳定，凭借占据燕云十六州之势对中原虎视眈眈。为稳定国政，北宋前期一方面通过战争建立和稳固政权；另一方面又从政治制度方面逐步强化君主集权与大一统。这也成为北宋初期思想文化的主要意识形态。

一　强化君权，强调"家法"

960年宋朝的建立，是五代以来的武人政治的延续。赵匡胤曾是后周的殿前都虞候，"掌军政凡六年，士卒服其恩威，数从世宗征伐，浟立大功，人望固已归之"①，才得以通过军变而黄袍加身。晚唐五代的藩镇割据大大削弱了皇权，如何在强化君主专制的同时又能保证国家君臣一体上下同心，成为宋代帝王和臣子一致关心的问题。赵匡胤发动兵变之后，时为侍卫马步军副都指挥使的韩通曾试图抵抗，被任散员都指挥使的王彦升所杀，但赵匡胤登基之后不到一个月，就以"弃命专杀"的罪名，"将斩（王彦升）以徇，已而释之，然亦终身不授节钺"②。石守信、高怀德、王审琦等人在北宋建立和统一中原的过程中都出力甚多，但建隆二年，即被"释去兵权，出守大藩，择便好田宅市之"③。赵匡胤进而在汴梁设置禁军，将各地精兵收归京城禁军管辖，以"更戍法"分离并将，又以文官为地方州郡长官，知州之

---

①　（宋）李焘：《续资治通鉴长编》卷1，中华书局2004年版，第1页。
②　（宋）李焘：《续资治通鉴长编》卷1，中华书局2004年版，第6页。
③　（宋）李焘：《续资治通鉴长编》卷2，中华书局2004年版，第50页。

第五章　北宋前期政治特征、史学发展与治国之论的兴发

外设立通判，使之互相牵制。又设置转运使管理地方财政，规定各州的赋税留其正常开支外，一律送交京师。这一系列措施，使节度使成为虚职，地方官员互相节制，"利归公上而外权削"①，中唐以来为患一方的割据情况至宋朝终于得到了终结。对武将的制约成为宋代贯彻最持久的"祖宗家法"，也是宋代君臣的共同协定。国朝之初士大夫就以制衡武将、强化君权为国家稳定的基础：建隆二年（961），赵普建议宋太祖对有功之武将要"稍夺其权，制其钱谷，收其精兵"②，太祖从之，才有"杯酒释兵权"之事。直至仁宗年间，这依然是士大夫维护君权的法门，狄青因平侬智高之乱而官至枢密使，欧阳修、刘敞等人都以其"功高"，建议宋仁宗将其封为节度使，夺其兵权，吕景初更是直言不讳地说："青虽忠，如众心何！盖为小人无识，则或以致变。大臣宜为朝廷虑，毋奉闾里恩也。"③在士大夫们看来，君主的绝对权威是国家稳定的基础，一旦丧失了这种权威，使臣子有了控制国政的实力，就会造成人心失衡，君臣相猜，影响国政的运作。这种防范与制约不仅北宋一朝，南宋亦然，南宋初年的抗金英雄岳飞受戮一事，原因之一就是功劳过大，又有拥兵自重之嫌④，他的遇害与前述狄青的遭遇，其实质都是士大夫着力强化君权的结果⑤。

宋代士大夫所属意的与皇帝"同治天下"，与其对君权的强调实为一体两面。关于治国，儒家的经典说法是"政者正也，子帅以正，孰敢不正"，但在宋人看来，"（君）为与士大夫治天下，非与百姓治

---

① （宋）李焘：《续资治通鉴长编》卷6，中华书局2004年版，第152页。
② （宋）李焘：《续资治通鉴长编》卷2，中华书局2004年版，第49页。
③ （宋）李焘：《续资治通鉴长编》卷183，中华书局2004年版，第4428—4429页。
④ 《三朝北盟编》载"岳飞赴行在"一事，岳飞初解兵，长期称病不肯复职，李若虚就说他："是欲反耶？此非美事，若坚执不从，朝廷岂不疑宣抚？且宣抚乃河北一农夫耳，受天子之委任，付以兵柄，宣抚谓可与朝廷抗乎？"从李若虚对岳飞的劝诫，可见其时君主与部分士大夫对岳飞的看法。（宋）徐梦莘：《三朝北盟编》卷178，上海古籍出版社1987年版，第1286页。
⑤ 关于岳飞之死，除秦桧、高宗迫害之外，亦有很大原因是文官集团的夺权所致，关于这一点，宋史学者多有论述，如虞云国《论宋代第二次削兵权》、何仲礼《岳飞遇害是宋高宗蓄谋已久的阴谋》、张劲松《岳飞遇害是宋代文人政治的历史困境》等，此处就不作详细论述了。

天下也"①，所强调的是君臣之间的共同利益，这是宋代政治活动的底线。士大夫一方面要维护君权的独立与稳定，另一方面又要保持对政治的干预，其中的尺度不可谓不精妙。《续资治通鉴长编》所载宋太宗立储之事就颇见其君臣相交的特色：宋太宗曾就立储之事问于寇准，寇准称"陛下诚为天下择君，谋及妇人宦官，不可也；谋及近臣，不可也，惟陛下择所以副天下之望者"，拒绝提供意见，但宋太宗随即"俛首久之，屏左右曰：'元侃可乎？'对曰：'非臣所知也。'上遂以元侃为开封尹"②，这段逸事，足见君臣同盟之牢靠。而庆历新政的失败，虽然有"范仲淹身为副宰相，不能逾越宰相和其他执政官，掌控改革大权"等原因③，但其政策分化了士大夫阵营、破坏了君臣之间的协定亦是重要原因，宋仁宗以"朕闻至治之世，元、凯共朝，不为朋党"④为由打击范仲淹等人，也无非是表达对这种君臣联盟的支持。

士大夫用于制约君权的更重要的手段是对"祖宗家法"的运用。宋人将宋太祖、宋太宗初定天下之时所创立的制度法则和治国纲领称为"祖宗家法"，其基本国策多围绕此展开，"讨论宋代中央集权的活力与僵滞、各层级权力结构的分立与集中、'守内虚外'格局的展开、文武制衡关系的形成、官僚机制运作过程中上下左右的维系，乃至宋朝的兴与衰……如此等等，处处都会遇到所谓'祖宗之法'的问题"⑤。"祖宗家法"被宋代士大夫如此看重的重要原因是，相较于赵匡胤、赵光义兄弟的起于草莽，他们的后人多是"生于富贵，长自深宫"⑥，没有经历过艰辛的创业历程，对宋代的内忧外患也不如先辈了

---

① （宋）李焘：《续资治通鉴长编》卷221，中华书局2004年版，第5870页。
② （宋）李焘：《续资治通鉴长编》卷38，中华书局2004年版，第818页。
③ 李裕民：《从王安石变法的实施途径看变法的消极影响》，《陕西师范大学学报》2011年第11期。
④ （宋）李焘：《续资治通鉴长编》卷153，中华书局2004年版，第3718页。
⑤ 邓小南：《试论宋朝的"祖宗家法"：以北宋为核心》，《国学研究》第七辑，北京大学出版社2000年版。
⑥ 此语见宋太宗予宗室诸王手诏，事见《续资治通鉴长编》卷29，中华书局2004年版，第648页。

第五章 北宋前期政治特征、史学发展与治国之论的兴发

解之深刻,如果一味沉溺于祖业,则有国力衰微、政权倾覆的危险。但涉及实际层面,则士大夫对皇帝执政的任何争议都可以通过"祖宗家法"的名义予以批评和论争。元祐七年(1092)宋哲宗因纳后事与高太后发生矛盾,时为经筵官的范祖禹谏言,起首就是"惟本朝祖宗家法,自三代以还盖未之有,由汉以下皆不及也",其后又说选后一事"以承天地,以奉祖宗,内尽孝养,外美风化,将以为万世法"①,"祖宗家法"所蕴含的国事与家事的一致性在此得到了明确印证。这种"家国一体"的价值体系也得到了宋代皇帝的认可,直至南宋后期,宋理宗自陈祖宗家法,还强调"祖宗家法之懿者数条,如敬天、爱民、克己、节俭、不罪言者,皆汉、唐所不及。朕谓不必远稽前代,只近法祖宗足矣"②。

"祖宗家法"的另一层特质是,前任皇帝总会成为继任者的"祖宗"。亦是在宋哲宗一朝,经筵之上,讲读官顾临讲到宋仁宗批评汉武帝封禁上林苑之事,老臣丁度认为仁宗此举"未始不本于忧勤,此盖祖宗家法尔"③,遵循了太祖、太宗的忧患意识;而顾临为宋哲宗讲读完毕之后,吕大临又评价说:"祖宗家法甚多,自三代以后,唯本朝百三十年中外无事,盖由祖宗所立家法最善",进而引申至宋仁宗"事母后皆朝夕见,此事亲之法也……仁宗以侄事姑之礼见献穆大长公主,此事长之法也"④,则把仁宗朝的礼法亦归于"祖宗家法"行列,无非还是为了劝谏宋哲宗尊奉高太后为首的权威。宋代士大夫在结成君臣同盟的基础之上维护着君主的权威,又以"祖宗之法"为名遏制了君主的独断。

对君权的维护和对"家法"的强化,使得宋人的国家治理理论在一开始就有了立论的基础与倾向性,其不仅是对历史现象的总结,也是对执政者进行有效规劝的基础。而将本朝君臣的行事纳入"祖宗家

---

① (明)黄淮、(明)杨士奇:《历代名臣奏议》卷75,台湾学生书局1964年版,第1044页。
② (清)毕沅:《续资治通鉴》卷173,中华书局1957年版,第4711页。
③ (宋)李焘:《续资治通鉴长编》卷480,中华书局2004年版,第11416页。
④ (宋)李焘:《续资治通鉴长编》卷480,中华书局2004年版,第11416页。

法"的范畴，则一为言官议论朝政提供了更大的自由空间，一为将"家"与"国"并列，"沟通着当时的'正家'与'治国'方式，也体现着'人治'与'法治'的互补与折中"①，理学家所推崇的"齐家治国平天下"观念，在宋初就已经有了立论的基础。

二 "正统"之辨与"春秋学"的兴起

北宋前期治国理论的一个重点因素是对于"正统"的阐述。"正统论"对于国家发展走向的影响在前文已经有所论述，而"正统"作为一个史学问题被学者所重视正是在宋初。宋太祖立国之初，曾"命宰相撰前世所无年号，以改今元"②，太宗开宝年间，亦曾诏令李昉再编《历代年号》。这本是选定年号的技术型工作，但编修过程中存在一个重要问题，即对于僭伪政权年号的处理。据《长编》载，宋太祖曾在乾德初年就于内廷发现刻有"乾德四年"字样的铜镜，端明殿学士窦仪解释说"此必蜀物，昔伪蜀王衍有此号，当是其岁所铸也"③，宋太祖欣然接受了这一解释，"乾德"年号也一直使用。以"十国"为伪政权是宋人的共识，伪政权的伪年号自然也就不被认可。李昉所编《历代年号》依前例不记僭伪政权之国号与年号，但它"以梁为伪……尽黜梁所建号"④，却引发了一番争议。

以梁为伪是自后唐以来的认知，李存勖以复兴唐代为旗号建立后唐，曾有朝臣建议"唐之运数已衰，不如自创新号"⑤，唯李琪认为以唐为国号是"追感旧君之义"⑥，更能体现政权的合法属性。李存勖欣然采纳，依然以"唐"为国号，以土德为德运。后晋、后汉、后周诸政权的德运亦继承后唐而来，依次为金德、水德、木德。赵匡胤初即位，曾下《即位谕郡国诏》，称"辅臣共述于讴谣，少主自知于

---

① 邓小南：《"正家之法"与赵宋的"祖宗家法"》，《北京大学学报》2000年第4期。
② （宋）李焘：《续资治通鉴长编》卷7，中华书局2004年版，第171页。
③ （宋）李焘：《续资治通鉴长编》卷7，中华书局2004年版，第171页。
④ （宋）欧阳修：《欧阳修全集》卷16《正统论序》，中华书局2001年版，第265页。
⑤ （宋）薛居正：《旧五代史》卷35《明宗纪》，中华书局1976年版，第490—491页。
⑥ （宋）薛居正：《旧五代史》卷35《明宗纪》，中华书局1976年版，第491页。

运命。虽惭二帝之揖让，且殊三代之干戈，勉询乐推，已升大位"，强调登基是"天命"所归和人心所向，新政权的建立是为了"造我新邦，攒周旧服"①，视北宋为后周统治的延续，并以"火德"为德运②。但这种认定又与宋人的"五代史"观发生了矛盾，开宝六年（973）宋太祖诏修"五代史"，次年薛居正等所著《旧五代史》完成，将梁唐晋汉周五个朝代同等对待，既是史学家对于历史发展的合理判定，也符合时人的共识。雍熙元年（984），还是一介平民的赵垂庆就首先上书，认为宋朝"当越五代而上承唐统为金德，若梁继唐，传后唐，至本朝亦合为金德"③，"五代"被其视为一个整体，或全为"正"，或全为"伪"。赵垂庆的建议受到了朝臣徐铉的强烈反对："顷以唐末丧乱，朱梁篡弑，庄宗早编属籍，亲雪国仇，中兴唐祚，重新土运，以梁室比羿、浞、王莽，不为正统"④，在徐铉看来：北宋承袭后周，如果越过五代直接继承唐代的土德，则五代都被置于闰位，宋太祖创业立国的合法性便不复存在了。但后梁代唐又确实名不正言不顺，认可后梁，会对宋朝的稳定构成意识形态上的威胁。至此，则"五代"之历史与"五代"之"地位"，实际上是被割裂了。直至宋真宗大中祥符六年（1013）编纂《册府元龟》，其《帝系》序中说"朱梁建国，如秦之暴，虽宅中夏，不当正位。同光缵服，再承绝绪"，依然维持了这种割裂。前述李昉《历代年号》以后梁为伪而以"唐晋汉周"为正，也是这种观念的折射。但实际上，"五代"政权属性的问题并没有得到解决，只是被搁置了。至景祐三年（1036）欧阳修着手撰写《新五代史》，这一问题再次受到了重视。康定元年（1040），欧阳修上书宋仁宗，以为《历代年号》"与史官庋不相合""治乱之迹不可不辨"⑤，并进而提出"以谓正统，王者所以一民而临

---

① 佚名：《宋大诏令集》卷187，中华书局1962年版，第682页。
② 《宋史》卷70《律历三》载："国初，有司上言：'国家受周禅，周木德，木生火，则本朝运膺火德，色当尚赤。腊以戌日。'诏从之。"中华书局1985年版，第1985页。
③ （元）脱脱等撰：《宋史》卷70《律历三》，中华书局1985年版，第1597页。
④ （元）脱脱等撰：《宋史》卷70《律历三》，中华书局1985年版，第1597页。
⑤ （宋）欧阳修：《欧阳修全集》卷16《正统论序》，中华书局2001年版，第266页。

天下"①，这是宋人在前代"五德终始"说之外，从义理观念上探讨"正统"的开端。

欧阳修等人对"正统"的重视，也是北宋前期"春秋学"发展的重要标志，归根结底，对于"正统"的探讨是为了强化宋朝政权的合法属性。宋朝承五代乱世而建，于内有陈桥兵变与"斧声烛影"的篡权嫌疑，对外有辽和西夏虎视眈眈。宋初"春秋学"的兴起，实为在宋初通过各种手段加强中央集权的基础之上，在思想文化领域确立君主的绝对权威的手段。对《春秋》的重视源于宋初的儒学复兴运动，北宋初年，柳开首倡《春秋》之学，提出"删《诗》《书》，定《礼》《乐》，赞《易》道，修《春秋》，孔子知其道之不行也，故存其教之在其中，乃圣人之事业也"②，将《春秋》视为名教化尊儒道、可以"为世之法"的著作，这种观点与汉儒以"君权神授"阐述《春秋》的做法，已然有很大区别。其后田锡、夏竦等人亦提出《春秋》的主旨在于"惩恶而劝善，乱臣贼子闻之而惧，是圣人深于政也"③，"君臣励翼之迹，官师寅亮之辞"，已经开始重视《春秋》中的治国理论。北宋最早从政治思想层面对《春秋》作系统阐述的当属孙复，他以"尊王"为主旨作《春秋尊王发微》，强调"天子至尊，非诸侯可得伉僖"④，又说："礼乐征伐者，天下国家之大经也，天子尸之，非诸侯可得专也。"⑤孙复对《春秋》的解读是以君主专制为国家稳定的基础，这与士大夫对于皇权的维护是一致的，从而也推动《春秋》成为政治家的治国纲领。其后范仲淹作《说〈春秋〉序》，认为《春秋》精于"褒贬大举，赏罚尽在，谨圣帝明皇之法，峻乱

---

① （宋）欧阳修：《欧阳修全集》卷16《正统论序》，中华书局2001年版，第266页。
② （宋）柳开：《柳开集》卷6《答臧丙第三书》，中华书局2015年版，第77页。
③ （宋）田锡：《咸平集》卷10《政教何先论》，巴蜀书社2008年版，第88页。
④ （宋）孙复：《春秋尊王发微》卷5，文渊阁《四库全书》第147册，台湾商务印书馆1983年版，第58页。
⑤ （宋）孙复：《春秋尊王发微》卷1，文渊阁《四库全书》第147册，台湾商务印书馆1983年版，第6页。

臣贼子之防"①，将《春秋》与维护统治秩序相联系。范仲淹以《春秋》所蕴含的"尊王黜霸之经"用于施政，认为《春秋》"使后世君臣爱令名而劝，畏恶名而慎矣"②，将《春秋》所载事迹作为君臣同心一体治理国家的依据。庆历三年（1043），范仲淹上《答手诏条陈十事》于宋仁宗，是为"庆历新政"的纲领，在第二条"抑侥幸"中，范仲淹说："先王赏延于世，诸侯有世子袭国，公卿以德而任，有袭爵者，《春秋》讥之。"③ 直接以《春秋》中的"尊王"之道作为推动改革的依据。

对"正统"的论辩和对《春秋》的重视是北宋前期政治理论与政治思想领域的重要现象，都对宋代乃至宋以后中国史学的发展构成了深远影响。针对这两个问题的讨论大大拓展了宋人国家治理思想的理论空间。

第二节 《册府元龟》的帝王观

宋初所修四部类书中，《册府元龟》是最为特殊的一部。它成书最晚，大中祥符六年（1013）八月完成，比《太平广记》晚三十五年，比《文苑英华》晚二十七年；用功八年，耗时亦最长。不同于《文苑英华》等的博采群书，《册府元龟》内容只取正史、实录，亦不加注资料出处，这也使得它对于科举文章作用有限。在宋真宗亲笔为其撰写的书序中，陈述编纂目的是"粤自正统，至于闰位，君臣善迹，邦家美政，礼乐沿革，法命宽猛，官师议论、多士名行，靡不具载，用存典刑"④，通过《册府元龟》的编修，明确正统的治国方针

---

① （宋）范仲淹：《〈春秋〉序》，《宋代序跋全集》卷92，齐鲁书社2015年版，第2538页。
② （宋）范仲淹：《近名论》，《宋文鉴》卷94，中华书局1992年版，第1326页。
③ （宋）范仲淹：《答手诏条陈十事》，（宋）李焘《续资治通鉴长编》卷143，中华书局1985年版，第3435页。
④ （明）李嗣京：《册府元龟考据》，（宋）王钦若、杨亿等《册府元龟》附录，凤凰出版社2006年版，第2页。

与社会伦理。

《册府元龟》全书分为帝王、将帅、刑法、铨选等计三十一部，所论内容涵盖了君主的产生与传承、君主的内政外交等要务、君臣关系与君民关系、君主的人伦私欲等治国理政的各方面内容。每部又分若干子目，每一子目都代表了治国安邦的各项要求，其下小序反映了这一要求的具体内容。

一 "天命""五德"与"体元居正"并存的正统观念

《册府元龟》编纂之时，是宋代关于"正统"观念讨论最激烈的时期。"五德"之说在此时受到了挑战，"德统"说逐渐被新的正统论思想所取代。这一思想史上的重要变化，在《册府元龟》的编纂中也有明显的反应。

《册府元龟》遵循的依然是传统"五德"之说，其"帝王部"总序中讲"五精之运，以相生为德。木生火，火生土，土生金，金生水，水生木，乘时迭王，以昭统绪。故创业受命之主，必推本乎历数，参考乎徵应，稽其行次"[①]，并在其后详细论述自炎黄至于五代的"德统"，由此推定北宋"炎灵受命，赤精应谶，乘火德而王"[②]，与前论宋初"德运"之争的结论是一致的。《册府元龟·帝王部》第四卷为"运历"卷，辑录历朝关于确立"德统"的事迹，并将"德统"之说与"天命"相联系，将上古的统治者伏羲、少昊、颛顼、尧、舜、禹等"王者"与共工、九黎、三苗等篡位者对立，象征"天统"的不可偏废，既然"天之历数在尔"，则"正闰"与"天道"由此得到了统一。这种对汉代以来"天人感应""君权神授"观念的沿袭是《册府元龟》的重要内容，"帝王部"所包含的"诞圣""名讳""运历""帝德""徵应""符瑞""感应""神助""实证""创业""尊

[①] （宋）王钦若、杨亿等编纂：《册府元龟》卷1《总序》，凤凰出版社2006年版，第1页。

[②] （宋）王钦若、杨亿等编纂：《册府元龟》卷1《总序》，凤凰出版社2006年版，第1页。

号""功业""颂德"等十余个子目的内容多与此有关。

然而,《册府元龟》对"五德"之说的继承之中,亦蕴含着变动。同样是"总序"中,在论及创业之主应以"五行相生"为原则确立"德统"行次之后,又说"上承天统,春秋之大居正,贵其体元而建极也"①,则开国之君居正道以施德政也同样可以作为判断王朝法统的根据。这一看法在"帝德"篇中得到了更鲜明的表达,"帝德"小序中提出"自古王者受命,以有德而后昌也"②,帝王的"人道"成为判断政权正统属性的重要指标。所谓"自古王者受命以有德而后昌也"③、"夫帝运之兴业厚者,其绪远;圣德所被泽广者,其民怀"④,都是强调"君德"在政权建立和国家建设中的决定性作用。甚至"大人斯兴,神明鉴德至诚,多感惠迪,多助朕蚕,幽赞颠沛靡失,斯自天之孚祐也"⑤,"德"可以直接招致上天的帮助,"德治"成为维持"天道"的重要保证。《册府元龟》并没有明确否认"五德"作为正统判断的依据,但他所依据《春秋》提出的"居正以体元建极"之说,暗合了欧阳修以"君子大居正,王者大一统"打造的"正统论"思想,实为宋人正统观的先声。

二 "圣贤"规范之下的"性情"修炼

"圣人"在中国传统语境中具有双重含义,一方面,圣人是"为礼以教人,使人以有礼"⑥的道德楷模;另一方面又是"南面而听天

---

① (宋)王钦若、杨亿等编纂:《册府元龟》卷1《总序》,凤凰出版社2006年版,第1页。
② (宋)王钦若、杨亿等编纂:《册府元龟》卷18《帝德》,凤凰出版社2006年版,第182页。
③ (宋)王钦若、杨亿等编纂:《册府元龟》卷18《帝德》,凤凰出版社2006年版,第182页。
④ (宋)王钦若、杨亿等编纂:《册府元龟》卷12《中兴告功》,凤凰出版社2006年版,第116页。
⑤ (宋)王钦若、杨亿等编纂:《册府元龟》卷26《感应神助》,凤凰出版社2006年版,第264页。
⑥ 《礼记正义》卷1《曲礼上》,(清)阮元校刻《十三经注疏》,中华书局2009年版,第2664页。

下，南面而治天下"①的君主形象。但这两者又是不矛盾的，因其道德的完美无瑕和行事的英明神武，皇帝才天然地具备了统治人民的权力。"圣贤化"的君主要有德行、有威仪、有创见，才能有影响力，从而"蚩蚩烝民，不能自治，天生圣哲以为司牧"②。《册府元龟》有大量展示君德的内容，从卷二七"孝德"至卷一八一"恶直，猜忌，无断"，从正反两面展示了"为君之德"。"盖圣人以顺动则悦随，曁声教则咸服者也"③，"圣人之教，不肃而成，不严而治"④，"圣人体国经野，设官分职，制作法度纲纪生民"⑤，正是因为有了道德完人型的"圣人"引领，天下才能"致治"。前论《册府元龟》所收集的大量君权神授的记录，除为"五德"之说张目外，也有表达"为善者降祥，好谦者受福，天人相与之际，交感欣合"⑥的意义。着力刻画帝王"圣哲"的一面，这与君主专制制度下对帝王的神圣化倾向是一致的。

然而，记载符合正统道德的"明君"事迹是史书的一贯传统，但对皇帝出自凡人的喜怒哀乐与情感表达就显得颇具特色了。《册府元龟·帝王部》设友爱、慈爱、知子等条目，这些情感出于天性，多为前代类书的"帝王部"所不取。依笔者所见，《册府元龟》对君王情感内容的编纂是有其用意的。首先，是在于心性之爱"莫不发于深衷，表于至性"⑦，与人的天性相匹配。关注帝王的私人关系，辑录他

---

① （宋）王钦若、杨亿等编纂：《册府元龟》卷621《卿监部·司宗司宾监牧》，凤凰出版社2006年版，第7187页。
② （宋）王钦若、杨亿等编纂：《册府元龟》卷58《勤政》，凤凰出版社2006年版，第618页。
③ （宋）王钦若、杨亿等编纂：《册府元龟》卷18《帝德》，凤凰出版社2006年版，第182页。
④ （宋）王钦若、杨亿等编纂：《册府元龟》卷27《孝德》，凤凰出版社2006年版，第269页。
⑤ （宋）王钦若、杨亿等编纂：《册府元龟》卷60《立制度》，凤凰出版社2006年版，第632页。
⑥ （宋）王钦若、杨亿等编纂：《册府元龟》卷26《感应神助》，凤凰出版社2006年版，第256页。
⑦ （宋）王钦若、杨亿等编纂：《册府元龟》卷47《慈爱》，凤凰出版社2006年版，第505页。

第五章　北宋前期政治特征、史学发展与治国之论的兴发

们对子孙的关爱举动，不仅不会损伤统治者的权威，反而可以达到"自家以刑国，由上而化下，夫如是，则天性之爱，人伦之义，足以敦于礼仪者矣"①的教化目的。其次，《册府元龟》还强调了对于"心性"的修炼，"帝王部"中的"罪己"目，就提醒皇帝要能够"引咎自责，周旋抑畏"，"咨求忠说之议，发于感涕，以致其诚心"②。"正心""尊诚"等都是理学中的重要概念，《册府元龟》编纂之时理学尚未兴起，但这种义理化的史学意识已经有其萌芽了。

此外，《册府元龟》对君主个体性情的体察，对其家庭伦理关系的重视，与前论宋人对"祖宗家法"的热衷也有一致性。"家"是最基本的秩序体现，"父子之际，天性之亲，故可以察其诚心，赜其微隐"③，君主对皇子可以"察其诚心"，"皇子"即位之后又安能违背父辈的"家法"呢？"祖宗家法"的内核在于以家庭的纲常伦理关系制衡和协调法制的方向和强度，实现"法治"与"人治"的合一。《册府元龟》修成之时宋人并无关于"祖宗家法"的明确论述④，但已经表现出了对于前朝法度的尊奉，宋真宗即位之初曾说"先朝庶政，尽有成规，务在遵行，不敢失坠"⑤，其后又与宰执多次强调"先朝皆有成宪，但与卿等遵守"⑥等语，这既是皇帝对于前朝法令的认同，也反映了其对大臣的保证。《册府元龟·帝王部·尊亲》的小序中提到"自家刑国，父天母地，正位凝命，总治纲纪"⑦，这是宋初史著中首次出现对"家""国"关系的论述，这种对于家庭关系

---

① （宋）王钦若、杨亿等编纂：《册府元龟》卷47《慈爱》，凤凰出版社2006年版，第509页。
② （宋）王钦若、杨亿等编纂：《册府元龟》卷175《罪己》，凤凰出版社2006年版，第1947页。
③ （宋）王钦若、杨亿等编纂：《册府元龟》卷148《知子知臣》，凤凰出版社2006年版，第1647页。
④ 据邓小南考证，"'祖宗家法'作为成说而正式出现，应该是在仁宗年间"（《"正家之法"与赵宋的"祖宗家法"》，《北京大学学报》2000年第4期）。
⑤ （宋）李焘：《续资治通鉴长编》卷41，中华书局2004年版，第863页。
⑥ （宋）李焘：《续资治通鉴长编》卷43，中华书局2004年版，第918页。
⑦ （宋）王钦若、杨亿等编纂：《册府元龟》卷38《尊亲》，凤凰出版社2006年版，第397页。

和私人感情的关注，则反映了"祖宗家法"作为成说出现之前士大夫对于先朝成法的态度。结合《册府元龟》作为"著历代事实，为将来典法"编纂目的，这种君臣之间对于前朝成法的认同，正是宋朝"祖宗家法"得以立足的基础。

以《册府元龟》的编纂为标志，宋代史学家对君主制度与国家治理模式的重视程度大为强化。《册府元龟》编纂带有很明确的"警醒"目的，其"帝王部"在分类方式上，脱离了传统"明君"或者"昏君"的类目，而是将作为"典法"的帝王"事迹"分门别类加以区别。其编目详细而自成系统，小序提纲挈领，所录内容较为完整地反映了宋以前中国古代君主制度的发展过程，体现了"百科全书"式的施政指南的作用。宋朝的皇帝以各项制度巩固了君主专权体制，而具有史学素养的士大夫，又通过各种著述对这一制度加以规范和限制。《册府元龟·帝王部》的出现，在某种程度上正是北宋君主专制制度趋于完备的体现。

第三节　欧阳修的修史实践与正统之论

对于"正统"的讨论肇始于宋初，产生的现实原因在于沿袭五代政治模式所建立的宋朝，其政权的合法性和合理性都十分引人怀疑。为了消解这种怀疑，北宋初年的文人士大夫，以前所未有的热情投入到"王朝正统"的讨论当中，这一时期的治国之论，也由此而具有鲜明的"正统"意识，显示出不同于前代的特征。欧阳修的"正统"之说，正是这一思想潮流的典型代表，这一思想也贯穿于他的史著与史论当中。

一　欧阳修的修史活动与"正统"观念

欧阳修在史学领域有突出的贡献，所撰《新五代史》及参与修撰的《新唐书》，都是具有鲜明特色的正史著作。《新五代史》成书于

第五章 北宋前期政治特征、史学发展与治国之论的兴发

宋仁宗皇祐五年（1053），为欧阳修独撰；《新唐书》成书于宋仁宗嘉祐五年（1060），本纪十卷和赞、志、表的序以及《选举志》《仪卫志》等都出自他之手。欧阳修之前，《旧唐书》和《旧五代史》已经流传颇广，欧氏的新作除在史料取舍、编写体例等方面有所变化外，最重要的变动在于将《春秋》的义理精神贯彻于撰述的过程，充分发挥史书的借鉴作用，力图借此革唐、五代政治之弊端，兴"三代"之治，以达到"王政修明，礼义之教充于天下"①的局面。

《新唐书》是官修，宋初诏修《唐书》的原因有二，其一是《旧唐书》编纂不精，尤为统治者所不喜，宋仁宗曾批评说"两《汉书》文辞温雅，《唐书》殆不能及也"②，甚至"诏唐书列传止取事义切族规戒者读之"③；其二在于为前朝撰史亦是"正统"之延续，至仁宗朝，关于"五代"正统性的争议日盛，史家以"衰世之士，气力卑弱，言浅意陋，不足以起其文"④为由另撰《唐书》，似乎也有否定五代之正统地位的含义。据王鸣盛考证，其编纂过程是宋祁先于天圣（1023—1032）末作列传，后由欧阳修补撰本纪、志、表后，在嘉祐五年进呈宋仁宗⑤。在《进书表》中欧阳修等批评《旧唐书》"纪次无法，详略失中，文采不明，事实零落"⑥，但《新唐书》亦被后人批评"刻意文章，采杂说既多，往往抵牾"⑦，《资治通鉴》多采"旧"而弃"新"，也可见时人态度。《新唐书》的最终目的，还在于"暴其善恶以动人耳目，垂劝戒，示久远"⑧，这在欧阳修所作部分表

---

① （宋）欧阳修：《欧阳修全集》卷17《本论中》，中华书局2001年版，第288页。
② （宋）李焘：《续资治通鉴长编》卷107，中华书局2004年版，第2504页。
③ （宋）李焘：《续资治通鉴长编》卷120，中华书局2004年版，第2857页。
④ （宋）宋祁、欧阳修：《进〈新唐书〉表》，《新唐书》附录，中华书局1975年版，第6471页。
⑤ （清）王鸣盛：《十七史商榷》卷69，中华书局2010年版，第639页。
⑥ （宋）宋祁、欧阳修：《进〈新唐书〉表》，《新唐书》附录，中华书局1975年版，第6471页。
⑦ （元）马端临：《文献通考》卷192《经籍考十九》，中华书局2011年版，第5583页。
⑧ （宋）宋祁、欧阳修：《进〈新唐书〉表》，《新唐书》附录，中华书局1975年版，第6471页。

现尤为明显,章学诚认为"欧阳修撰《新唐书》始用大书之法,笔削谨严,乃出迁、固之上,此则可谓善于师《春秋》者矣"①,诚为中肯之论。

《新唐书》之外,欧阳修私撰的《新五代史》更完整地表现了他对"正统"观念、《春秋》笔法的追求。陈师锡作《五代史纪序》称其"事迹实录,详于旧记,而褒贬义例,仰师《春秋》",对前一句评价后人颇有非议②,后一点则不但被欧阳修在书中反复强调,亦是史家共识。孔子以春秋"世衰道微,邪说暴行有作,臣弑其君者有之,子弑其父者有之"③,惧而作《春秋》,欧阳修自陈著《新五代史》之理由是"五代之乱,君不君,臣不臣,父不父,子不子,至于兄弟、夫妇、人伦之际,无不大坏,而天理几乎其灭矣"④,足见其继承"《春秋》之志"⑤的决心。

欧阳修是宋代对"正统"这一观念做系统论述并且具有深远影响的第一人。康定元年(1040)他作《正统论》并呈于宋仁宗,针对李昉《历代年号》中以后梁为"伪"、以后唐为"正"的矛盾性提出了"正统论"。并阐述了自己关于"正统"的看法:"《传》曰:'君子大居正。'又曰:'王者大一统。'正者,所以正天下之不正也;统者,所以合天下之不一也。由不正与不一,然后正统之……夫居天下之正,合天下于一,斯正统矣。"⑥欧阳修修正了"正统"的概念,由朝代起始的"建元"之争引申至大一统政权的合法性问

---

① (清)章学诚:《文史通义》卷7外篇2《永清县志皇言纪序例》,叶瑛校注本,中华书局2014年版,第816页。
② 与欧阳修同时代的刘敞曾讥讽欧阳修及所撰《新五代史》说"极有文章,可惜不甚读书"(《宋稗类钞》引《谏书稀庵笔记》),清代四库馆臣亦有"《新五代史》事实不甚经意"之语(《四库全书总目》卷46),可见一斑。
③ 《春秋公羊传注疏》卷1,(清)阮元校刻《十三经注疏》,中华书局2009年版,第4763页。
④ (宋)欧阳修:《新五代史》卷34《行传》,中华书局1974年版,第370页。
⑤ (宋)欧阳修:《新五代史》卷2《梁本纪》,中华书局1974年版,第21页。
⑥ (宋)欧阳修:《欧阳修全集》卷16《正统论》下,中华书局2001年版,第269页。

题。欧阳修认为，自平王东迁，东周建立，"天子号令不能加于诸侯……天下之人莫知正统"，故孔子作《春秋》，"以推尊周室，明正统之所在"，而"至秦之帝，既非至公大义，因悖弃先王之道，而自为五胜之说"①，"五德"说只是秦朝为了确立自身地位而倡导的"伪说"，并不符合"正统"的本义，亦不能作为判断政权合法性的根据。欧阳修摒弃了"三统五行"所代表的君权神授的意义，而是从《春秋公羊传》"王者始受命改制，布政施教于天下，自公侯至于庶人，自山川至于草木昆虫，莫不一一系于正月，故云政教之始"②的理论出发，提出"王者之兴，必有盛德以受天命，或其功泽被于生民，或累世积渐而成王业，岂偏名于一德哉？"③的看法，摒弃"帝王之兴必乘五运"的"缪妄之说"④。然"汉所以有天下者，以至公大义而起也"⑤，只有统治者所作所为符合"至公大义"，其所建立的政权才能够"有天下"，"正"和"统"是相辅相成的两个必要条件。欧阳修从"德—正""行—统"两方面来阐述"正统"的含义，将道德和功业都作为评价王朝地位的指标，他将个人的道德修养和国家的长治久安相联系，为上位者的"盛德"成为政权稳定的最重要条件。

欧阳修"正统论"的一个重要特点是创造了"绝统"与"续统"之说："正统之序，上自尧舜，历夏、商、周、秦、汉而绝，晋得之而又绝，隋、唐得之而又绝，自尧舜以来，三绝而复续，惟有绝而有续。"欧阳修将宋以前的政权分为三类，第一种是"有功者强，有德者王，则大且强者谓之正统"，尧、舜、夏、商、周、秦、汉、晋、

---

① （宋）欧阳修：《欧阳修全集》卷16《原正统论》，中华书局2001年版，第277页。
② 《春秋公羊传注疏》卷1，（清）阮元校刻《十三经注疏》，中华书局2009年版，第4766页。
③ 见（宋）欧阳修《正统论》上，此处的"一德"指"五德"之"德"，《欧阳修全集》卷16，中华书局2001年版，第268页。
④ （宋）欧阳修：《欧阳修全集》卷16《正统论》上，中华书局2001年版，第268页。
⑤ （宋）欧阳修：《欧阳修全集》卷16《原正统论》，中华书局2001年版，第277页。

隋、唐都属于此类；第二种是"两立不能相并，考其迹则皆正，较其义则均"的并立政权，东晋和后魏属于此类；第三种是"终始不得其正，又不能合天下于一"①，曹魏、五代属于此。欧阳修不赞同薛居正以后梁为正统，亦不同于李昉以后唐为正统，他认为"五代之得国者，皆贼乱之君也"，他直接摒弃了五代政权的正统性，认为"正统"至唐而绝，后唐"之自为唐也，缘其赐姓而已……不得不借唐以自托也"②，虽然后唐与唐国号相同，但其实质依然是强取豪夺的"贼乱"，其"德"不足以"正天下"，亦没有"合天下为一"，自然不能称为"正统"。在这一理论之下，北宋朝臣所争论的关于宋代政权的合法性问题就有了新的解释，它不必依"五德"的顺序承接五代的任一政权，而可以直接"续统"："大宋之兴，统一天下，与尧、舜、三代无异"③，只要完成"君德"与"统一"两个必要条件，政权的合法性就有了合理的解释，这也是欧阳修"正统论"出现的现实意义。

欧阳修作《正统论》上下两篇以及"附论"七篇，阐明了这一理论，又以其丰富的史著和史论将正统论加以解释和利用，成为其正统论的主要理论基础。

二 欧阳修以"正统"为立论基础的治国之论

欧阳修对"正统"的重视贯穿于他的历史著述，且随着时代发展和思考的深入还有所变化。在其较早完成的史著《新五代史》中，他着重探讨了国家正统性的问题。《新五代史》的撰述目的就是"多取《春秋》遗旨"，正褒贬，明正统，然而欧阳修对五代诸帝及其所建

---

① （宋）欧阳修：《欧阳修全集》卷16《正统论》下，中华书局2001年版，第269页。
② （宋）欧阳修：《欧阳修全集》卷16《正统论附论·梁论》，中华书局2001年版，第285页。
③ （宋）欧阳修：《欧阳修全集》卷16《正统论》序，中华书局2001年版，第266页。

第五章　北宋前期政治特征、史学发展与治国之论的兴发

政权的判断却颇有矛盾：一方面，"五代，乱世也，其事无法而不合于理者多矣，皆不足道也"①，但是，作为史家，修撰史书又要尊重事实，五代政权都有称帝之举，"兵谏"导致的政权更迭过程更是延续到宋。欧阳修在其《正统论》中认为后唐"不正与不一，其德不足以道矣"②。否认了后唐的正统性，但《新五代史》又为五代君主作"本纪"，以"十国"政权为"世家"，其实是变相承认了五代的正统性。欧阳修对此的解释是，他沿用了《春秋》记录鲁隐公、鲁宣公等有僭越之举诸侯的做法，"欲著其罪于后世，在乎不没其实。其实尝为君矣，书其为君，其实篡也，书其篡。各传其实，而使后世信之，则四君之罪，不可得而掩尔"③，其对于五代政权的否定，与《正统论》的态度是一致的。从对五代十国诸君的评价看，除后唐明宗、后周世宗外，多持批评态度，即使"为人纯质，宽仁爱人"④的后唐明宗，欧阳修依然认为他"仁而不明，屡以非辜诛杀臣下"⑤，在"君德"方面是有所亏欠的。"王者之兴，必有盛德"⑥，欧阳修对五代的批评，也是对其正统性的否定。

关于"正统"与"君德"的关系，在《新唐书》中阐述得更为透彻。《新唐书》开篇《高祖本纪》中，欧阳修就明确论述了他对"正统"与帝王德行和国家制度之间的关系：

> 天命岂易知哉！然考其终始治乱，顾其功德有厚薄与其制度纪纲所以维持者何如，而其后世，或浸以隆昌，或遽以坏乱，或渐以陵迟，或能振而复起，或遂至于不可支持，虽各因其势，然有德则兴，无德则绝，岂非所谓天命者常不显其符，而俾有国者

---

① （宋）欧阳修：《新五代史》卷10《汉本纪》，中华书局1974年版，第107页。
② （宋）欧阳修：《欧阳修全集》卷16《正统论附论·梁论》，中华书局2001年版，第286页。
③ （宋）欧阳修：《新五代史》卷2《梁本纪》，中华书局1974年版，第21页。
④ （宋）欧阳修：《新五代史》卷6《唐本纪》，中华书局1974年版，第66页。
⑤ （宋）欧阳修：《新五代史》卷6《唐本纪》，中华书局1974年版，第66页。
⑥ （宋）欧阳修：《欧阳修全集》卷16《正统论》上，中华书局2001年版，第268页。

兢兢以自勉耶？①

在欧阳修之前，很多史学家也注意到了"君德"的重要性，但这些史家多认为帝王之德是可以"累加"的，正是因为先世"积功累仁，其来也远"，因此才得到上天的眷顾，得以长治久安，这也正是班固《汉书》所谓"帝王之世运"。但在欧阳修看来，"世运"并不是起决定性作用的关键，国家的兴盛赖于当政者的兢兢业业，"有德则兴，无德则绝"，"人治"的力量在欧阳修这里超过了天命，是实现"王者大一统"的要义。欧阳修将"功德"和"制度纪纲"同列，表明了这一时期士人对帝王"治国"与"养德"的双重要求：唯有那些有"德"之君是正统的继承者，才符合"君子大居正"，但"德"又要与治国纲领、制度相匹配，空有德行而无才干，也算不得所谓"明君"。

欧阳修关于"绝统"与"续统"的理论在其对君主道德属性的论述中亦表现突出，他将"德"视为"统"与"绝"的关键，"君德"能够保证君权的"相承而不绝"，同时也是"正天下"的基础。在《新唐书》本纪第九《懿宗、僖宗纪》中，欧阳修从"君子大居正"的角度，对唐代诸帝的道德行为作了一番阐述："文宗仁而少断，承父兄之弊，宦官挠权，制之不得其术，故其终困以此。武宗用一李德裕，遂成其功烈。然其奋然除去浮图之法甚锐，而躬受道家之箓，服药以求长年。以此见其非明智之不惑者，特好恶有不同尔。宣宗精于听断，而以察为明，无复仁恩之意；懿、僖当唐政之始衰，而以昏庸相继；乾符之际，岁大旱蝗，民悉盗起，其乱遂不可复支，盖亦天人之会欤？"② 对于唐朝的衰落和灭亡，史家多归咎于藩镇、宦官、女主等原因，但欧阳修认为最根本的原因还在于"朝廷天下之本也，人君者朝廷之本也，始即位者人君之本也。其本始不正，欲以正天下，

---

① （宋）欧阳修、宋祁：《新唐书》卷1《高祖纪》，中华书局1975年版，第20页。
② （宋）欧阳修、宋祁：《新唐书》卷9《懿宗、僖宗纪》，中华书局1975年版，第253页。

其可得乎?"① 唐朝虽然有太宗这样的"致治之君",但中唐之后的累世"失德",是所谓"本始不正",丧失了"君子居正"的本位,自然无法完成"王者一统"的功业。欧阳修在强调治国之"功"的同时,也大力提升了君主作为道德领袖的示范性作用,将个人的道德素养与国家的治乱兴衰直接联系,儒家所提倡的"为政以德,譬如北辰,居其所而众星共之"②思想,于此得到了集中的体现。

欧阳修被很多学者看作宋代正统之辨的起点③,对于宋代及宋之后政权的合法性建构都有重要影响,但其理论并非全无漏洞。尤其是如何平衡与协调"居正"与"一统"的关系,引起了后世很大争议。欧阳修在强调"居正"的同时更注重"一统":"自秦以来,兴者以力,故直较其迹之逆顺、功之成败而已……魏之取汉,无异汉之取秦而秦之取周也。夫得正统者,汉也;得汉者,魏也;得魏者,晋也。晋尝统天下矣。推其本末而言之,则魏进而正之,不疑。"④ 这是以"迹"为考证"一统"的标准,将实际的"功效"凌驾于"德"之上。在欧阳修之后,苏轼作《正统论》,提出"正者,所以正天下之不正也;统者,所以合天下之不一也",符合其中之一就可视为正统;司马光在《资治通鉴》中,则干脆"据其功业之实而言之",认为"王霸无异道",这种看法对南宋浙东史派有重要的影响;同时,义理学家对欧阳修对待"德"与"功"的模棱两可的态度则表示了明显的不赞同,范祖禹在《唐鉴》中叙述"玄武门之变",以"秦王世民杀皇太子建成、齐王元吉"概括,并进一步从破坏封建法统的角度出

---

① (宋)欧阳修、宋祁:《新唐书》卷9《懿宗、僖宗纪》,中华书局1975年版,第281页。

② 《论语注疏》卷2《为政》,(清)阮元校刻《十三经注疏》,中华书局2009年版,第5346页。

③ 刘浦江提出,"宋儒对五运说的反动始于欧阳修",他援引的是西顺藏《北宋その他の正统论》,《一桥论丛》(东京)第30卷5号,1953年11月。陈芳明:《宋代正统论的形成背景及其内容——从史学史的观点试探宋代史学之一》,《食货月刊》复刊1卷8期,1971年11月。陈学霖:《欧阳修〈正统论〉新释》(《宋史论集》,台北东大图书股份有限公司1993年版)等学者的文章,也持相同观点。刘浦江:《"五德终始"说之终结——兼论宋代以降传政统治文化的嬗变》,《中国社会科学》2006年第2期。

④ (宋)欧阳修:《欧阳修全集》卷16《魏论》,中华书局2001年版,第282页。

发批评唐太宗的僭越之举，认为他破坏了"君之贰，父之统"的宗法制度，其所为"悖天理灭人伦"，是对封建道统的极大的破坏。从对待"正统"的态度看，范祖禹比之欧阳修，对"正统"中所蕴含的"德""义""礼"等儒家价值因素要重视得多。

"正统"观念在北宋的发展与嬗变，既是对汉代以来"德统"说的改造与重构，又是基于社会现实的政治哲学理念。欧阳修从"居正"与"一统"两个方面对"正统"的全面阐述，削弱了"天命"在国家统治中的实际意义，为国家治理设立了更为具体的法则，而他在史著中对君主行为的议论与批判，对为政之道和为君之德都有了更深层次的要求。他的正统论观点，也成为宋代史学家治国理论的突出代表。

第六章　忧患意识推动之下的治国之论

深刻的忧患意识是宋人治国之论所体现出的基本精神,"安而不忘危,存而不忘亡,治而不忘乱,以忧患之心思忧患之故"①,这是宋代士大夫对执政者的诚挚建议,也是他们重视国家治理思想的出发点。宋人治国之论中强烈的居安思危意识,源于宋代激荡的社会局势和宋人执着的参政精神,同时也是儒家传统忧患意识的发展与深化。孟子的"生于忧患,死于安乐"还只是对世人的一种激励,而司马光"可可戒哉!可不慎哉"②的呼吁,已经是直接面对人主的深切恳求与劝谏。由于士大夫政治的发展、错综复杂的政治局面以及政治矛盾的深化,又促使士人的参政意识高涨。改革与变法是两宋政治活动中的重要内容,宋代改革之先声是韩琦、范仲淹发起的"庆历新政",继之以"王安石变法",其后宋哲宗、宋徽宗两朝围绕新旧法之争又多有基构鼎新之举,其影响与余韵一直延至南宋。政治的复杂变革也推动了学术思想的活跃发展,儒学方面,是从章句之学向义理之学的转化;史学方面,则是通史撰述的发展与"以史为鉴"意识的强化。

---

① (宋)李觏:《李觏集》卷3《易论》,中华书局2011年版,第51页。
② (宋)司马光:《稽古录》卷16《历年图序》,中国友谊出版公司1987年版,第653页。

第一节 "变法"图强与学派之争推动下的北宋史学

"变法"是北宋最重要也是最具特点的政治活动,变法的推动者和执行者是士大夫,但最后的决策者依然是皇帝本人,新政也好,变法也罢,都是从士大夫争取皇帝的支持开始,最终会导向君臣之间的矛盾与异道。在这一过程中,兼具史学家身份的士大夫将历史考察与现实政治相结合,赋予了史著更复杂的思想特征,而这些史著中的议论,因其"总结历史经验"与"指导国家现政"的双重属性,也具备了更明显的社会价值与历史价值。

一 "忧患""变法"与北宋中期史学的兴发

"忧患"一说出自《周易·系辞下》:"出入以度,外内使知惧,又明乎忧患与故……危者使平,易者使倾,惧以终始,其要无咎,此之谓《易》之道也。是故君子安而不忘危,存而不忘亡,治而不忘乱,是以身安而国家可保也。"所谓《易》之道,是要居安思危,时刻自省,"存而不忘亡,治而不忘乱",这是"君子"对国家的义务和使命。孔子之后,孟子在《告子下》中,进一步阐述了"生于忧患,死于安乐"的道理:"入则无法家拂士,出则无敌国外患者,国恒亡。"忧患意识与国家兴亡有了直接的联系。儒家所具有的"入世"的态度激发了士人强烈的忧患意识,忧患意识又驱动以儒家思想为准则的士大夫以前朝的治乱得失为鉴,以资于本朝的"治道"。"以史为鉴"和"忧患意识"相辅相成,成为史学发展和社会进步的双重动力。

从宋仁宗朝开始,改革变法就成为宋代政治最重要的议题,忧患意识则是"求变"的内在推动力。宋仁宗统治时期,承平日久,《建炎以来系年要录》中论及北宋前期经济发展,说:"国朝混一之初,

第六章 忧患意识推动之下的治国之论

天下岁入缗钱千六百余万。太宗皇帝以为极盛,两倍于唐室矣。天禧之末,所入又增至二千六百五十余万缗,嘉祐间又增至三千六百八十余万缗。"① 堪称宋代经济最富庶、国力最稳定之时代。但庆历三年(1043)范仲淹上《答手诏条陈十事》,却认为其时"纲纪浸隳,制度日削,恩赏不节,赋敛无度,人情惨怨,天祸暴起",长此姑息,则"弊而不救,祸乱必生"②。这也并非范仲淹一人的危言耸听,韩琦于景祐三年(1036)充任谏官,"凡事有不便,未尝不言,每以明得失、正纪纲、亲忠直、远邪佞为急,前后七十余疏"③,王安石作为变法纲领的《上仁宗皇帝言事书》进呈于嘉祐三年(1058),其时北宋"自古国家之富,未有及此也"④,但在王安石眼中,此时的宋朝"顾内则不能无以社稷为忧,外则不能无惧于夷狄,天下之财力日以困穷,而风俗日以衰坏,四方有志之士,諰諰然常恐天下之久不安"⑤。士大夫的谏言也推动了皇帝的决心,无论是宋仁宗"欲更天下弊事"⑥ 而发起的庆历新政,还是宋神宗与王安石"同济此道"⑦ 以推行的熙宁新政,都不能摆脱源于忧患意识的共鸣。

熙宁二年(1069)开始的王安石变法是两宋政治史的标志性事件,其所折射出的宋代政治格局、国家形势、士风士貌乃至文化形态都是中国史领域的重要议题。从君主政治的角度看,熙丰年间君臣之间的牵绊与互动都颇有典型意义。难得的是,士大夫们并没有一味媚上,富弼言"人君好恶,不可令人窥测,可窥测则奸人得以傅会其意。陛下当如天之鉴人,随其善恶若自取"⑧,无论君臣,在这场政治

---

① (宋)李心传:《建炎以来系年要录》卷193,中华书局1988年版,第3239页。
② (宋)范仲淹:《答手诏条陈十事》,《续资治通鉴长编》卷143,中华书局1985年版,第3435页。
③ (元)脱脱等撰:《宋史》卷312《韩琦传》,中华书局1985年版,第10222页。
④ (元)马端临:《文献通考》卷24《国用考二》,中华书局2011年版,第703页。
⑤ (宋)王安石:《上仁宗皇帝言事书》,《王安石年谱三种》附录,中华书局1994年版,第297页。
⑥ (宋)李焘:《续资治通鉴长编》卷140,中华书局2004年版,第3359页。
⑦ (元)脱脱等撰:《宋史》卷327《王安石传》,中华书局1985年版,第10543页。
⑧ (清)黄以周:《续资治通鉴长编拾补》卷3,中华书局2004年版,第92页。

改革运动中都能保有其独立的人格。北宋之后至民国之前,对王安石的评价一直是贬多于褒①,但他与宋神宗之间互相依托、彼此信任的君臣关系却长期为士人所钦羡。神宗以王安石为侍讲,认为其理念"皆朕所未尝闻,他人所学固不及此"②,希望与王安石"庶几同济此道,试为朕详言施设之方"③,甚至一反旧制,准王安石经筵之上"当讲日可坐"④。少年天子对王安石的态度既有知遇之恩亦有孺慕之情,两宋士大夫唯此一人⑤。君臣关系可以密切至此。宋神宗与王安石的关系以及在变法活动中的互动强化了士大夫"得君行道"的政治理念,也使其对君主的劝诫与教化具有了现实意义。神宗之前,侍讲内容多以经学和前代的"宝训"为主,但神宗、哲宗两朝,对政治观点和理念的讲读都成为经筵之上的重要议题,而史学家也得以贯彻自己的特长,将政治见解容纳于历史著述之中。《资治通鉴》甫成,司马光就上呈高后与尚年幼的宋哲宗,"令缮写上进,候读祖宗宝训了日,乞取此书进读"⑥;范祖禹任讲读官时著《唐鉴》,"元祐初上此书,考其治乱兴废之由"⑦,无论书名内容还是著述主旨,都有效仿司马光教导幼帝以"行道"的目的。

政治上的"居安思危"意识推动了变法的进程,也促进了北宋中期史学的大发展。宋代士大夫不仅身体力行地通过新政、变法等举措谋求国家发展的新路,还以史著、"故事"等形式,选取历史上关乎皇朝盛衰成败的例子,以求自己的政治理想得到实现。这一时期不仅

---

① 关于对王安石本人及其变法的评价,当代学者多以民国为分水岭,如李华瑞就指出:"自南宋以降至元明清对王安石及其变法的评议一直以否定性意见为主流,梁启超的《王荆公》改变了这种局面,为王安石及其变法彻底翻案。"见李华瑞《九百年来王安石变法评议的演变与发展》,《历史教学》2007年第4期。
② (清)黄以周:《续资治通鉴长编拾补》卷3,中华书局2004年版,第95页。
③ 佚名撰,汪圣铎点校:《宋史全文》卷11,中华书局2016年版,第92页。
④ 佚名撰,汪圣铎点校:《宋史全文》卷11,中华书局2016年版,第92页。
⑤ 曾公亮曾感慨称"上与安石如一人,乃天也"(佚名撰,汪圣铎点校:《宋史全文》卷11,中华书局2016年版,第667页),可见其际遇之难得。
⑥ (宋)李焘:《续资治通鉴长编》卷371,中华书局2004年版,第8994页。
⑦ (宋)王应麟:《困学纪闻》卷6,中华书局2016年版,第851页。

诞生了两宋历史上最杰出的史著——《资治通鉴》，还有贾昌朝的《通纪》、张唐英的《唐史发潜》和《蜀梼杌》、刘攽的《五代春秋》、刘恕的《资治通鉴外纪》与《十国纪年》、范祖禹的《唐鉴》、苏辙的《古史》等关于前代史的一系列撰述，宋人的历史意识空前高涨，大量的历史笔记亦撰写于这一时期，成为宋史撰述与研究的重要材料。这一时期的史学家多是政治上颇有作为的士大夫，历史著述的政治意义尤为其所重，"鉴于往事资于治道"不仅是《资治通鉴》的主旨，亦是其时很多史学家的共识。著史者希望借史而言事，故尤其注重史论的价值，所谓"论所及者，广可以开明于臣下；鉴所陈者，正可以耸动于人主"①，宋代的史官围绕政治改革与政治危机提出的治国之论，都体现了浓厚的忧患意识与政治诉求。

二　党争与学术之争

对"王安石变法"及其引发的争议之研究，一直是史学领域的重要议题，但早期成果多存在于政治史和经济史领域，或为对其实际功用的研究与评价，或为研究北宋制度与人事的切入点。然变法之初，王安石实为"好学而泥古"②的道德君子，他的变法从财政入手，但终极目的是"一道德以变风俗"③。王安石变法以"复古"为目的，以《周礼》为模板，他编纂《三经新意》，意欲"合乎先王之政"④，"复古"并非变法的托词，实为真诚的政治构想。时人记载："宋兴，文物盛矣，然不知道德性命之理。安石奋乎百世之下，追尧舜三代，通乎昼夜阴阳所不能测而入于神。初著《杂说》数万言，世谓其言与孟轲相上下。于是天下之士，始原道德之意，窥性命之端。"⑤ 王安石

---

①（宋）韩淲：《涧泉日记》卷中，《全宋笔记》第六编第九册，大象出版社2013年版，第114页。
② 唐介语。见（元）脱脱等撰《宋史》卷318《唐介传》，中华书局1985年版，第10329页。
③（宋）李焘：《续资治通鉴长编》卷252，中华书局2004年版，第5232页。
④（宋）王安石：《上仁宗皇帝言事书》，《王安石年谱三种》附录，中华书局1994年版，第297页。
⑤（元）马端临：《文献通考》卷214，中华书局2011年版，第6003页。

是北宋讲究"治心"的第一人,他曾撰《性情论》,提出:"君子养性之善,故情亦善;小人养性之恶,故情亦恶……养其大体为大人,养其小体为小人",强调修养心性的最佳方法在于"养其大体",而作为君主来讲,所谓的"大体"自然就是治国安邦之事了,自此治世才与治心有了联系。

无独有偶,作为新学对立面存在的程氏理学的兴起也是从讲究"治心"开始,二程中的程颢尤其注重"心"的重要意义,他认为"圣人,仁之至也,独能体是心而已。世之忍心无恩者,其自弃亦若是而已"[1],将仁心类比于个体对自身的关爱,仁之至即是对天下万事万物的爱护。程颢认为"天人本无二",万事万物与我皆成一体,因此他强调"只心便是天,尽之便知性,知性便知天"[2]。程氏理学认为"心性"与"天理"具有同一性,追求道德本身就是一个修炼心性的过程。大程亦曾以"治心"之论劝谏宋神宗:"先圣后圣,若合符节,非传圣人之道,传圣人之心也;非传圣人之心也,传己之心也。己之心,无异圣人之心,广阔无垠,万善皆备,欲传圣人之道,扩充此心焉耳"[3],直指修炼心性对治国安邦的重要意义。王安石所创之新学与二程兄弟的理学在学术观点和政治观点上,成针锋相对之态,但是对道德心性的修养却是殊途同归。

王安石所倡之新学在熙丰年间成为显学,又在元祐之后因为变法之废而饱受非议,"这种政治学术化,学术政治化,是宋朝士大夫阶层由组合走向分化以致分裂的主要原因,而且在相当大程度上构成宋代政治史的一大特色"[4],学术政治化的倾向不仅存在于新、理之学,也广泛存在于受义理影响的宋代史学。王安石"天变不足惧,人言不

---

[1] (宋)程颢、程颐:《河南程氏遗书》卷4,《二程集》,中华书局2004年版,第74页。

[2] (宋)程颢、程颐:《河南程氏遗书》卷2,《二程集》,中华书局2004年版,第15页。

[3] (清)黄宗羲、全祖望:《宋元学案》卷13《明道学案》,中华书局1986年版,第560页。

[4] 李华瑞:《王安石变法的再思考》,《河北学刊》2008年第5期。

足恤，祖宗之法不足守"①，对于"以史为鉴"并无太大兴趣，变法派人士中的史学家也不多见②。然而保守派的中坚力量如司马光、文彦博、范镇、范祖禹等人都长于史学，除以"进故事"谏言外，还多有史著。他们的著述考证翔实，议论精到，但囿于学派和政治之争，著史与论史也难免有偏颇之处，其中有些源自政治立场分歧导致的视野偏差，但也不乏意气之争。这是史家的狭隘，也是时代的局限。

第二节　司马光《资治通鉴》：全景式的帝王学百科全书

早在宋英宗之时，司马光就曾"采猎经史，上自周威烈王二十三年，下尽周世宗显德六年，略举每年大事编收为图，共成五卷"，称《历年图》，所录史事"提其纲目，撮其精英，然后可以见治乱存亡之大略"③，这是《资治通鉴》的编纂源头④。《资治通鉴》这部司马光主撰的编年体通史巨著以历朝正史、编年史为主要材料，杂以野史、笔记、文集等，内容以政治、军事与民族关系为主，兼及经济、文化和历史人物评价。这部著作是司马光通过治史以资政的重要作品，是他的政治理想和历史观点的集中表现。刘攽、刘恕、范祖禹、司马康等人作为司马光的助手，协助完成了对史料的汇编、辑录、作

---

① 王安石所持"三不足"之说流传颇广，《宋元学案》甚至以之批评王安石"非独为赵氏祸，为万世祸"［(清) 黄宗羲、全祖望：《宋元学案》卷98《荆公新学略》］，但《宋史》只说"甚者谓'天变不足畏，祖宗不足法，人言不足恤'"（《宋史》卷327《王安石传》），并未明言是出自王安石本人。《皇宋通鉴长编纪事本末》卷59详细记录了此典故的来历，应是谏官陈荐向神宗转述，王安石"不闻"此语，但王安石听说后并不反驳，反而认可，"至于祖宗之法不足守，则固当如此"，则"三不足"亦可视为王安石的自陈。
② 著有《唐史发潜》和《蜀梼杌》的史家张唐英是向宋神宗举荐王安石的重要人物，但并未直接参与王安石变法。
③ (宋) 司马光：《司马温公集编年笺注》卷51《乞令校定〈资治通鉴〉所写〈稽古录〉札子》，巴蜀书社2009年版，第270页。
④ (宋) 司马光：《历年图序》中有"自宋兴二十年，然后大禹之迹复混而为一，以至于今八十有五年矣"之语，按北宋960年建国，则《历年图》大概作于1065年。

长编等工作，但材料的取舍、考异和编订以及史论的撰写都是他一人之力。《资治通鉴》完成之后不久，司马光又将周威烈王二十三年之前的君臣事迹编为十卷，"惟稽古尧舜之旧章，惟信史春秋之成法，高山可仰，覆辙在前，其兴亡在知人，其成败在立政"①，与前修《历年图》和神宗朝所撰《百官公卿表》四卷，结集成册，取名为《稽古录》。《稽古录》前十卷有纪事而无议论，第十一至第十五卷"由三晋开国迄于显德之末造"，时间跨度与《资治通鉴》吻合，有三十五条史论；第十七至二十卷是《百官公卿表》②，书写体例"依司马迁法，自建隆元年至治平四年，各记大事于上方"③，是宋代本朝编年，有事无论。《稽古录》二十卷"据旧以鉴新，去彼而取此"，可视为《资治通鉴》的补充与延续。全书的第十六卷是司马光为《历年图》所作的序言，在序言中司马光再次强调其撰述主旨是："为天下富庶治安之主，以承祖宗光大完美之业，呜呼，可不戒哉！可不慎哉！"④此中所蕴含的忧患意识振聋发聩，《资治通鉴》及《稽古录》中的史论也成为宋代国家治理理论最有代表性的篇章。

《资治通鉴》及《稽古录》的编纂目的最重要一条就是要"前王轨辙皆可概见庶防，足以资稽古之万一，辅圣性之聪明"⑤，相较于其他史书，对古代君主制度的了解和借鉴是《资治通鉴》最主要的特征。《册府元龟》等类书中已经有了对皇帝行为和政治特征的分类记录，但缺乏有效的总结与理论提升，并不能达到"资政"的效果。而《资治通鉴》及《稽古录》构建了有现实依据的、可操作的施政理

---

① （宋）司马光：《司马温公集编年笺注》附录卷2《进〈稽古录〉表》，巴蜀书社2009年版，第95页。
② （宋）司马光：《进稽古录表》："六合为宋接乎熙宁之始，元臣又著之于《百官表》"（巴蜀书社2009年版，第95页）。
③ （宋）司马光：《司马温公集编年笺注》卷51《乞令校定〈资治通鉴〉所写〈稽古录〉札子》，巴蜀书社2009年版，第270页。
④ （宋）司马光：《稽古录》卷16《历年图序》，中国友谊出版公司1987年版，第653页。
⑤ （宋）司马光：《司马温公集编年笺注》卷51《乞令校定〈资治通鉴〉所写〈稽古录〉札子》，巴蜀书社2009年版，第271页。

论，堪称中国古代的帝王学百科全书。

一 "禁暴除害""赏善罚恶"的君主起源论

相较于前代，《资治通鉴》的重要理论突破是第一次对君主制度的起源作出了论述。依《史记·夏本纪》记载："帝舜荐禹于天，为嗣。十七年而帝舜崩……禹于是遂即天子位，南面朝天下，国号曰夏后，姓姒氏。"① 禹的儿子启破坏了禅让制度，即天子之位，在讨伐有扈氏之后，"天下咸朝"②，这段记录反映了君主制度产生之初的形态。而战国韩非以"上古之世""中古之世""近古之世""当今之世"分段论述先秦君主制度的发展史，更为清晰地展示了君权属性建立的过程。但他们都没有涉及君主制度产生的根本原因。战国之后，随着"君权神授"思想的传播，皇帝似乎成为"天命"之下的一种天然属性，即使认可"天道"与"人事"的辩证关系，强调的也是"君德"在维系君主权威方面的作用，对于"为什么"要有皇帝，某人"为什么"会成为皇帝，都少有质疑。司马光是第一个关注到君主制度的必然性及其出现过程的史学家："天生烝民，其势不能自治，必相与戴君以治之。苟能禁暴除害以保全其生，赏善罚恶使不至于乱，斯可谓之君矣。"③ 这段文字完全排除了天子受命于天的古训，视君主制度为社会发展进程中的必然现象，将"禁暴除害""赏善罚恶"视为君主产生的基本条件，并以"君""王""霸"为概念阐述了在不同历史阶段的三种类型：君主的最初形态是"有民人、社稷者"的"诸侯"④，进而发展到"合万国而君之，立法度，班号令"的"王"，一旦"王德既衰"又会出现"强大之国能帅诸侯"⑤的霸主，"王""霸"之区别，在于执政者为适应不同历史环境所采取的

---

① （汉）司马迁撰：《史记》卷2《夏本纪》，中华书局1959年版，第82页。
② （汉）司马迁撰：《史记》卷2《夏本纪》，中华书局1959年版，第82页。
③ （宋）司马光编著：《资治通鉴》卷69，中华书局1956年版，第2186页。
④ （宋）司马光所谓"诸侯"的范畴是"三代以前"，则对应的是《史记》所描述的禹之前的氏族时代，见《资治通鉴》卷69。
⑤ （宋）司马光编著：《资治通鉴》卷69，中华书局1956年版，第2186页。

不同手段,但无论治国手段如何,他们都是国家得以稳定发展的凝聚力。

无论是战国诸儒还是宋代的义理学家,对于"王""霸"之别都表现出了壁垒分明的爱憎态度,强调的都是执政者作为道德典范的一面,却忽视了专制、多疑、残忍、狡诈等人性上的负面因素对于"明君"在操作上的必然性。但司马光作为北宋的宰辅重臣,对于政治的认识是理性和复杂的,"国家之兴衰,生民之休戚"是《资治通鉴》的撰述目的,也是司马光的政治理想,而在他看来,完成这一政治理想的最基本条件就是必须存在强大的君主专制制度。他劝诫宋神宗要"为天下富庶治安之主,以承祖宗光大完美之业",并不是维护某一个皇帝,而是维系"祖宗之业"也就是君主权力的稳定和统一。司马光深以前代治乱为戒,视君权为国家凝聚力的核心,是各种政治活动的基本出发点。他曾著有《易说》六卷,其中心议题是"天地能生成之,而不能治也,君者所以治人而成天地之功也"[①],也是从治乱关系的角度阐述君主产生的必要性与必然性,是对《资治通鉴》所论之"黜陟刑赏之柄移而国家不危乱者,未之有也"[②]的专制理念的维护。

二 "王霸无异道"的正统观

司马光对于君主制度起源的探索是与对政权存在属性的认识相一致的,都是对"正统论"的质疑与深化。也是在《资治通鉴》卷六十九,在论述君主制度的起源之后,司马光又作了关于"正统"的一段议论:

> 臣愚诚不足以识前代之正闰,窃以为苟不能使九州合为一统,皆有天子之名,而无其实者也。虽华夷仁暴,大小强弱,或时不同,要皆与古之列国无异,岂得独尊奖一国谓之正统,而其

[①] (宋)司马光:《温公易说》卷2,上海古籍出版社1989年版,第20页。
[②] (宋)司马光编著:《资治通鉴》卷263,中华书局1956年版,第8596页。

余皆为僭伪哉！若以自上相授受者为正邪，则陈氏何所授？拓跋氏何所受？若以居中夏者为正邪，则刘、石、慕容、苻、姚、赫连所得之土，皆五帝、三王之旧都也。若有以道德者为正邪，则蕞尔之国，必有令主，三代之季，岂无僻王！是以正闰之论，自古及今，未有能通其义，确然使人不可移夺者也。臣今所述，止欲叙国家之兴衰，著生民之休戚，使观者自择其善恶得失，以为劝戒，非若《春秋》立褒贬之法，拨乱世反诸正也。正闰之际，非所敢知，但据其功业之实而言之。①

自欧阳修提出以"居正"与"一统"分立的正统之说以来，宋人关于"正统"的说法可谓多矣。一方面是理学家如二程等一力维护以"居正"为判断政权正统性的决定性因素，一方面是章望之、苏轼等以"王霸"或"功德"来代替"正统"作为评价君主的标准②，这两派思想虽然互相争执，但彼此都承认"正统"政权的存在，认可在乱世当中的各割据政权存在"正统"与"非正统"的区别。司马光认为"苟不能使九州合为一统，皆有天子之名，而无其实者也"，乱世之下政权分立，根本无正统或非正统之分，皆属于历史上的衰落阶段，所有的判断正统的因素如上下相授、华夷之辨、有德者居之，等等，都是后人强加于历史的解释。无论是先秦产生的"五德论"，还是欧阳修改造过的"正统论"，其产生都是为了维护政权的稳定，是基于政权的特质而"创造"的理论，它服务于政治，但不能左右政治。然而在司马光看来，这些解释脱离了历史发展的规律，"自古及今，未有能通其义，确然使人不可移夺者也"。历史的真实在于，皇帝制度的本质就是通过建立权威而凝聚"庶民"的力量，"王"或"霸"都是手段，个体的道德水准并不能决定国家的强弱，政权是否

---

① （宋）司马光编著：《资治通鉴》卷69，中华书局1956年版，第2187页。
② 苏轼曾作《正统论》三篇，援引章望之《明统论》"以功德而得天下者，其得者，正统也"的观点并表示赞同，并进一步阐述"一身之正，是天下之私正也。天下有君，是天下之公正也"的观点，视正统为对国家的统治和对权力的掌控。

合乎"正统"都来自"功业之实"。一旦统治者建立了稳定的权力并保证其权威可以有秩序地传承，则分散的力量可以凝聚，国家的实力得以保障，这样的王朝自然可以被称为"正统"了。

在《资治通鉴》的第二十七卷，论及西汉宣帝"霸王道杂"的说法，司马光明确提出了"王霸无异道"之说，这是他"正统"之论的核心观念。只要具备君主的属性，就要承担"禁暴除害，赏善罚恶"①、"任贤使能，赏善罚恶，禁暴诛乱"②的责任。"王"和"霸"的差异在于"名位有尊卑，德泽有深浅，功业有巨细，政令有广狭"③，这些差异产生的原因极为复杂，"非若白黑、甘苦之相反"④，"王""霸"交替出现只是君主制度在不同历史环境中的不同形态而已。无论是"王"还是"霸"，只要其所作所为可以定国安邦，就已经符合"三代之隆""先王之道"⑤了。司马光对于"王霸无异道"的阐释源于他对于历史盛衰的认知，也有出自现实政治环境下对君权旁落的担忧。宋神宗为变法设置"制置三司条例司"，司马光认为是"使执政侵其事"⑥，对于宋神宗重用王安石、韩绛、吕惠卿等人，司马光批评说"（神宗）独与此三人共为天下"。他了解宋代权力运作机制中的各种制衡关系，故尤其警醒提防，唯恐君权受制于政治上的对立派别，他对集权的反复强调，也是在提醒执政者"无偏无党，王道荡荡"。司马光对正统的论述是基于他对历史现象的准确分析，他对专制的极力拥护又是出于政治家的理性选择，这两者既有关联亦有矛盾。王安石变法以"一道德以变风俗"为立足点和根本目的，司马光则着力强调相较于"功业"而言，一味强调"道德"在治国理政方面的局限性。但司马光依然是一位儒者，他是宋人所看重的儒学领袖⑦，其

---

① （宋）司马光编著：《资治通鉴》卷69，中华书局1956年版，第2185页。
② （宋）司马光编著：《资治通鉴》卷27，中华书局1956年版，第881页。
③ （宋）司马光编著：《资治通鉴》卷27，中华书局1956年版，第881页。
④ （宋）司马光编著：《资治通鉴》卷27，中华书局1956年版，第881页。
⑤ （宋）司马光编著：《资治通鉴》卷27，中华书局1956年版，第881页。
⑥ （宋）司马光：《司马温公集编年笺注》附录卷9，巴蜀书社2009年版，第314页。
⑦ 朱熹曾作《六先生赞》，将司马光与周敦颐、邵雍、程颢、程颐、张载等人列为北宋道学之首。见《古今事文类聚》卷41。

思想内核并没有脱离"以德行政者王"的儒家传统王道论,《资治通鉴》和《稽古论》的史论中不乏对于君主德行与教化的论说,然而他在"王道"与"霸道"之间的取舍也造就了《资治通鉴》对于国家治理模式的态度的矛盾与断裂,这在下文关于司马光对"君德""君道"的论述中将做详细讨论。

三 "一道、三德"的执政评判标准

《稽古录》第十六卷是司马光为早年所撰的《历年图》所写的一篇序言,《历年图》可视为《资治通鉴》的纲要,这篇序以论述"君道"为核心,亦可看作司马光论国政之大纲。司马光将为君之道总结为"道有一,德有三,才有五","一道"指执政的基本能力,司马光认为"用人是也";"三德"是君主应具备的三种素质,"曰仁,曰明,曰武","五才"是司马光对于历代帝王所划分的五种类型,"曰创业,曰守成,曰陵夷,曰中兴,曰乱亡"。司马光是以"功"为国家治理之根本的,但在他看来功德之间实有密不可分的联系:"道有失德,故政有治乱,德有高下,故功有弥大,才有美恶,故世有兴衰。"[1] 司马光以国家安危存亡置于皇帝一人之身,是过高估量了统治者对国家发展的意义,忽略了历史进程中的其他要素。但是他对于"君德"的议论和评判遵循了历史规律与政治规律,相比理学家对纯粹道德的教条要求,又更为遵循历史盛衰的规律,更符合专制制度下国家发展的需要。他将"选贤任才"列于"君道"之首,视为执政者最为关键的素质,这也是宋代士大夫"同治天下"要求的具体体现。

具体而言,"用人"是"君道",善于用人是执政者最基本的能力。司马光推崇汉光武帝刘秀,重要原因之一就在于刘秀选用人才的能力。群雄逐鹿之时,刘秀能够任用"摧坚陷敌之人,权略诡辩之士",对消灭各路割据势力、建立统一政权有重要作用,而一朝统一

---

[1] (宋)司马光:《稽古录》卷16《历年图序》,中国友谊出版公司1987年版,第652页。

天下，则重用"忠厚之臣""循良之吏"，"宜其光复旧物，享祚久长"，动乱之时可以"不拘一格降人才"，政权稳定之后则要任用保守的"循吏"。司马光对于君主选用人才的标准是有现实的考量的，王安石《上仁宗皇帝言事书》中有"人之才德，高下厚薄不同，其所任有宜有不宜"之语，司马光就针锋相对地提出"才德全尽谓之圣人，才德兼亡谓之愚人，德胜才谓之君子，才胜德谓之小人。凡取人之术，苟不得圣人、君子而与之，与其得小人，不若得愚人"，王安石以"法"为本，但司马光等保守派士人则更看重执行过程中"人"的重要性，他曾上《论财力疏》于宋仁宗，指明"宽恤民力，在于择人，不在立法。若守令得人，则民力虽欲毋宽，其可得乎？守令非其人，而徒立苛法，适所以扰民尔"①，执行"法"的人，比"法"本身要重要得多，缺乏监管的"法"本身就是危险的，司马光的这一结论，当为其时反变法人士的普遍认知②。他对"择人"的强调，既是历史经验的总结，也是其政治思想的结晶。

　　但是，如果说司马光在《资治通鉴》中的治国理论是专为反对王安石而来，又看轻了这部历史巨著的历史经验与史学价值。他对于"一道三德"的看重出自宋人一贯的忧患意识，亦具有浓重的"以民为本"的观念。"道"是执政能力，"德"是政治素质。司马光认为的为君之德是仁、明、武，"仁者，非妪煦姑息之谓也，兴教化，修政治，养百姓，利万物，然后可以为仁。明者，非巧谲苛察之谓也，知道义，识安危，别贤愚，辨是非，然后可以为明。武者，非强亢暴戾之谓也，惟道所在，断之不疑，奸不能惑，佞不能移，然后可以为武"③。不同于理学家的一元化的"圣贤"之德，司

---

　　① （宋）李焘：《续资治通鉴长编》卷196，中华书局2004年版，第4752页。
　　② 见（宋）李焘《续资治通鉴长编》卷211，中华书局2004年版，第5370页。记录了文彦博与王安石的一段争论："安石曰：'法制具在，则财用宜足，中国宜强，今皆不然，未可谓之法制具在也。'彦博曰：'务要人推行尔。'"
　　③ （宋）司马光：《稽古录》卷16《历年图序》，中国友谊出版公司1987年版，第650页。

马光赋予了传统道德准则以政治含义，使之成为执政的合理规范。他在《资治通鉴》中对历朝君主的评价多以此为标准。他评汉光武帝刘秀，认为其人在"征伐四方，日不暇给"之时，都能"敦尚经术，宾延儒雅，开广学校，修明礼乐。武功既成，文德亦洽。继以孝明、孝章，遹追先志，临雍拜老，横经问道"①，其功德堪比上古三代的明君；针对唐代中后期牛李党争一事，他惋惜时无明主，不能"度德而叙位，量能而授官；有功者赏，有罪者刑；奸不能惑，佞不能移"，以至于"邪正并进，毁誉交至"，而"朝中之党且不能去，况河北贼乎"②，朋党之争与藩镇之乱，终成为唐代灭亡的根源；萧何建未央宫华丽雄伟，并以"天子以四海为家，非壮丽无以重威"③为由，博得了刘邦的赞赏，但司马光斥责萧何之说，认为"王者以仁义为丽，道德为威，未闻其以宫室填服天下也"，在天下初定、满目疮痍的情况下，皇帝不能"当克己节用以趋民之急"，反而"顾以宫室为先"，为上位者奢侈靡费，必将带来负面的示范作用，"其末流犹入于淫靡，况示之以侈乎！"④萧何的"立威"之言，体现的是秦朝以来法家思想的余韵，而司马光"以仁德为丽"的观念，则显示了宋代以儒学为本的士大夫的"崇德"精神。

四　自成格局的国家治理理论体系

《资治通鉴》中的历史见识服务于司马光的政治主张，但往往又超越于他的政治主张，也超越于同时代的其他史学家。司马光兼有"儒家"的政治理想、"史者"的求实精神和宰执的实用主义理念，他在《资治通鉴》中讲"史者儒之一端，文者儒之余事；至于老、庄虚无，固非所以为教也。夫学者所以求道；天下无二道，安有四学

---

① （宋）司马光编著：《资治通鉴》卷68，中华书局1956年版，第2173页。
② 以上俱引自《资治通鉴》卷245，中华书局1956年版，第7900页。
③ （汉）司马迁撰：《史记》卷8《高祖本纪》，中华书局1959年版，第386页。
④ （宋）司马光编著：《资治通鉴》卷11，中华书局1956年版，第380页。

哉"①。他是执着于"道"之人，但他的"道"并非欧阳修等坚持的"正统"之道，也不是二程、朱熹等理学家秉承的"天理"之道，他所论是"君道"，也是历史发展演进之"道"。司马光用自己对历史的洞察，将执政者的道德秉性、执政能力与其对历史发展的推动性结合，构筑了可以自圆其说的理论体系，构建了《资治通鉴》独特的"帝王教科书"性质。《资治通鉴》编纂之初，程颐希望司马光能"与太宗正篡名"②，谴责其大逆不道的弑兄夺权之举。但《资治通鉴》在详细记述了李世民屯兵洛阳、积蓄力量等史实之后，依然没有明言太宗之过，而是为其辩护说："所以有天下，皆太宗之功；隐太子以庸劣居其右，地嫌势逼，必不相容。向使高祖有文王之明，隐太子有泰伯之贤，太宗有子臧之节，则乱何自而生矣！既不能然，太宗始欲俟其先发，然后应之，如此，则事非获已，犹为愈也。"③司马光认同"夺嫡"有违礼义，但他从太宗建功立业的角度出发为李世民杀兄夺嫡作辩护，所看重的不仅是唐太宗的执政能力，还有他对于历史进程的作用。唐太宗道德有瑕疵，治理国家也不是全无指摘④，但唐朝之建立"何成功之速哉，盖以太宗为之子也"，唐太宗是能够推动社会发展与历史进步的"高出前古"⑤之人物，《资治通鉴》对他的记载和议论，既有出于"宰相度量"的对明君的向往，也有基于史学家的对历史发展的把握。

司马光编纂《资治通鉴》与《稽古录》的最大意愿是以之为君

---

① （宋）司马光编著：《资治通鉴》卷123，中华书局1956年版，第3896页。
② （宋）程颢、程颐：《河南程氏遗书》卷2，《二程集》，中华书局2004年版，第19页。
③ （宋）司马光编著：《资治通鉴》卷191，中华书局1956年版，第6012—6013页。
④ 《资治通鉴》中也批评唐太宗悔婚薛延陀之事，认为"既许之矣，乃复恃强弃信而绝之，虽灭薛延陀，犹可羞也"。（宋）司马光编著：《资治通鉴》卷197，中华书局1956年版，第6201页。
⑤ （宋）司马光：《稽古录》卷15，中国友谊出版公司1987年版，第589页。

主教化之书。《资治通鉴》"鉴于往事,有资于治道"① 的目的不必多说,元祐元年(1086)宋哲宗即位,司马光即刻呈进《稽古录》,希望皇帝"取臣此书进读,仍令侍读官随文解释,则前王轨辙皆可概见,足以资稽古之万一,辅圣性之聪明"②,以之教导小皇帝的意愿也是不言自明。司马光是北宋反变法派的领袖,他所撰《历年图序》中论及守成之主与陵夷之主说:"守成者,必兢兢业业以奉祖考之法度,弊则补之,倾则扶之,不使耆老有叹息之音,以为不如昔日之乐,然后可以谓之能守成矣。陵夷者,人之忠邪混而不分,事之得失置而不察,苟取目前之佚,不思永远之患,日复一日,使祖考之业如丘陵之势,稍颓靡而就下曾不自知,故谓之陵夷也",因循保守的执政态度非常鲜明。终神宗朝,司马光的保守主义政治主张都没有得到采纳,宋神宗新逝,反对新法的宣仁太后监政,这是他争取皇权支持、实现其政治主张的最佳时机。司马光在神宗去世后即刻抱病上书,"论免役五害,乞直降敕罢之,率用熙宁以前法"③,并迅速呈进《资治通鉴》与《稽古录》,很难说没有政治投机的目的,但他的史著与史论远超其政治上的局限,表现出了恒久的生命力。宋哲宗读《资治通鉴》手不释卷④,时人评价此书"左准绳,右规矩,声为律,身为度"⑤,连远在朝鲜半岛的高丽政权都遣使求书⑥,成书于1145年的《三国史记》就有援引自《资治通鉴》的材料,影响力可见一斑。

---

① (元)胡三省:《新注〈资治通鉴〉序》,(宋)司马光编著《资治通鉴》,中华书局1956年版,第28页。
② (宋)司马光:《司马温公集编年笺注》卷51《乞令校定〈资治通鉴〉所写〈稽古录〉札子》,巴蜀书社2009年版,第271页。
③ (宋)苏轼:《司马温公行状》,(宋)司马光《司马温公集编年笺注》附录卷13,巴蜀书社2009年版,第490页。
④ (宋)邵博著《邵氏闻见后录》卷21载:"司马文正《资治通鉴》成,进御。丞相王珪、蔡确见上,问:'何如?'上曰:'当备降出,不可久留。'又咨叹曰:'贤于荀悦《汉纪》远矣。'罢朝,中使以其书至政事,每叶缝合以睿思宝章。睿思殿,上禁中观书之地也。舍人王震等在中书,从丞相来观,丞相笑曰:'君毋近禁脔。'以言上所爱重者。"中华书局1983年版,第195—196页。
⑤ (明)何良俊:《四友斋丛说》卷30,中华书局1959年版,第278页。
⑥ (宋)李焘:《续资治通鉴长编》卷506,中华书局2004年版,第12049页。

第三节 从《唐史论断》到《唐鉴》：理学发展之下的治国之论的演化

北宋中期的变法活动直接影响了宋学的发展，士大夫将政治改革与道德重建相联系，传统的儒学被以道德性命为主张的义理之学所取代，而史学因其与政治的密切关系，也被纳入理学家的视角之中，义理史学由此而兴。义理史学的大兴是在南宋，但北宋范祖禹所著《唐鉴》已经表现出了明显的义理史学倾向。《唐鉴》是宋人私撰唐史著作中最为知名的一部①，范祖禹负责《资治通鉴》中唐代史事的长编，这为他撰述《唐鉴》提供了素材与参照。比之《资治通鉴》，《唐鉴》加大了史论的比例②，且增加了长论。范祖禹之前的唐史著作已然不少③，对唐代的内政外交记录可谓面面俱到，但范祖禹之《唐鉴》的纪事与议论都有非常明显的义理痕迹，与前代唐史著作有很明显的区别。《唐鉴》之外，成书于嘉祐年间的孙甫《唐史论断》也以议论见长，孙甫因《旧唐书》烦冗失本，遂费时十六年写成《唐史记》一书，《唐史记》正文已失传，独存论断，"其间善恶分明可为龟鉴者，各系以论，凡九十二篇"④。《唐史记》与《唐鉴》同为北宋年间品评唐史的典范之作，孙甫和范祖禹也俱是在政权中枢为官多年的士大夫，两人对政治与历史的看法颇有相近之处，在史实和史论方面也有很多相关之处，但因其所处的时代背景、作者的政治立场和思想倾向的差异，都使得二书在立论方面有明显差异，尤其是对于

---

① 范祖禹被时人称为"唐鉴公"，可见此书影响。
② 如前论：范祖禹记唐朝史事三百零六条，除自唐中宗嗣圣元年（武后光宅元年，684）中宗即位，至唐中宗神龙元年（705）这二十二年只记史事、全无评论之外，其余部分均保持一事一议。见本书第一章第二节。
③ 见前文第一章第二节"前朝断代史撰述的丰富"。
④ （清）永瑢等：《四库全书总目》卷88《史部 史评类》，中华书局1965年版，第752页。

治国理政过程中君臣的执政能力和道德性情的议论,表现出了很明显的不同倾向。

一 论执政

司马光所谓"君道有一,用人是也",对于以"得君行道"为政治理想的宋代士大夫而言,善于选择和任用才人确为衡量其执政能力的首要因素,但究竟什么是"善用人",又有不同看法。《唐史论断》中孙甫对唐太宗的用人之道颇为推崇,皇帝用人需要有驭人之术,要"深知其人可付国事,盖任专则责重,责重则人必尽其才力也。若知人未至而专任之,苟无成功则有败事,又或窃擅威福,有难制之患"①,任用人才既要有"委任之道",又要有"驾驭之术"。唐朝诸帝中最善用人者非太宗莫属,被目为人主之典范。孙甫不仅赞赏唐太宗识人的眼光,也赞同他所确定的人才选拔任用、赏罚奖惩的制度。他将唐太宗的人才任用机制总结为"定官之员不务多而务择贤,则不贤者安得用矣;大臣议事使谏官、御史、史官并从而入,或正其失,或纠其非,或书其过,则大臣安敢不正议矣;诸司长、官正、衙奏事使众臣共闻之,属官不得奏本司外事,非至公之事人不敢言,则阴邪之事自绝矣;言事者令门下司引奏,又置立仗马以备急事,则天下之情无不达矣;内侍皆黄衣,给事宫掖,则奸人无所附而事权不假于人矣"②。同时,在孙甫看来,不仅是人才机制,国家发展的各方面都离不开制度的建设,他尤其认可制度对于政权稳定延续的意义,为君者即使资质不如太宗,但"人君者能遵行之,虽未能及贞观之治,朝廷必尊而天下可治也"③。不仅选人应该有制度,用人亦需要制度的规范,针对唐高祖李渊"杀刘文静释裴寂"的行为,他议论说:"恩与刑,人主之大权也,恩当其功,刑当其罪,则中外劝戒矣。反是,道何以服人心?……施恩于寂太优,用刑于文静太暴,二者皆出于

---

① (宋)孙甫:《唐史论断》上,丛书集成初编本,商务印书馆1939年版,第6页。
② (宋)孙甫:《唐史论断》上,丛书集成初编本,商务印书馆1939年版,第6页。
③ (宋)孙甫:《唐史论断》上,丛书集成初编本,商务印书馆1939年版,第6页。

私,非圣子功德之大,人心去矣。"① 人主治国安邦必须依靠严格的法律和制度,奖惩必须出自客观,这样才能让人心诚服,从而起到劝诫的作用。

相较于孙甫对人才选拔与制度建设的重视,范祖禹更强调的是君主对臣属意见的吸纳,强调"纳谏"的重要意义。他认为,唐朝之兴与执政者善于纳谏直接相关:"国将兴,必赏谏臣;国将亡,必杀谏臣。故谏而受赏者,兴之祥也;谏而被杀者,亡之兆也。"② 正因于此,他对历史上善于纳谏、勇于纳谏的帝王都颇为赞许,《唐鉴》卷九记"宪宗纳谏不近猎苑"一事,范祖禹对唐宪宗之举就非常赞许,认为"人君动必有所畏,此盛德也。不然以一人肆于民上,其何所不至哉?宪宗畏直臣之谏而不敢盘于游牧,其可谓贤矣"。范祖禹视进谏与纳谏为君臣互动、上下通达的必要手段:"有官守者不失其职,有言责者不失其言,君从之亦谏也,君不从之亦谏也。谏而不入则去之,臣之义也。君恶正直而悦谄谀,然而未尝杀一正士戮一谏者也"③,在这里,"纳谏"不仅是君主应有的素质,更是君臣构成良性互动的基础。以中国传统的纲常观念,臣敬君本为理所应当之事,但范祖禹更看重君对臣的敬重。《唐鉴》卷三范祖禹论及唐太宗论长孙无忌等人过失一事,讲到了他理想中的君臣关系:"君臣,以道相与、以义相正者也。故先王以群臣为友,有朋友之义,非徒以上下之分相使而已",唐太宗素以知人善任著称,但在范祖禹看来,他"论群臣之得失"依然持有轻慢之心,不能"言皆中于理",由此才导致了臣子"纳谄以悦之"④,一旦任其发展,其后果就是臣子怠于进谏,执政惑于政事,终会带来严重的政治危机。而如若君主不纳谏反而迫害进谏者,那简直就是国家倾覆的先兆。开元二十五年(737),周子谅弹劾牛仙客未成,为唐玄宗所杀,范祖禹对此非常愤慨,认为是亡国

---

① (宋)孙甫:《唐史论断》上,丛书集成初编本,商务印书馆1939年版,第2页。
② (宋)范祖禹:《唐鉴》卷1,上海古籍出版社1984年版,第11页。
③ (宋)范祖禹:《唐鉴》卷9,上海古籍出版社1984年版,第260页。
④ (宋)范祖禹:《唐鉴》卷3,上海古籍出版社1984年版,第74—75页。

之举动:"古之杀谏臣者,必亡其国,明皇亲为之,其大乱之兆乎?开元之初,谏者受赏,及其末也而杀之,非独于此而异也。始,诛韦氏,抑外戚,焚珠玉锦绣,诋神仙,禁言祥瑞,岂不正哉?其终也,惑女宠,极奢侈,求长生,悦禨祥,以一人之身而前后相反如此,由有所陷溺其心,故也。"①宋人以"同治天下"为己任,但所谓"共治天下"其实很多时候只是士大夫的一厢情愿,帝王拥有的至高权力,对"言事者"的宦途甚至生命都构成了严重的威胁。"不杀士大夫及上书言事者"的祖宗家法到底有无一直争论不断,但即使真如《宋史·曹勋传》所载:"艺祖有誓约藏之太庙,不杀大臣及言事官,违者不祥。"②然王安石变法以来党争之祸愈演愈烈,诸多士人因反对变法被贬官偏乡,受尽颠沛流离之苦。这种情况下,范祖禹呼吁要为上者善待诤臣,其社会背景就比较明了了。

孙、范二人对于君臣关系的意见差异,与其二人所处的时代和在政权中的位置有密切关系。《唐史论断》成书于北宋前期,其时正是国家初建、制度草创的时期,因此,人才的选用与管理都是国家发展过程中的关键环节,孙甫又执掌刑部,对于法律制度与国家稳定的关系也非常敏感。他对于人才选用和制度建设的建议,既有"同治天下"政治理想的催化,也有对于制度改革的向往,这与仁宗朝士大夫强烈的变革意识是一致的。借由制度的调整,达到合理选拔和任用人才的目的,这种政治要求直接推动了庆历新政的出现。新政中的改革举措大都针对选官用官制度而来,新政虽然失败,但士人"求变"的思想和对制度化建设的要求依然热烈。希望有效的制度能够推动国家人才机制的变革,进而推动整个国家的变革,这是孙甫治国思想的政治基础。

然而,在范祖禹看来,制度的重要性是值得商榷的。范祖禹作为变法的对立面,亲身经历了王安石变法的发展与失败,让他更深切地

---

① (宋)范祖禹:《唐鉴》卷5,上海古籍出版社1984年版,第124页。
② 关于宋太祖誓碑的真伪之考,可参照张荫麟《宋太祖誓碑及政事堂刻石考》,《文史杂志》1941年第7期。

意识到，一味强化制度并不能够从根本上扭转国家的发展局面。范祖禹又是谏官出身，他更为在意的是人君对于人才的信任和尊重，也更看重道德提升对于国家稳定的重要意义，重"人事"多于重"制度"。在《唐鉴》卷六，关于唐德宗时行"两税法"一事，范祖禹亦予以坚决的批评，他说："人君用意出于法外，天下之吏奉朝廷之意而不奉其法，逆意有罪，奉法无功，是以法虽存而常为无用之文也。"① 两税法实行初期，统一了紊乱的税制，扩大了赋税的承担面，在一定程度上减轻了人民的负担。然而统治者横征暴敛，任意增加税率，故而弊端丛生，征敛趋于苛重。范祖禹从这一点出发，探讨制度与人事的辩证关系，认为人君不仅要重视立法，更应重视在推行法律的过程中人事的作用，听取反对者的不同意见，这样才能从正反两方面确定制度的可操作性。范祖禹的这一思想，代表了当时诸多反变法派人士的想法，② 具有典型的意义。

二 论德治

与司马光等史学家一致，孙甫和范祖禹也是将能否行"君道"的基本点归结于"君德"的建设，但他们对"德"的目标与建设路径有很大差异。孙甫非常强调君主的"公心"，以之为其明是非、重道德的基础。《唐史论断》中"魏郑公论致治不难"一条，孙甫论到："帝王兴治之道在观时而为之，观时在至明，至明在至公，至明则理无不通，至公则事无不正。通于理，故能变天下之弊，正其事，故能立天下之教。弊变教立，其治不劳而成矣。"③ 在他看来，帝王必须保持行事公正，才能判断明晰，因势利导，从而达到"治道"。那么，

---

① （宋）范祖禹：《唐鉴》卷6，上海古籍出版社1984年版，第174页。
② 司马光上宋仁宗《论财利疏》，提出："夫宽恤民力，在于择人，不在立法。若守令得人，则民力虽欲毋宽，其可得乎？守令非其人，而徒立苛法，适所以扰民尔。"《司马光奏议》卷八；与范祖禹颇有交往的程颢也认为："善言治天下者，不患法度之不力，而患人才之不成。人才不成……虽有良法美意，孰与行之？"（宋）程颢、程颐：《河南程氏遗书》卷4。
③ （宋）孙甫：《唐史论断》上，丛书集成初编本，商务印书馆1939年版，第4页。

第六章　忧患意识推动之下的治国之论

究竟天子如何行道才是有"公心"呢？如唐肃宗般"以为专权"而逐贤臣养内宠显然是不行的，唐宪宗"威福甚盛"而导致"昏惑"的后果更是值得警醒，孙甫的建议是施行德政，心中有民，"仁德之本莫大乎爱民，为天子而得其体，着仁德于无穷也"①。仁德为君之"体"，是皇帝正义行为的内在动力，失德则其对国家的统治就丧失了道义的基础。在《唐史论断》中，除去前人论唐史所广为阐述的"女主""宦官""藩镇"等祸患外，孙甫一直强调唐朝在尊王攘夷、恢复王道方面的"失德"之举，开篇"诏突厥兵"一条，他指出："义师之起，本于世乱，若威德渐盛，则四夷款附矣。故周武兴师，致庸蜀羌髳微卢彭濮之众，助牧野之战；汉高平定天下，亦有北貉燕人枭骑之助。今唐师方起，当以德义为胜，何乃听文静一时之谋，遽求助于突厥？斯自小也。财宝金帛皆民力所致，当举义之始，许之夷狄可乎？不尽赂之，又自失信。后突厥恃其微功，连岁入寇，盖由兹失策也。"② 这段议论脱离了直接的政治利害关系，专从唐高祖兴兵之"德"出发，在他看来，唐朝初年的征伐过程，就已经丧失了作为立国之本的"德义"，这给它之后的动乱埋下了祸根。在孙甫的历史理念中，"尊王"与"明道"有了初步的沟通。但是，一旦这种"德"与"功"发生矛盾，孙甫的选择又有明显的事功倾向，这在下一节关于"正统"的论述中还有论述。

比之孙甫对于执政者权威性和道德感的相互作用的强调，范祖禹更讲究君主内心的提升，即所谓"治心"。如前"玄宗杀周子谅"的一段议论，在范祖禹看来"以一人之身而前后相反如此，由有所陷溺其心"③，"心"成为皇帝们一切活动的出发点。范祖禹为经筵官员之时曾为宋哲宗讲《礼记》，尤其强调礼乐之制对于心性修炼的重要意义："礼乐不可斯须去身，致乐以治心，则易直子谅之心油然生矣。易直子谅之心生则乐，乐则安，安则久，久则天，天则神，天则不言

---

① （宋）孙甫：《唐史论断》上，丛书集成初编本，商务印书馆1939年版，第50页。
② （宋）孙甫：《唐史论断》上，丛书集成初编本，商务印书馆1939年版，第1页。
③ （宋）范祖禹：《唐鉴》卷5，上海古籍出版社1984年版，第124页。

而信，神则不怒而威"①，将"治心"看作安邦立国的根本。范祖禹在史论中也表达了对"帝王心性"的重视，他将"治国"与"治心"联系在了一起，构成了他治国之论的核心内容："人君能正己以先，海内其有不率者乎？是以先王必正其心，修其身，而天下自治。"② 在十二卷本《唐鉴》当中，第六至第八卷都是记唐德宗朝（779—805）史事，几乎是《唐鉴》中最长的篇幅，超越了一向被宋人目为典范的唐太宗。这固然是因为范祖禹出于"正统"的原因对唐太宗颇有批评，更重要的在于德宗在位期间唐朝矛盾呈现出了全面恶化的状况，德宗刚愎自用，猜忌大臣，姑息藩镇，宠信宦官，聚敛钱财，最终导致了中央统治的严重危机。范祖禹认为，其中的根本原因就在于德宗对心性的修养不够，唐德宗"智大而才小，心偏而意忌，不能推诚御物，尊贤使能"，正是德宗因为"治心"不够，才导致其行事反复，猜忌成性。《唐鉴》关于德宗朝的议论，多次提到他"性猜忌""好察而不明""心术蔽""性与小人合与君子疏"③，并引孟子"不仁者可与言哉？安其危而利其灾，乐其所以亡者"④之语，认为德宗的"不仁"是其失败的根本原因。

修心如此重要，其关键是要"诚"，范祖禹对于唐太宗李世民以"玄武门之变"夺位一事颇为不齿，但对太宗能够"以诚治天下"还是很倾慕的。唐太宗誓以"诚"治天下，曾说"君自为诈，何以责臣下之直乎？朕方以至诚治天下，见前世帝王好以权谲小数接其臣下者，常窃耻之。卿策虽善，朕不取也"，这番议论深得范祖禹称赞，他评论说："夫为君而使左右前后之人皆莫测其所为，虽欲不欺，不可得也。唯能御以至诚，则忠直者进，而憸邪无自人矣。"⑤ 范祖禹对

---

① 《礼记正义》卷39《乐记》，（清）阮元校刻《十三经注疏》，中华书局2009年版，第3346页。

② （宋）范祖禹：《唐鉴》卷6，上海古籍出版社1984年版，第169页。

③ 以上均见（宋）范祖禹：《唐鉴》卷7，上海古籍出版社1984年版。

④ 语出《孟子·离娄上》，引文出自（宋）范祖禹：《唐鉴》卷7，上海古籍出版社1984年版，第200页。

⑤ （宋）范祖禹：《唐鉴》卷2，上海古籍出版社1984年版，第29页。

"诚"的重视,很大程度是受到理学思想的影响。"诚"是二程思想的核心,"无妄之谓诚,不欺其次矣"①,又说,"圣人诚一于天,天即圣人,圣人即天。由仁义行,何思勉之有?故从容中道而不迫。诚之者,以人求天者也,思诚而复之,故明有未穷,于善必择,诚有未至,所执必固"②,诚是实现"内圣外王"的基础。《二程外书》记载,"范淳夫尝与伊川论唐事,及为《唐鉴》,尽用先生之论",理学对范祖禹《唐鉴》之影响不可谓不大③。

范祖禹对"治心"的认识,进一步强化了国家治理系统中道德判断的价值。他通过唐宋之间的对照,凸现唐朝"人主起兵诸其亲者,谓之定内难;逼父而夺其位者,谓之受内禅。此其闺门无法,不足以正天下乱之大者也"的失道之政。而与之鲜明对比的,则是宋朝"太祖皇帝顺人之心,兵不血刃市不易肆而天下定……太平百年有余,虽三代之盛未有如此其久者也"④的国家建立之由,是"家道正而人伦明,其养民也仁,其奉己也俭,德泽从厚,刑罚从薄,上下相维,轻重相制,藩镇无擅兵之势,郡县无专杀之威"⑤的内政外交之道。范祖禹大力提升北宋在"祖宗家法"指导下的"德治"成果,将道德批评的准则注于王朝法统的血脉之中,这既符合巩固北宋统治的需要,也契合了理学家们的思想,具有政治上和史学上的双层含义。

三 论"正统":"威德"之盛与"名分"之正

孙甫与范祖禹两人在治国理论上最大的差异,是他们对于君权正统属性的态度,"正统"之辩是北宋前期的重要议题,《唐史论断》成书于嘉祐初,是欧阳修以"居正""一统"为标准的正统论风头正

---

① (宋)程颢、程颐:《河南程氏遗书》卷6,《二程集》,中华书局2004年版,第92页。
② (宋)程颢、程颐:《河南程氏经说》卷8《中庸解》,《二程集》,中华书局2004年版,第1158页。
③ 除"治心""尊诚"等观念外,《唐鉴》中的正统意识亦有明显的义理倾向,后文还将作详细论述。
④ (宋)范祖禹:《唐鉴》卷12,上海古籍出版社1984年版,第348页。
⑤ (宋)范祖禹:《唐鉴》卷12,上海古籍出版社1984年版,第349页。

盛之时，《唐史论断》中有很明确的"功""德"并重的观念。孙甫所提倡的为上位者的公心和德政，其基础都在于保持帝王地位的崇高和威势，"天子善任人而能主威柄，则大臣不骄，大臣不骄则中外自肃"[1]，"威柄"是君权的基础。但在另一方面，孙甫也强调帝王的威权必须建立在权力本身的正义性上。前述孙甫对于唐高祖借突厥兵的批评，除了认为是"失德"之举外，还有一个重要原因是唐高祖仓促引入民族势力直接导致夷狄入侵中原，其权力的获取就有了瑕疵，这严重影响了唐朝政权建立的正统属性。

孙甫主张君权确立过程中的礼义属性，可一旦"正统"与"功勋"发生矛盾，他还是坚持君权的建立和维护需要以"功"作为基础。他在《唐史论断》评论"立建成为太子"事，首先认可宗法制度为基础的嫡长子即位制的合理性，"立太子必嫡长者，使天下之心有系，以止争夺之患也"，稳定的权力传承制度是维系国家发展的基础，这是国家的"常法"。但君主以一身系国家万民，其自身的素质亦是治国关键，故而"长子不贤，次子圣乎，安得局于常法也？"他认同李世民的夺嫡之举，是认可他在政治上的卓越见识和在唐代发展过程中不可掩盖的功劳，其时唐代草创，李世民因其功德，更有匡扶国家的能力，也更能笼络时臣获得支持，"时平则先嫡长，世难则归有功"[2]。孙甫对于正统的态度与欧阳修、司马光等史学家是近乎一致的，延续了以"功""德"两方面评判的传统。

不同于孙甫，范祖禹对于君权传承在程序上的正义属性有更为"苛严"的态度，在叙述"玄武门之变"过程时，范祖禹以"秦王世民杀皇太子建成、齐王元吉"概括，突出体现李世民以下僭上的"篡名"性质，在随后的评论中，进一步指出，"建成虽无功，太子也；太宗虽有功，藩王也。太子，君之贰，父之统也。而杀之，是无君父也。若夫建成、元吉，岂得罪于天下者乎？苟非得罪于天下，则杀之者己之私也，岂周公之心乎？臣曰：古之贤人守死不为不义者，义重

---

[1] （宋）孙甫：《唐史论断》上，丛书集成初编本，商务印书馆1939年版，第1页。
[2] （宋）孙甫：《唐史论断》上，丛书集成初编本，商务印书馆1939年版，第1页。

第六章　忧患意识推动之下的治国之论

于死,故也。必若为子不孝,为弟不弟,悖天理灭人伦而有天下,不若亡之愈也"①。范祖禹从破坏封建法统的角度出发,谴责唐太宗的行为,并且针对《旧唐书》将其与周公诛管蔡相对应②的做法提出了质疑和批评。在范祖禹看来,唐太宗的行为完全出自一己之私,他以藩王的身份杀太子,实际上是破坏了"君之贰,父之统"的宗法制度,因此,太宗虽然治国有方,但是其所为"悖天理灭人伦",是对封建道统的极大的破坏。从对待"正统"的态度看,范祖禹比之欧阳修、孙甫等,对"正统"中所蕴含的"德""义""礼"等儒家价值因素要重视得多,更加接近同时代的理学家们的主张。

范祖禹关于"正统"更明确的主张体现于唐中宗年号的问题上。关于武周朝的年号问题之辩始自中唐,唐德宗建中(780—783)初,时为史馆修撰的沈既济上书德宗,针对吴兢所撰《国史》中为武则天立本纪一事,建议"请并《天后纪》合《孝和纪》,每于岁首,必书孝和所在以统之,书曰某年春正月,皇帝在房陵,太后行某事、改某制云云。则纪称孝和,而事述太后,俾名不失正,而礼不违常"③。沈既济的这一建议并未被德宗接纳,但对后世颇有影响,至唐僖宗朝(874—888)孙樵撰《孙氏西斋录》,即以武周为伪,采中宗之年号。然而《孙氏西斋录》影响有限,新旧《唐书》《唐史论断》依然因循吴兢之法,司马光亦以武后所定年号为准。范祖禹却一改前人方法,系年于中宗,在《唐鉴》"嗣圣元年春正月甲申朔条"中,他陈述这样的理由是,"中宗之有天下,受之于高宗也……天下者,唐之天下也,武氏岂得而间之?故臣复系嗣圣之年,黜武氏之号,以为母后祸乱之戒,窃取《春秋》之义,虽获罪于君子,而不辞也"④。范祖禹

---

① (宋)范祖禹:《唐鉴》卷1,上海古籍出版社1984年版,第21—22页。
② 《旧唐书·太宗纪下》:"赞曰:'昌、发启国,一门三圣。文定高位,友于不令。管、蔡既诛,成、康道正。贞观之风,到今歌咏。'"(后晋)刘昫等:《旧唐书》卷3,中华书局1975年版,第63页。
③ (宋)王钦若、杨亿等编纂:《册府元龟》卷559,凤凰出版社2006年版,第6408页。
④ (宋)范祖禹:《唐鉴》卷4,上海古籍出版社1984年版,第105页。

之前的史学家如孙甫、司马光等不满武后自立，对她的行为如擅朝政、兴酷吏、蓄男宠等颇多批判之语，但是基本史实还是保持原样①，体现的是据实直书的"信史"思想，而范祖禹以中宗年号系年，不称"卢陵王"而称"帝"等做法，更多地体现了理学家"名不正则言不顺"的正统观念。范祖禹对"正统"观念的重视，与同时代以及后世的理学家们遥相呼应，展现了宋代理学对史学的深刻影响，朱熹在撰写《通鉴纲目》时，关于武后年号问题就因循了范祖禹《唐鉴》之例。

---

① 除年号外，《资治通鉴》《唐史论断》等都称中宗为"卢陵王"。

第七章 重归"忧患"

——南宋政治变局下的治国之论

《唐鉴》成书期间,正是宋代义理史学的发展期,范祖禹和二程交好,思想互有影响,他在政治上的不得志也催生了他在学术与历史思想上的保守主义倾向。《唐鉴》是北宋义理色彩最浓重的史学撰述,它的出现,既是"以史为鉴"思想的延续,也是以"大义"书写和重塑历史的义理史学的开端。从《唐史论断》《资治通鉴》到《唐鉴》再到朱熹的《资治通鉴纲目》,宋代史学家在实践中探讨着史学对于社会发展、国家建设和君主制度的使命与意义。而对于从司马光到范祖禹的这些以"帝王师"为理想的史学家,南宋的政治家和史学家也产生了不同角度的评判,这些批评又勾勒出了南宋国家治理理论发展的一个侧影。

第一节 南宋治国之论发展的内在动力与外部环境

史学是为现实发展提供参照和经验?还是通过阐述社会运动的规律来弘扬恒久稳定的"道理"?这是摆在宋代史学家和哲学家面前的共同论题。这种对史学价值的质疑和讨论成为义理史学发展的内在动力。质疑的集中表现是理学家与史学家关于"王霸义利"的论争,但在对很多史著的批评中,"义理"与"经世"的博弈就已经有所彰显,其中较为明确的,是《唐鉴》在南宋的遭遇。宋朝皇帝好读书又好议论,宋高宗曾就所读史书发表过几番议论,其一是说经史关系,说"朕观六经,皆论王道;如史书,多杂霸道。其间议论,又载一时捭阖辩士游说",并以《春秋》为经之祖,以《左传》为史之祖①;还有一则是论《资治通鉴》与《唐鉴》,认为"读《资治通鉴》知司马光有宰相度量,读《唐鉴》知范祖禹有台谏手段"②。宋高宗的执政水平众说纷纭,但他对史书的这几句点评却颇得宋代史学精髓,连当时的士人都感慨说"虽学士大夫,未尝说到这里"③。宋高宗对史著特征及其价值的论述未必全面,但精准点明了北宋史学鉴古以知今、论史以论政的特点,他对于《资治通鉴》和《唐鉴》的论述尤其精准。《资治通鉴》的政治价值和史学价值前文已经有所论述,能从《唐鉴》中读出"台谏手段"的,高宗确是第一人④,这实则指出了范祖禹借写史以议政的实质。《唐鉴》本为呈进宋神宗,但因神宗早逝,改奉哲宗⑤,范祖禹的很多议论都是针对熙宁、元丰年间的政事有感而发。《唐鉴》卷一记载武德七年(624)唐高祖定官制一事⑥,范祖禹评论说"夫天地之有四时,百官之有六职,天下万事,

---

① (清)徐松辑:《宋会要辑稿·崇儒》,中华书局1957年版,第2888页。

② (清)永瑢等:《四库全书总目》卷88《史部 史评类》,中华书局1965年版,第751页。

③ (宋)张端义:《贵耳集》卷上,《全宋笔记》第六编第十册,大象出版社2013年版,第285页。

④ 范祖禹的《唐鉴》是北宋最具义理史学特征的史著,成书之后士人对他的推崇也与此有关,向高宗推荐《唐鉴》的是时为秦桧党羽的谏官孙觌,推荐理由是《唐鉴》"专论唐三百年君子小人善恶之辨",颇具道德劝诫的意味。

⑤ 范祖禹《进唐鉴表》:"献之先帝,庶补万分。比臣赴职,不幸先帝遽扬末命。伏遇皇帝陛下,嗣膺大统,睿智日跻,详延耆儒,启沃圣学。"(宋)范祖禹:《进〈唐鉴〉表》,曾枣庄主编《全宋文》第98册卷2128,上海辞书出版社2009年版,第44页。

⑥ 《唐鉴》卷1载:"七年,初定令,以太尉、司徒、司空为三公,次尚书、门下、中书、秘书、殿中、内侍为六省,次御史台,次太常至太府,为九寺,次将作监,次国子学,次天策上将府,次十四卫,东宫置三师至十率府,王公置府佐、国官,公主置邑司,并为京职事官。州、县、镇、戍为外职事官。自开府至将仕郎二十八阶,为文散官;自骠骑至陪戎三十一阶,为武散官;上柱国至武骑尉十二等,为勋官。"(宋)范祖禹:《唐鉴》,上海古籍出版社1984年版,第15—16页。

第七章 重归"忧患"

备尽于此，如网之在纲，裘之挈领，虽百世不可易也。人君如欲稽古以正名，苟舍《周官》，臣未见其可也"①。这一段议论针对的实则是元丰改制借复古以变法的行为。元祐四年（1089），时为右谏议大臣的范祖禹上疏，要求"尽复祖宗之法"②，其中对元丰改制亦有批评，称"有司亦失先帝本意，一切遵用唐之六典，大唐六典虽修成书，然未尝行之一日，今一一依之，故自三省以下无不烦冗，重复迂滞，不如昔之简便"③，这段批评与《唐鉴》中的议论颇有联系，可见其史论与时政的关联。不仅高宗注意到了《唐鉴》以唐史谏时政的特征，周必大也认为"祖禹著书，皆可备乙夜之览，篇篇即是谏疏"④，可见这种观点在南宋的流行，这一方面表现了南宋统治者与士大夫重视"以史为鉴"的态度，也能看出危局之下士大夫们以北宋士人为榜样积极参与政治的决心。

但随着南宋义理史学的发展，这种以义理为工具、参政为目的的著史模式却受到了理学家的批评，有学者对陆九渊说他读"伊川《易传》、胡氏《春秋》、上蔡《论语》、范氏《唐鉴》"以学习"守规矩"，被陆九渊斥责为"陋说"⑤，程颐《易传》、胡安国《春秋传》和谢良佐的《论语传》都是理学经典，所谓"陋说"当针对《唐鉴》而来。朱熹的评价更为直白详细：《唐鉴》的议论"大体好，不甚精密。议论之间，多有说那人不尽"⑥，"论治道处极善，到说义理处，却有未精"⑦，他不满《唐鉴》对义理的阐述"散开无收杀"⑧，对人

---

① （宋）范祖禹：《唐鉴》卷1，上海古籍出版社1984年版，第17页。
② 《续资治通鉴长编》引范祖禹《家传》，称"时执政有欲于新旧法别创立者，祖禹深以为不可，故及之"，其后范祖禹上疏，要求"尽复祖宗之法"，见（宋）李焘《续资治通鉴长编》卷433，中华书局2004年版，第10443页。
③ （宋）李焘：《续资治通鉴长编》卷433，中华书局2004年版，第10443页。
④ （宋）楼钥：《楼钥集》卷99《少傅观文殿大学士致仕益国公赠太师谥文忠周公神道碑》，浙江古籍出版社2010年版，第1736页。
⑤ （宋）陆九渊：《象山语录》上卷，上海古籍出版社2000年版，第66—67页。
⑥ （宋）黎靖德：《朱子语类》卷44，中华书局1986年版，第1132页。
⑦ （宋）黎靖德：《朱子语类》卷130，中华书局1986年版，第3105页。
⑧ （宋）黎靖德：《朱子语类》卷134，中华书局1986年版，第3207页。

不对事。朱熹曾总结范祖禹重人事轻法度的原因是"《唐鉴》议论，觉似迂缓不切。考其意，盖王介甫秉政，造新法，神考专意信之，以为真可以振起国势，一新其旧，故范氏之论每以为此惟在人主身心之间而不在法"①。范祖禹在对于史学的"微言大义"和"诚意正心"功能方面，已经走在了同时代的史学家之前，但在理学的集大成者朱熹看来，这种基于愤懑不满的情绪而产生的批评性文字，依然不符合"义理"的精要所在。朱熹思想的核心是"天理"，是超于社会现实之外的，所以才要"去人欲，存天理"②，而范祖禹从私人情绪出发，得出"得人重于得法"的结论，自然也就算不得"明理"了。朱熹很难被称为史学家，这不仅是因为《资治通鉴纲目》的主要撰写工作由赵师渊完成③，更重要的是《资治通鉴纲目》以"辨名分正纲常"④为要旨，纯为弘扬"褒贬进退之旨"⑤而作。他通过对《资治通鉴》的经学化改造来阐明理学要旨，但对于历史和史学本身的价值却不甚看重。朱熹批评陈亮说"陈同父一生被史坏了"⑥，其实是针对史学家只关注于政权治乱兴衰的过程，"看史只如看人相打"，"相打"考较的是谋略权术，但社会想要取得进步依然还是要靠对"天理"的领会与认同。朱熹的理学思想对南宋史学发展的重要意义甚于他自身创造的史学价值，他与陈亮关于"王霸义利"的一帮论辩，虽与历史无涉，但依然堪称南宋最重要的治国理论。

另一方面，理学发展自有学术渊源，也与南宋前期的执政方针以及这一时期较为稳定安逸的社会经济形势有很大关系。但自端平二年（1235）蒙军南侵攻宋，连破鄂州、襄阳、樊城等重镇，终于宋端宗

---

① （宋）黎靖德：《朱子语类》卷134，中华书局1986年版，第3208页。
② （清）徐世昌：《清儒学案》卷18，中华书局2008年版，第728页。
③ 《资治通鉴纲目》序与提要为朱熹所作，凡例为两人商榷而定，纲目分注59卷全出自赵师渊之手。见汤勤福《朱熹给赵师渊"八书"考辨》，《史学史研究》1998年第3期。
④ （元）贺善：《贺善书法序》，（宋）朱熹撰、康熙批：《御批资治通鉴纲目》卷首，文渊阁《四库全书》第689册，台湾商务印书馆1983年版，第32页。
⑤ （清）四库馆臣：《〈御批资治通鉴纲目〉提要》，（宋）朱熹撰、康熙批：《御批资治通鉴纲目》卷首，文渊阁《四库全书》第689册，台湾商务印书馆1983年版，第2页。
⑥ （宋）黎靖德：《朱子语类》卷123，中华书局1986年版，第2965页。

景炎元年（1276）攻破临安，陆秀夫、文天祥和张世杰等人又奋起抵抗了三年，直至1279年，随着崖山海战失败及陆秀夫负幼帝蹈海，南宋彻底灭亡。这一历史时期，是南宋社会各种矛盾集中爆发的时期，无论是对外的民族矛盾，还是内部的君臣矛盾、士大夫之间的矛盾，都已经紧张之至，一触即发。与此相关的是，这一时期的国家治理理论也有所不同，体现出的既有对前代理论与实践的反思，也有批评和质疑，而这种批评和质疑在某种程度上甚至指向了君主制度与国家治理的关系。理学经过宋宁宗时期庆元党禁的打击，丧失了在经筵侍讲中的席位，但是在民间的影响力依然很大。至史弥远执政，对韩侂胄执政时指理学为伪学、罢逐理学家的做法加以纠正，在他的建议之下，宋宁宗起用诸多理学人士，还在嘉定年间对理学家朱熹、周敦颐、程颢、程颐、张载等人赐予谥号，这些活动都提高了理学的地位。然而，因为史弥远用阴谋手段废济王赵竑，迎立宋理宗赵昀，引起了诸多理学家的不满。其时被视为士林领袖的真德秀、魏了翁都极为不齿史弥远的所作所为，先后被以"谤讪""诬诋"等罪名落职。史弥远和宋理宗对理学的推崇和扶持，对理学派士人的起用，都使得理学在宋理宗一朝得到了很大的发展，在他们的治国理论中，强化正统与强调君德依然是重要内容，但是严峻的社会现实之下，即使是理学家对国家治理模式的论断，也不可避免地带有危机意识与实务精神。

第二节　陆游的治国之论

南宋最重要的史著是对本朝史的撰述，李焘的《续资治通鉴长编》、徐梦莘的《三朝北盟会编》、李心传的《建炎以来系年要录》三书堪称此中翘楚，此外如熊克的《中兴小纪》、李心传的《建炎以来朝野杂记》等，都对北宋和南渡时期的历史事件有详细记述。这些史著资料详细丰富，纪事丰富，考证严密，保存了两宋建立发展过程中的第一手史料。虽然所撰内容颇有敏感性，但这些著述都基本保持了"实录"的精神，对于北宋和南宋高孝两朝的国家行政、君臣关系乃至权力行使和传承中的内在矛盾都有记述。《续资治通鉴长编》中详载宋初太祖、太宗的即位过程，并无丝毫避讳；《三朝北盟会编》记载徽钦二帝仓皇"北狩"的经历之后，指出靖康之乱的根源在于"祖宗定太平尚以取幽燕为难，近时小人窃大臣之位者，乃建议结女真灭大辽取幽蓟，卒致天下之乱"①，对徽宗一朝君臣的好大喜功和阿谀奉承提出了直接的批评。但是，毕竟为尊者讳，南宋本朝史的修撰纪事多议论少，只能从纪事中感受史学家对于国家治理的态度，直接的议论就较为稀少了。

相比于本朝史撰述，南宋的断代史修撰活动并不见精，北宋史学家所热衷的隋唐五代史撰述在南宋并没有得到太多关注。这一方面在于北宋对唐五代史论著精品已经不少，另一方面也是对南宋来说，北宋历史可资借鉴的程度可能更为深切。少有的几部著作中，传世最完整也最有代表性的，当属陆游《南唐书》。

一　陆游与《南唐书》的成书

陆游的祖父陆佃是王安石的学生，亦是其新学的主要传承者，但对王安石的变法活动并不支持②，并从事实出发，以"法非不善，但推行不能如初意，还为扰民"③ 为由排斥青苗等法，这种客观、求实的态度在陆游的史著中也有明确表现。陆游是南宋"主战派"的主力，但生不逢时，他结识张浚、上书力陈"恢复"之时，张浚已经因为"符离之败"被贬，俟后"隆兴和议"达成，宋孝宗再无恢复之志，陆游的力主抗金反成其"交结台谏，鼓唱是非，力说张浚用兵"④ 的罪状。此后陆游多在四川、江西一带为地方官，直至嘉泰二

---

① （宋）邵伯温：《邵氏闻见录》卷6，中华书局1983年版，第53—54页。
② 《宋史·陆佃传》称，"安石以佃不附己，专付之经术，不复咨以政"，见（元）脱脱等撰《宋史》卷343，中华书局1985年版，第10918页。
③ （元）脱脱等撰：《宋史》卷343《陆佃传》，中华书局1985年版，第10917页。
④ （元）脱脱等撰：《宋史》卷395《陆游传》，中华书局1985年版，第12058页。

年（1202）又被招入禁中，修撰《两朝实录》和《三朝史》，书成后不久陆游即致仕。陆游一生主张抗金复国，他晚年与辛弃疾交好，曾作《送辛幼安殿撰造朝》鼓励其抗金，他被朱熹诟病"为有力者所牵挽，不得全其晚节"①，但他与韩侂胄结交，主要还是受其抗金行为的影响。陆游对"恢复"的重视贯穿其一生，这固然有爱国情怀的激励，也与他对"正统"的认知和强调颇有关系，这在《南唐书》的撰述中也有充分体现。陆游《南唐书》的成书时间不定，陆游之前关于南唐流传最广、最受认可的南唐史著是马令的《南唐书》，成于北宋徽宗崇宁四年（1105）。马令"世家金陵，多知南唐故事"②，所以此书内容丰富，尤在陆书之上。马书以南唐为闰，将南唐三主列为"载记"，这符合北宋以十国为僭伪政权的政治传统和史学传统。但陆游之《南唐书》却按正史体裁为南唐著史，对君主部分一律称为"纪"，以"南唐"为"唐"之延续，实有彰显南宋之正统的深意。除正统意识外，对"忠义"的褒奖、对"事功"的追求也是其史著的主旨，与南宋其他史家对于道德义理的追求相比，陆游的史著和史论更带有北宋"以史为鉴"的实用主义色彩和士大夫以史事论政事的参政意识，是宋代史学"经世"思想在南宋的延续。

二 江南政权的"正统"之辨

对于五代之正统的争议贯穿北宋，但对于十国"非正统"的属性，在陆游《南唐书》之前的十国诸史撰述中并无争执。《旧五代史》以后唐为正，将十国政权写入《僭伪列传》，《新五代史》以五代皆为伪，故列"十国"于"世家"。其他私人撰史如徐铉的《江南录》、郑文宝的《南唐近事》、胡恢的《南唐书》及前述马令的《南唐书》等，都以各种形式表现出了对南唐政权与其他正统政权的隔离与区别。唯陆游《南唐书》，以纪传为体，不仅李昪、李璟有"本纪"，连后主李煜这种即位就已经去帝号的"国主"都可以入"本

---

① （元）脱脱等撰：《宋史》卷395《陆游传》，中华书局1985年版，第12059页。
② （元）马端临：《文献通考》卷200，中华书局2011年版，第5736页。

纪",实有以南唐为正统的意味。究其原因,陆游自认"所谓纪者,盖摘其事之纲要,系于岁月,属于时君",并举司马迁以项羽本纪的例子,认为本纪是"言纪者不足以别正闰"①,他为南唐诸帝作"纪",是取法司马迁,延续的是史家的求实精神。这番解释,并不为后世所赞同。"本纪"之政治含义,司马迁《史记》实有明确区分,至班固著《汉书》严格体例,以"本纪"为君主编年的做法为世人所认可。至刘知幾撰《史通》,"天子有本纪,诸侯有世家,公卿以下有列传,至于祖孙昭穆,年月职官,各在其篇,具有其说,用相考核,居然可知"②,纪传体各篇章明目与其内容的相关性已然成为史家共识。陆游的做法既不符合修史传统,也与宋人一贯的正统认知相矛盾。四库馆臣认为"得非以南渡偏安,事势相近,有所左袒于其间"③,是有道理的。

除以"本纪"录南唐君臣事迹外,陆游在对南唐史的记载中还多次表示了对南唐正统的认知。南唐始自李昪,他本是吴国大将徐温的养子,后自立,先建"齐国"政权,后恢复本姓李,并自称唐宪宗之子李恪的四世孙,国号亦改为"唐",后世称南唐。这段历史新、旧《五代史》及《资治通鉴》中都有记载,称李昪是"自以为建王四世孙,改国号曰唐"④,明确了其自立为王的僭越性质。马令修《南唐书》,说李昪"乃复姓李,改名昪,国号大唐,遂考服属,当吴王恪后,建唐庙,祀高祖太宗以下如唐旧典",言外之意也认为所谓"李恪后裔"有冒领嫌疑。但陆游之《南唐书》,将李昪置于本纪第一,开篇即强调他"姓李氏,唐宪宗第八子建王恪之玄孙"⑤,并简述其

---

① (宋)陆游:《南唐书》卷1《烈祖本纪》,《陆游全集校注》,浙江古籍出版社2015年版,第1页。
② (唐)刘知幾撰:《史通》卷3《表历》,(清)浦起龙通释本,上海古籍出版社2009年版,第48页。
③ (清)永瑢等:《四库全书总目》卷66《史部 载记类》,中华书局1965年版,第588页。
④ (宋)欧阳修:《新五代史》卷62《南唐世家》,中华书局1974年版,第767页。
⑤ (宋)陆游:《南唐书》卷1《烈祖本纪》,《陆游全集校注》,浙江古籍出版社2015年版,第1页。

家族传承，是认可南唐为唐朝之余声，南唐之正统也就顺理成章了。

陆游以明尊南唐来暗尊南宋之正统，也有其现实意义。《南唐书》成书之时，南北分立之政局已定，金朝占据中原之后，又在不断汉化过程中强化了对中华文化的认同。海陵王"万里车书一混同，江南岂有别疆封"的志向已俨然有以金为正、以"江南"为伪的态度，金世宗大定初开始的封禅"五岳"，更以实际活动表明了对金朝正统性的强化。欧阳修所倡导之"君子大居正，王者大一统"的观念因南宋偏安一隅而丧失了理论上的优势①，陆游以李昪为唐皇后裔，进而尊南唐为正，实有以此强化南宋继北宋为正统的政权属性的意义。

三 力陈"恢复"，强调"功业"

陆游对正统的强化与其对"恢复"的执着实为一体两面，他的历史思想与他的政治作为也是一致的。在政治上，陆游一生都在为抗金奔走，屡次上书宋孝宗倡议谋划入主中原的方略，但一直没有受到重视，不能见"王师北定中原"成为他终生的心病，这种哀其不幸怒其不争的态度与他在《南唐书》中对南唐国主的态度是一致的。李璟是南唐在位时间最久的君主，他在位期间陆续灭亡闽国和南楚，雄踞江南，其主要疆域正是南宋的核心区域，"地大力强，人材众多，且据长江之险"，是超越其他割据政权的"隐然大邦"②。李璟为人"约己慎刑，勤政如一"③，算得上规矩的守成之君。他执政后期受制于后周，既有用人不力的因素，也有形势之下的必然，马令认为他是"庶几完成之君"④，虽有遗憾，但这评价也堪称中肯。但陆游对于李璟的态度要激进得多。按照他给李璟的规划，他自当"乘间楚昏乱，一举

---

① 传世的《大金德运图说》就曾转引欧阳修阐述正统之语，以其为金朝确立德运的理论基础。

② （宋）陆游：《南唐书》卷2《元宗本纪》，《陆游全集校注》，浙江古籍出版社2015年版，第96页。

③ （宋）陆游：《南唐书》卷2《元宗本纪》，《陆游全集校注》，浙江古籍出版社2015年版，第96页。

④ （宋）陆游：《南唐书》卷2《元宗本纪》，《陆游全集校注》，浙江古籍出版社2015年版，第96页。

而平之,然后东取吴越,南下五岭,成南北之势",如此一来,一旦"中原有隙可乘",就可以"北乡而争天下"①,其中关键,正在"用人"。陆游此篇史论仅有寥寥百余字,但与他上呈宋孝宗的《平戎策》等遥相呼应,几乎是一篇抗战的方略书,史论最后陆游慨然说"予具论其实如此,后之览者,得以考观",抗敌的热切之情溢于言表。"主和"与"主战"是南宋政治矛盾与党争的根源,其间派系斗争错综复杂,很难简单地以此划分忠奸,但陆游的主战确实是拳拳爱国心的鲜明表现。"恢复"是他的终生志向,也成为他衡量国家力量的突出准则。

  出于对国家强盛、"统一南北"的强烈愿望,陆游对于君主的"功业"极为看重,与南宋义理学家对于"德治""王道"的普遍追求形成了鲜明对比,这在对于南唐后主李煜的评价中表现得非常明显。李煜即位之时已经尊宋为正统,其后又去唐号,称"江南国主",贬损仪制以求姑息。但他在位期间改革田制,扶持农桑,与宋朝关系紧张之后也能积极备战,亲自巡城,还曾试图联系吴越、契丹共抗宋朝,与其他亡国之君相比,南唐之灭亡实属大势所趋,李后主并无太大过错。徐铉是南唐旧臣,他所作《江南录》论后主,对他的"好生富民"多有褒奖,认为其亡国也是"天授大宋,非人谋所及",颇有感伤故国的沉痛②。欧阳修撰《新五代史》,称后主"性骄侈,好声色,又喜浮图,为高谈,不恤政事"③,记载其行政的笔墨极少,但从所记对待韩熙载的态度,也能见到后主宽厚和素朴的一面。马令的《南唐书》认为后主臣服宋朝是"外示柔服,内怀僭伪",但秉笔直书后主死后"江南人闻之巷哭设斋"④,对于后主为政的宽仁还是十

---

  ① (宋)陆游:《南唐书》卷2《元宗本纪》,《陆游全集校注》,浙江古籍出版社2015年版,第96页。
  ② 《江南录》原书已佚,马令《南唐书》中曾引其史论。见(宋)马令《南唐书》卷5《后主书》,傅璇琮主编《五代史书汇编》,杭州出版社2004年版,第5296—5297页。
  ③ (宋)欧阳修:《新五代史》卷62《南唐世家》,中华书局1974年版,第779页。
  ④ (宋)马令:《南唐书》卷5《后主书》,傅璇琮主编《五代史书汇编》,杭州出版社2004年版,第5297—5296页。

分认可的。唯陆游的《南唐书》反复论述后主的仁慈天性和勤勉政绩，说他"专以爱民为急，蠲赋息役，以裕民力"，其"尊事中原，不惮卑屈"也是为了减少江南战乱，以利民生。但是比之于他沉溺佛教"颇废政事"①，以致亡国，"虽仁爱足以感其遗民，而卒不能保社稷"②，和国家灭亡相比，所谓的仁爱也就不值一提了。如果说欧阳修、马令等人对李后主的批评是出于对北宋正统的维护，陆游的批评则是在道德标准与功业标准之间选择了后者。结合他对李璟"非始谋之失，所以行之者非也"③的批评，他的史观不仅专事"功利"，甚至已经是专事"恢复"了。

四 以史为鉴，针砭时弊

陆游以诗文闻名天下，罗大经《鹤林玉露》载，宋孝宗曾问左右："今世诗人亦有如李太白者乎？"④ 周必大就向他举荐了陆游。但陆游一生不得重用，对于上位者不能"用人"是颇有怨念的。《南唐书》尤其叹惋于南唐诸君"用人"之得失，陆游详记李璟重用刘仁赡、孙忌之事，认为"元宗接群臣如布衣交，是诚足以得士矣"⑤，进而感慨"君之视臣如手足，则臣视君如腹心"。除了对南唐三帝的评价，他还在列传中对南唐的忠烈之士如胡则、刘仁赡、孟坚等大加褒奖，对陈觉等奸党口诛笔伐，结合陆游之遭际，他以史为鉴、以史论政的态度就非常明朗了。陆游自陈著史理由就是"为后世鉴"，四库馆臣批评《南唐书》体例混乱，"后妃诸王传置之群臣之后，杂艺方士传列于忠义之前"，但《南唐书》的体例排布实与陆游的政治理

---

① （宋）陆游：《南唐书》卷3《后主本纪》，《陆游全集校注》，浙江古籍出版社2015年版，第138页。

② （宋）陆游：《南唐书》卷3《后主本纪》，《陆游全集校注》，浙江古籍出版社2015年版，第141页。

③ （宋）陆游：《南唐书》卷3《后主本纪》，《陆游全集校注》，浙江古籍出版社2015年版，第96页。

④ （宋）罗大经：《鹤林玉露》，中华书局1983年版，第71页。

⑤ （宋）陆游：《南唐书》卷11《孙忌传》，《陆游全集校注》，浙江古籍出版社2015年版，第318页。

念与政治见识密不可分。他重视君臣关系、国政发展,尤其看重国家的军事实力,《南唐书》共十八卷,除三位皇帝外,唯有宋齐丘独占一传,正是因为他善谋略,"擅众誉于江表"①。《新唐书》《资治通鉴》记宋齐丘事,多是集中于他辅佐徐知诰称帝建元,或者他为宰相期间在治国理政上的作为。但陆游《南唐书》记宋齐丘,对他日常理政着墨并不多,而是将重点放在李昪对他的礼遇与信任,"独与齐丘议事,率至夜分,又为高堂,不设屏障,中置灰炉而不设火。两人终日拥炉,书灰为字,旋即平之"②,并尤其强调宋齐丘对于南唐国家军事力量强大的重要意义:"老宋齐丘,机变如神,可当十万,周世宗欲取江南,故齐丘以反间死。"明君善于择人用人,贤臣可以"尽其筹策,决胜保境"③,这番议论,与其是针对南唐时的李昪与宋齐丘,毋宁说是感慨南宋孝宗与陆务观了。

《南唐书》是南宋最具"功利"色彩的史著,即使"事功"如陈亮、叶适等人,也没有忽视君主在个人道德心性方面的修炼,④对于皇帝在国家治理中表现出的仁爱慈和还是颇为看重的。但陆游对君主评价的衡量标准首要就是能否发展壮大国家实力,对待大臣则以他们对抗外敌的态度和作为是否"忠勇""忠义"为评判原则,其他内政则着墨甚少。陆游的史识并不卓越,他对于"恢复"的志向在某种程度上反而成为他观察与思辨历史的阻碍。与宋代史著中的佼佼者相比,《南唐书》可称"平庸",陆游文名动天下,但此书"传者亦寡"⑤,时人对它的认可程度也可见一斑。然而《南唐书》重视历史

---

① (宋)陆游:《南唐书》卷4《宋齐丘传》,《陆游全集校注》,浙江古籍出版社2015年版,第160页。

② (宋)陆游:《南唐书》卷4《宋齐丘传》,《陆游全集校注》,浙江古籍出版社2015年版,第143页。

③ (宋)陆游:《南唐书》卷4《宋齐丘传》,《陆游全集校注》,浙江古籍出版社2015年版,第160页。

④ 陈亮认为"王霸并用,义利双行""才德双行,智勇仁义交出并见",并没有忽略"王道""德行"。

⑤ (元)赵世延:《〈南唐书〉序》,李修生主编《全元文》第21册卷675,凤凰出版社2002年版,第683页。

研究的现实效果、认同史学对政治的影响、强调"以史为鉴"的著史目的等特点，依然使它成为最有代表性的北宋经世史学继承者。与朱熹、吕祖谦等人对历史的深入思考相比，陆游的对于国家治理的议论颇为浅显，时有偏颇，但他在其中所表现出的强烈的忧患精神和参政意识，也成为北宋士大夫"得君行道"精神的延续。

第三节 吕祖谦的治国之论

南宋"浙东"学派是包括叶适"永嘉学派"、陈亮"永康学派"、吕祖谦"金华学派"等各学派的总称。浙东经济富庶，少经战乱，文化昌明，自南宋立都杭州之后，更是凭借地利之便成为文化的中心。浙东学者虽然也精研性命之学，但相较于同时代的其他理学家，"浙东儒哲讲性命者多攻史学，历有师承"①，浙东学者重视对历史的借鉴，他们对"道德性命之理"的探讨亦是以对历史现象的研究为依据，着力于治国之道与正己之道的统一。朱熹批评浙学是"专是功利。学者习之，便可见效，此意甚可忧"②，认为浙东诸儒以历史为工具、以成败论英雄的唯功利论，是丧失了正道。但在南宋的风雨飘摇之际，浙东学者强调历史与政治的关系，重塑北宋士大夫的"忧患精神"与参政意识，比之于理学诸人空谈性命，更富时代精神与现实意义。浙东学派的士人对历史的关心，其实是折射了对社会现实的关注，他们的国家治理之论多能够切中时弊、有资治道，体现了北宋以来士大夫"以天下为己任"精神的延续。浙东学者中，吕祖谦史著最丰，他曾参与编修《徽宗皇帝实录》二百卷，又编选《宋文鉴》一百五十卷传世。他所著《大事记》与《东莱博议》虽有应付科举的性质，但编撰体例清晰，纪事考据得当，论史言之有物，四库馆臣赞

---

① （清）章学诚：《邵与桐别传》，（清）邵晋涵《邵晋涵集》附录，浙江古籍出版社2016年版，第2332页。

② （宋）黎靖德编：《朱子语类》卷123《陈君举》，中华书局1986年版，第2967页。

其"淹通",认为"非赵师渊辈所能望其项背"①,是将他的史学见识与史学贡献置于《资治通鉴纲目》之上了。吕祖谦史著中的治国之论主要集中于君权建立和稳固过程中的内因与外因,既有对前朝的议论,也不乏对本朝史事的批评。而他自身的理学家气质和他与朱熹、陈亮二人的私人交往,也让他的史论呈现出对于"道德"与"事功"的双重追求,成为南宋诸史家探讨国家治理问题中理论色彩最为浓厚的一支。

一 "天命"与"人事"

"天"是宋代学术中的重要概念,天是稳定而不可抗拒的力量,决定了事物的最基本特征。但不同于"我生不有命在天"②的将天视为主宰一切的神秘力量,宋人视天为责任与义务的共同体,朱熹解释"天命之谓性",说"命,便是告札之类;性,便是合当做底职事"③,则"天命"生而带有需要承担的必然责任,这就是所谓"性"。吕祖谦则进一步解释说:"天命虽不庸释,然则顺此道即吉,逆则凶,吉凶由于顺逆之间,其报应如反掌之易。天理何常之有,当时时省察,顷刻不忘可也"④,在他的阐释中,"天命不可违"带有双重含义:天命不能抗拒,但天生的责任也不能摆脱。这种对"天命"的阐释在传统的"君权神授"基础上强调了君主的责任性,成为吕祖谦解释"天命"与"人事"的出发点。他认可君权的神圣性,并视其为君主专制制度发展延续的必然原因,所谓"宋受天命,圣圣相传"⑤,政权的建立与延续是天命所归,宋朝作为正统的中原政权,其存在是符

---

① (清)永瑢等:《四库全书总目》卷47《史部 编年类》,中华书局1965年版,第425页。
② 《尚书正义》卷10《西伯戡黎》,(清)阮元校刻《十三经注疏》,中华书局2009年版,第375页。
③ (宋)黎靖德编:《朱子语类》卷4,中华书局1986年版,第64页。
④ (宋)吕祖谦:《东莱书说》卷3,《吕祖谦全集》第8册,浙江古籍出版社2017年版,第57页。
⑤ (宋)吕祖谦:《东莱吕太史集》外集卷4《〈承华要略〉后序》,《吕祖谦全集》第1册,浙江古籍出版社2017年版,第618页。

合天理的。他的这种看法,也是中国传统"天命神授"观念的延续,浙东学派诸学者并未超越这一局限①。但在强调"君权神授"的同时,吕祖谦也具有非常强烈的危机意识,这种意识来源于他认为"天命"所赋予的使命与责任。他说:"命者,正理也,禀于天而正理不可易者,所谓命也。使太甲循正理而行,安有覆亡之患哉"②,君权稳定的基础在于"循正理而行",所谓"正理",吕祖谦总结为"圣人之心,即天之心,圣人之所推,即天所命也。故舜之命禹,天之历数已在汝躬矣……此心此理,盖纯乎天也"。中国传统治国理论中一直不乏对"天命"与"人事"的探讨,而吕祖谦为代表的宋代义理史学则强化了两者的关系,"天命"就是"天理",皇帝享有"天命"的权力,就要承担其所附属的道德秉性与执政能力,这种将作为道德楷模的圣人与权力核心的帝王相结合的模式构建的正是理学家所崇尚的"内圣外王"的实质。

但是不同于朱熹"尝谓天理人欲二字,不必求之于古今王伯之迹,但反之于吾心义利邪正之间"③,以心性修为作为"王霸"的分野,而不强求于国家兴旺发达之"迹",吕祖谦更强调通过协调君权、改造君德的方法提升皇帝的执政能力,进而达到国富民强的目的。吕祖谦在《左氏博议》中,论及"郑公侵陈"一事,曾有一长论,通过论述历史上历朝亡国之君丧国的经历,探讨治国之道。他指出:

> 秦弱百姓而备匈奴,岂非惧匈奴之势强,而谓"百姓何能为"乎?然亡秦者,非匈奴也,乃何能为之?百姓也。汉抑宗室而任外戚,岂非惧宗室之势迫,而谓"外戚何能为"乎?然亡汉者非宗室也,乃何能为之?外戚也。晋武帝以"戎狄何能为"而

---

① 陈亮在他呈于宋孝宗的奏疏中也曾提出:"中国,天地之正气也,天命之所钟也,人心之所会也,衣冠礼乐之所萃也,百代帝王之所以相承也。"
② (宋)吕祖谦:《东莱书说》卷8,《吕祖谦全集》第8册,浙江古籍出版社2017年版,第136页。
③ (宋)王云同:《又答陈同甫书》,唐文治《紫阳学术发微》卷9,华东师范大学出版社2014年版,第248页。

不俟，故卒亡于戎狄。隋炀帝以"盗贼何能为"而不戒，故卒亡于盗贼。以至项羽之视高帝，王莽之视汉兵，梁武之视侯景，明皇之视禄山，皆始以为"何能为"而终至于败亡也。是则"陈侯何能为之"一语，实千载乱亡之所自出，左氏安得不深排而力诋之乎？呜呼！君子之论，常得其本，众人之论，常得其末，凡人臣之深戒人君者，必曰：暴虐也，淫侈也，拒谏也，黩武也，皆人君之大禁也。至于论桀纣幽厉之恶，亦必以前数者归之，殊不知是数者皆末也，其本果安在哉？人君必谓"民怨何能为"，故敢暴虐，必谓"财匮何能为"，故敢淫侈，必谓"诤臣何能为"，故敢拒谏，必谓"穷兵何能为"，故敢黩武，是则"何能为"者，万恶之所从生也。苟不探其本，则何能为之言，虽有致乱之端而未有致乱之形，虽有可畏之实而未有可畏之迹，非知己之君子，孰能遏滔天之浪于涓涓之始乎？①

在吕祖谦看来，君主之所以会出现暴虐昏庸、穷兵黩武、亲近奸佞等错误，就是因为总是持有"何能为"的态度，轻视治国过程中的各种危机。相对于外敌而言，执政系统不能防微杜渐，就会丧失治国安民的责任感和居安思危的忧患意识，所谓暴虐、淫侈、拒谏、黩武等为君者的"大禁"，皆是果而非因。吕祖谦不是如朱熹等理学家一样希望皇帝通过"治心""见性""明理"等途径修炼自身进而施于有政，而是从国家的实际情况出发，希望其能时刻保持警醒的态度和对国家的责任感，这与陈亮所言"王霸并重，义利双行"实有相通之处。

陈亮与吕祖谦私交甚笃，陈亮将他引为生平知己："亮平生不曾会与人讲论，独伯恭于空闲时喜相往复，亮亦感其相知，不知其言语之尽，伯恭既死，此事尽废。"② 吕陈二人对于史学都颇有志趣，陈亮

---

① （宋）吕祖谦：《东莱博议》卷1《郑伯侵陈》，中国书店1986年版，第21—22页。
② （宋）陈亮、邓广铭点校：《陈亮集》卷28《丙午复朱元晦秘书书》，中华书局1987年版，第354页。

曾著《三国纪年》，吕祖谦读后对其论赞从体例到内容都有非常详细的评议。他认可陈亮的主要观点，认可《三国纪年》的"迁固史法"，赞同以蜀汉、曹魏同为正统，但在细微之处二人颇有差别。陈亮重视曹操对于政治稳定的功绩，说他"犹藉汉以令天下，岂高光遗泽，犹有存者耶"，同时又引费诗语讽刺刘备，认为他"以曹操父子逼主篡位，故羁旅万里，纠合士众将以讨贼，今大敌未克而先自立，恐人心易疑"，又说"当时苦于无政久矣，汉虽终禅，而剪除异己不亦劳乎"，是从根本上否定了刘备以"汉室后裔"称帝的合法属性，认为其称帝之行为与曹操并无差异，这是典型的"事功"道理。而吕祖谦为刘备抱不平，说"汉统既绝，昭烈安得不承之"，对于陈亮引曹丕之语，将曹魏代汉与舜禹禅位相匹配的做法，吕祖谦尤为不满，认为是陈亮"不晓事"。吕祖谦对"圣人"之治是极为推崇的，认为上古圣贤可以"履德之基也，谦德之柄也，复德之本也，恒德之固也"[1]，其行为正好符合他所提倡的"天命""正理"，这又与二程、朱熹等所构建的"内圣外王"形象相匹配。吕祖谦对于"理""功""德"的态度，既有浙东史派的"事功"特征，又有理学家对道德心性的追求，这一特点，在他对"治国"与"治心"的议论中有更突出的表现。

二 "治国"与"治心"

吕祖谦家世煊赫，先祖世代为官，他也很希望能够在定国安邦方面一展宏图，但他自宋孝宗隆兴元年（1163）中进士之后，政治上一直少有作为，他力主抗金，希望能够改善南宋"文治可观而武绩未振"[2]的局面，但这些政治追求，都因他的"隐忧"[3]而无法实现。

---

[1] （宋）朱熹：《周易本义》卷3，中华书局2009年版，第254页。
[2] （宋）脱脱等撰：《宋史》卷434《吕祖谦传》，中华书局1985年版，第12874页。
[3] 吕祖谦在《除馆职谢政府启》中自言："自其少时既夺移于科试，及乎壮齿，又堙废于隐忧，竟失全功，徒怜初志。"《吕祖谦全集·文集》卷4，浙江古籍出版社2017年版，第66页。

他在政治上是失意的，但是不同于司马光、范祖禹等失意于政治的北宋史学家所强调的治国之道在于"用人""纳谏"之类建议，吕祖谦更看重君臣之间的伦理关系。他非常不屑前代史学家以"拒谏"为"首人君之恶者"①，而是认为"人臣之忧，在于谏之未善，不在于君之未从谏"②，纳谏是为人臣者的义务，君主不能纳谏，作为下臣则应当反思是否谏言有误，轻易地指责皇帝"拒谏"，就有了构陷其罪的嫌疑："臣之纳谏者，苟尤君而不尤己，不导君而使自从，徒欲强君而使必从，其流弊终至于鬻拳胁君而后止耳。"③ 一旦将"拒谏"视为君主之恶，就是"欲以力强其君者"④，构成了对执政者的道德裹挟，破坏了其绝对权威，所造成的对道德伦理、对"天命""正理"的破坏，远超"拒谏"本身了。

吕祖谦的史论中对人臣的规劝远超人君，君主溺于游宴享乐而不听进谏劝诫，吕祖谦的建议是"使人君畏吾之言不若使人君信吾之言，使人君信吾之言不若使人君乐吾之言，戒之以祸者所以使人君之畏也，喻之以理者所以使人君之信也，悟之以心者所以使人君之乐也"，这种态度与《礼记·内则》所言"父母有过，下气怡色，柔声以谏。谏若不入，起敬起孝，说则复谏；不说，与其得罪于乡党州闾，宁孰谏"是非常一致的，是将君臣父子关系的绝对等同。在这一点上，他比朱熹和陈亮等走得更远。朱熹也认可"君尊于上，臣恭于下，尊卑大小，截然不可侵犯"⑤，但在实际的施政过程中他倡导的是君臣之间的信任和温情。他向往前代君臣相得的政治局面，认为"古之君臣所以事事做得成，缘是亲爱一体"，批评南宋之政坛"自渡江后，君臣之势方一向悬绝，无相亲之意"⑥。他担任宋宁宗经筵官期间曾上书，认为"朝廷纪纲尤所当严，上自人主以下至于百执事，各有

---

① （宋）吕祖谦：《东莱博议》卷2《鬻拳兵谏》，中国书店1986年版，第105页。
② （宋）吕祖谦：《东莱博议》卷2《鬻拳兵谏》，中国书店1986年版，第105页。
③ （宋）吕祖谦：《东莱博议》卷2《鬻拳兵谏》，中国书店1986年版，第105页。
④ （宋）吕祖谦：《东莱博议》卷2《鬻拳兵谏》，中国书店1986年版，第105页。
⑤ （宋）黎靖德编：《朱子语类》卷68，中华书局1986年版，第1708页。
⑥ （宋）黎靖德编：《朱子语类》卷89，中华书局1986年版，第3099页。

职业不可相侵,盖君虽以制命为职,然必谋之大臣,参之给舍,使之熟议,以求公议之所在",是希望以君臣间的温情互动保持上下相和的良性运转。而在叶适、陈亮等浙东史家看来,皇帝的主要责任是在选贤任良基础之上为国家营造一个稳定的政治局面,既而"端拱"①,"明政之大体,总权之大纲"②。陈亮批评宋孝宗"自践阼以来,亲事法宫之中,明见万里之外,发一政用一人,无非出于独断。下至朝廷之小,臣郡县之琐政,一切上劳圣虑"③,叶适也曾批评宋光宗,说他:"尽收威柄,一总事机,视天下之大如一家之细"④。陈、叶等浙东史家认可君权的威仪,但"端拱于上而天下自治"⑤,君权是为了制定维护国家发展的"总纲",而无须事必躬亲的"独断"。朱熹对于君权的态度根源是基于其"内圣外王"的追求,理想化的执政者当以"道德楷模"的形式完成对臣民的"教化",一味强调君臣之间的悬殊,在朱熹看来只是"秦人尊君卑臣之法"⑥,陈亮叶适等人对于君主在具体行使权力方面的限制性建议,则暗合法家所言"事在四方,要在中央;圣人执要,四方来效"⑦的执政原则。唯有吕祖谦从"臣"的角度出发,以强化君臣纲常为明目,最终着眼点还是士大夫如何通过有效的手段"劝谏"。南宋君权之独断远超北宋,自秦桧以来的权臣亦是不绝于史,北宋士人所欣欣向往并着力构筑的君臣一体、"得君行道"的政治理念已经成为泡影。吕祖谦、朱熹、陈亮等人多为地方小官,他们对政权中枢的了解与欧阳修、司马光等长期在

---

① 端拱,指帝王庄严临朝,清简为政。如《魏书·辛雄传》:"端拱而四方安,刑措而兆民治。"[(北齐)魏收:《魏书》卷71,中华书局1974年版,第1689页]

② (宋)陈亮、邓广铭点校:《陈亮集》卷2《论执要之道》,中华书局1987年版,第27页。

③ (宋)陈亮、邓广铭点校:《陈亮集》卷2《论执要之道》,中华书局1987年版,第27页。

④ (宋)叶适:《叶适集》补遗卷15《应诏条奏六事》,中华书局2010年版,第842页。

⑤ (宋)陈亮、邓广铭点校:《陈亮集》卷2《论执要之道》,中华书局1987年版,第27页。

⑥ (宋)黎靖德编:《朱子语类》卷135,中华书局1986年版,第3222页。

⑦ (清)王先慎:《韩非子集解》卷2《扬权》,中华书局1998年版,第44页。

中央担任执政的官员也有很大区别,他们的国家治理之论一方面出自传统儒学的伦理道德,饱含对皇帝的问难与期盼,但另一方面也因对国家发展的核心问题缺乏了解而颇显空泛。但他们国家治理思想中体现出来的对国家发展的主观能动作用,又是对北宋"居庙堂之高则忧其民,处江湖之远则忧其君"的责任感与道德心的继承和发扬。

既然缺乏从政治上完善和限制君权膨胀的制度,南宋士人只能转向通过君主自身的道德建设提升其执政水平,吕祖谦对"诚意正心"至于"治国平天下"的关系也非常重视。"格物、致知、诚意、正心、修身、齐家、治国、平天下"也是朱熹所力倡的"八条目",但不同于理学家将"格物致知"作为"诚意正心"的途径,又以"诚意正心"作为提升其个人道德水准,进而得以"治国平天下"的先决条件和唯一路径,吕祖谦是将"正心诚意修身齐家之学"视为个人增进修养进而提升个人感染力的手段。在他所著《左氏传说》中,论及"晋赵宣子秉国政,于他人之言皆不从而郤缺每言辄听"一事,吕祖谦的看法是:"自三代以后至春秋间,正心诚意修身齐家之学不讲,故言语无力不能动人,大率要得言语动人,须是自里面做工夫出来,郤缺耕于田野耒耜之际,其妻馌之,敬相待如宾,则知郤缺工夫皆自里面做出来,故其言语有力足以动人也。"① 吕祖谦以"正心"为内在的修养,反映到外在,就是言语行动有感化世人的力量。吕祖谦对《大学》中"八条目"的论述,是将其割裂,分而论之,他认为"正心诚意"是"修身齐家"的手段之一,"修身"至于"平天下"才是需要深究的治国之道,而这一过程是不能一蹴而就的。借由批评春秋时的宋国国君征伐曹国一事,吕祖谦阐述了治国之道"不见其速,未有见其迟者也"的道理,他认为"身修而后家齐,家齐而后国治,国治而后天下平,是犹自浴而至织,自耕而至舂,一阶一陀岂可妄躐哉?由三代以前亦未闻有厌其迟者也"。他赞同个人修养与国家建设之间的关系,并强调这是一个漫长和艰辛的过程,但是如若希望达到

---

① (宋)吕祖谦:《左氏传说》卷4,《吕祖谦全集》第17册,浙江古籍出版社2017年版,第47页。

上古三代一般的"治世",就必须不厌其烦地坚持。然而自战国以来,"功利之说兴,变诈之风起,弃本徇末,忘内事外,竟欲收富强之效于立谈之余,反顾王道,岂不甚迟而可厌哉,是宜子鱼举文王之事,而终不能正宋襄之师也"①。在吕祖谦看来,君主受投机取巧的小人蛊惑,以功利之说而得暂时利益,这并非"王道","侥幸而收功利,岂真其力哉,亦圣人之遗泽,三纲五常之犹未亡者"。国势的暂时稳定,不过是依赖世代积累的力量,切莫因为贪图一时小利而虚耗国力,还是应该本着"修身齐家治国平天下"之理,遵循"圣人"的纲常伦理,不以"功利"而是以"仁义"治国,才能达到"王道",而这个过程是不能贪功冒进的。吕祖谦对"正心诚意"与"治国平天下"的解释,超越了理学以"治心"为核心的原则,而是以"平天下"为最终目的。吕祖谦的治史原则确是充分吸纳历史的借鉴作用以"治道",直接将历史经验为现实所用,这是他与浙东学派的相似处。而从他对"格物致知正心诚意修身齐家治国平天下"的推崇来看,又是理学的根基。朱熹批评吕祖谦,说他"于史分外仔细,于经却不甚理会"②,固然有朱熹对于道德"天理"的坚持,但以朱熹之批评看吕祖谦之史论,其实也有道德家面对复杂历史之时的"两难"处境。

第四节 亡国之际隐逸派史学家的治国之论

南宋在宋孝宗、宋宁宗朝还是比较安定的,但宁宗以后国势也日趋衰落。此时金朝受蒙古帝国的打击日薄西山,嘉定七年(1214),宋宁宗接受真德秀的奏议不再向金贡纳"岁币",并试图与蒙古联手,共击金军。宋理宗绍定五年(1232)宋攻下金的郑州及唐州等地,金哀宗逃往蔡州并以"夏亡及于我,我亡必及于宋"③为理由向宋朝建

---

① (宋)吕祖谦:《左氏博议》卷12,《吕祖谦全集》第13册,浙江古籍出版社2017年版,第281页。
② (宋)黎靖德编:《朱子语类》卷122《吕伯恭》,中华书局1986年版,第2951页。
③ (元)脱脱等撰:《金史》卷18《哀宗纪》,中华书局1975年版,第400页。

议联手抗蒙，但被宋理宗所拒绝，终于端平元年（1234）南宋与蒙军联手灭亡金朝。失去金朝作为屏障，令南宋面临比金更强大的蒙古南下之威胁。端平二年（1235），即宋蒙联手灭金的第二年，蒙古窝阔台汗就派阔端、曲出等出攻南宋，自此开始了蒙宋之间持续四十年的战争，内外交困的南宋政权在战争中土崩瓦解。南宋末年政治形势急剧恶化，宋度宗一味重用贾似道，政治腐败，民生困顿，宋朝病入膏肓。宋端宗景炎元年元的军队（1276）攻陷临安，至1279年崖山失利幼帝蹈海，南宋彻底灭亡。

异族入侵成为南宋士大夫最难以承受的打击，随后的国破家亡使得宋元之际的士人对南宋的君主政治产生了深切的批评和怀疑。南宋末年的政治危机诱使社会矛盾集中爆发，无论是对外的民族矛盾还是内部的君臣矛盾、文武官员之间的矛盾，都一触即发。宋亡后士大夫反思南宋末年的局势，认为"人君择相之不审，至于怀奸私，坏纲纪，乱法度，及败而逐之，不治之事已不胜言矣"[①]，将南宋的失败直接归罪于皇帝，这一时期的治国理论也着力于对前朝的批评和质疑，而这种批评和质疑在某种程度上甚至指向了君主制度本身。南宋末年的战乱也给民众带来了极大的浩劫，大量的知识分子被战争裹挟，更为深刻地了解到生民之艰辛。宋末元初的隐逸士人极多，他们有的在南宋曾经入朝为官，宋亡后选择隐居乡里著书立说，也有少年就逢变乱，一生都游离"世外"的隐士，将不能实现的政治理想呈现于笔墨之中。南宋末年隐逸派史家以黄震、王应麟、邓牧最为突出，他们的史论虽然颇有亡国之哀调，但主旨贴近时事，颇有前代士风，立论又大胆尖锐，成为中国古代治国之论中颇具特色的一个类型。

一 黄震以"经世"为内核的治国之论

黄震字东发，世称"于越先生"，浙江慈溪人，宝祐四年（1256）进士，咸淳三年（1267）擢国史馆检阅，参与修纂宁宗、理

[①] （宋）周密：《癸辛杂识》前集《科举论》，中华书局1988年版，第22页。

宗两朝《国史》《实录》等。宋亡后不仕，深隐于宝幢山，饿死①。他于归隐时所著《黄氏日抄》是他习读诸书的随笔札记，"皆所自作之文"②，史论亦包含其中。黄震之学是继承程朱理学一派，全祖望认为"四明之专宗朱氏者，东发为最"③，《黄氏日抄》排斥佛、老，独尊理学，对心学一派也颇为不满，认为是"多潜移于禅学而不自知"④，故而不喜"治心""诚意正心"之说。他主张学问要有经世致用之能，论史又主张功德并重，说"汤武世有其国，已为诸侯所归，不忍桀纣之乱，起椓灭之，犹以不免用兵，有惭于德，谓之功则可矣"⑤，与陈亮、叶适等浙东史派又有相通之处。

《黄氏日抄》中有"读史者五卷，读杂史读诸子者各四卷"⑥，其中既有对史书的评论，也有对史事的点评，是他国家治理思想最为集中的部分。通过对这部分的研读可见，在黄震看来，治国之道最重要的是"人"，其一是执政者的为人，其二是治国的用人，他论秦之兴败，"穆公以善用人而始兴"，始皇不能"得圣人之威"而败亡，故而"国之兴亡系乎人，亦断断乎不可易也"⑦。君主为人要立德，当心存仁义，常怀公心，"三代之得天下也，以仁故，皆享国长久，若汉若唐若我本朝盖亦其然"，而至于西晋的败亡，他将其归罪于曹操的"欺人孤儿寡妇，狐媚以盗天下而然？六朝之祸于兹烈矣，而开之者，操也"，黄震对曹操的批判与他的正统思想有关，但他对"仁"

---

① "饿死"之说出于《宋元学案》。（清）黄宗羲、全祖望：《宋元学案》，中华书局1986年版。
② （清）永瑢等：《四库全书总目》卷92《子部 儒家类二》，中华书局1965年版，第786页。
③ （清）黄宗羲、全祖望：《宋元学案》卷86《东发学案·序录》，中华书局1986年版，第2884页。
④ （清）黄宗羲、全祖望：《宋元学案》卷86《东发学案·二王门人》，中华书局1986年版，第2887页。
⑤ （宋）叶适：《习学记言序目》卷38，中华书局1977年版，第563页。
⑥ （清）永瑢等：《四库全书总目》卷92《子部 儒家类二》，中华书局1965年版，第786页。
⑦ （宋）黄震：《黄氏日抄》卷46，《全宋笔记》第十编第九册，大象出版社2018年版，第349页。

的重视也是很明显的。此外,黄震也强调为君者不能存"私心",他批评南北朝时南方宋朝之兴亡,就说:"宋武之征伐,宋文之政治,视六朝皆优焉。然急于夺晋,长安既得而复失,檀道济功大见戮,而用王元谟,元嘉之治衰矣,私心之为害若是,惜夫。"① 宋文帝恐惧檀道济功高兵壮,认为其有司马懿之心而杀之,结果自毁长城,导致北魏几度进攻建康,危及刘宋政权,黄震批评宋文帝杀檀道济用王元谟是"私心之为害",认为治国理政应该秉持公正与公道,从大局出发选任人才。

黄震责备宋文帝,除了认为他"私心"而错杀檀道济外,也是因为他的所作所为丧失了君臣之"道义"。不同于前人论君臣以"行谏"与"纳谏"为主,黄震对"君臣之义"非常看重,强调臣对君之忠心,在他看来:"愚观六朝,惟陶渊明不事二姓,其次则褚炤之议……其余纷纷若沈约之流,皆当以欧阳公五代杂臣之法处之可也。"② 黄震论君臣之义,其出发点仍然是儒家的三纲之说,他说"六朝乍起乍灭,生民涂炭,推所自来,实原于三纲沦九法斁",对西晋之亡也认为是"三纲沦九法斁,其祸之烈,乃尔儒者之论,君臣之大义,其可一日不明于天下乎",对三纲、九法的重视可见一斑。他感慨"三代之直犹有存者欤?"又隐含了对本朝皇帝的批评。黄震于咸淳三年(1267)擢国史馆检阅,因上疏建议停发度牒、回收寺产等,触怒宋度宗而被贬官,次年又因指责郡守不法,被斥以挠政罪而免职,他对"三代之政"的感慨,也颇含有借古喻今的用意。

黄震是理学名家,对理学所强调的"正统"观念也很尊崇,他以蜀汉为正,认为"操持一狐鼠耳,不幸天不祚汉,昭烈不得已起兵于外。曹既篡汉,昭烈又大不得已,即位于益,昭烈之心何心哉? 诚不忍四百年之宗社一旦为他人窃耳"③,他对于曹魏、蜀汉的区分标准是

---

① (宋)黄震:《黄氏日抄》卷48,《全宋笔记》第十编第九册,大象出版社2018年版,第435—436页。

② (宋)黄震:《黄氏日抄》卷48,《全宋笔记》第十编第九册,大象出版社2018年版,第437页。

③ (宋)黄震:《黄氏日抄》卷48,《全宋笔记》第十编第九册,大象出版社2018年版,第433页。

曹刘二人起兵称帝之"本义",这与朱熹判断蜀汉为正统的观点是一致的。但是同为篡权,他对唐太宗却褒奖颇多,认为他是"造唐者",而对二程和朱子都加以贬斥的唐太宗夺嫡一事,黄震则为其辩白曰"天下既定,虽高祖且当退为天子之父,奈何又欲授无赖之建成乎?使开创之初,人彝泯绝,终唐之世,乱臣贼子接踵而不可救者。虽太宗惭德居多,在高祖亦有当审处者"①,黄震认同唐太宗发动玄武门之变是"惭德",并认为正是他的失德之举才促使唐代"乱臣贼子接踵而不可救",这种观念承自范祖禹《唐鉴》,与程朱理学强调的"诚意正心修身齐家治国平天下"是一以贯之的,都是以道德作为治国之根基。但是,不同于范祖禹、二程、朱子等将唐太宗夺嫡视为破坏正统的看法,黄震认为建成"无赖",不足以充当国君,唐高祖作为人父,理应对此有合理判断,进而将君位让与功劳最高的李世民,故而应当为玄武门之变及其导致的唐代一系列失德之政事承担责任的是李渊而非李世民。黄震对于李世民的开解颇不同于朱熹等理学家,反与前代欧阳修、司马光等史家及浙东诸人的"经世"思想一致了。

黄震作为理学家,其治国之论的出发点依然是儒家的"礼义"精神和王道的正统意味,但是他强调治国过程中的应变和"审处",又表现出了浓厚的对现实政治的关照。黄震所处的时代是南宋政权最岌岌可危之时,外敌虎视眈眈,内政危机重重,统治行将崩溃,这种环境下,理学强调"治心"、提倡通过修炼心性而使"天下归"、为"中原主"的理想已经难以实现,黄震的国家治理思想将"明理"与"经世"统于一身,也堪称南宋末年士大夫历史思想的重要代表了。

二 王应麟的"正心"说

宋末,深受吕祖谦金华学派和朱熹理学两家影响的王应麟,撰写了宋代通鉴学的收尾之作《通鉴答问》,虽仅有五卷传世,但其中多论帝王正心之学。王应麟的父亲王㧑是吕祖谦学生楼昉的学生,曾任温州知

---

① (宋)黄震:《黄氏日抄》卷49,《全宋笔记》第十编第九册,大象出版社2018年版,第441页。

州，王应麟从小受其培养教育，19岁就中进士，21岁在衢州任主簿，而他在成为进士后又受到程朱学派的王埜和真德秀等人影响，任官同时勤于读经史，精于考据。不同于黄震的宋亡归隐，王应麟在景定年间就因为直言上谏得罪贾似道而"以母忧去职"，远离政坛。王应麟是南宋末期著名的爱国士人，虽然一直受贾似道排挤，但贾似道死、宋恭帝即位后，虽然南宋国运已到尽头，他还是毅然出仕，辅助风雨飘摇的临安朝廷。宋亡后他隐居二十年，"深自晦匿，不与世接"①，王应麟之学术"盖亦兼取诸家，然其综罗文献，实师法东莱"②，他的历史思想、国家治理理论也显现出了对理学与经世之学的融汇。

王应麟重视对帝王心性的建设，以"正心"为治国安邦的基础和最基本的行为准则。《通鉴答问》中论及汉武帝时设置内廷事，王应麟以此为宦官干政之始："汉之用人至轻，以闺闼扫除之隶簸弄朝纲，贼害谏辅，威柄旁落而不悟，危乱已形而不知至。"其因，则是因为君主出于私心，巧设名目，排斥敢于谏言的朝臣而信任身边的"宦者"，"君心不正而能正朝廷百官者，未之有也。内臣不敢挠外朝，私昵不敢干公议，此圣王所以纪纲正而天下定也"③。"君心正"是国家稳定、"纪纲正"的基本原则，也是稳定君臣关系的核心。王应麟以战国时期公仲连等人谏赵烈侯一事，提出："相有进贤之美，君有改过之美，进贤以正君，改过以正身，君臣两尽其道可以为百世之法。"④他将臣对君的进谏视为是"格君心之非"，将皇帝对臣子谏言的接纳认为是"有改过之美"，这种以"正心""正身"为出发点的"君臣两尽之道"，堪为后世之典范了。

王应麟强调对"心"的重视，认为"正其本者在得之于心而已，

---

① （元）脱脱等撰：《宋史》卷263《王应麟传》，中华书局1985年版，第9095页。
② （清）王梓材、冯云濠：《宋元学案补遗》卷85《深宁学案补遗》，中华书局2012年版，第5097页。
③ （宋）王应麟：《通鉴答问》卷5，文渊阁《四库全书》第686册，台湾商务印书馆1983年版，第713—714页。
④ （宋）王应麟：《通鉴答问》卷1，文渊阁《四库全书》第686册，台湾商务印书馆1983年版，第628页。

得之于心者，其术非他学焉而已矣"①，但不同于陆九渊"吾心即是宇宙"②的主张，王应麟"以朱而变陆"③，依然遵奉朱熹所树立的体系与秩序，说"正心修身齐家治国平天下之道，体用一贯，本末一理，始于格物致知"④，又说"大学所以诚意正心修身治其国家天下，而要其所以为始者"⑤，将朱子的"八条目"视为正轨，强调"正心"过程中的程序。他以汉元帝初即位听信石显等人谗言罢免萧望之等人之事，提出了儒学在君主制度中的指导性问题。汉元帝之所以不能贯彻"诚意正心修身齐家治国平天下"的为政治国之道，是因为他自小所受教育的缺憾，他虽"十二通《论语》《孝经》，又七年授《论语》《礼》《服》，非不好儒也"，但他所学的只是"寻章摘句"，忽略了"君道政体"乃是"正心修身齐家治国平天下之道，体用一贯，本末一理，始于格物致知"。在王应麟看来，汉元帝走入歧途的原因，在于他的父亲汉宣帝"家庭训告，谓俗儒不达时宜，未尝选真儒以开导其未至也"。宣帝曾明言"汉家自有制度，本以霸王道杂之，奈何纯任德教"⑥，是汉朝"独尊儒术"以来第一个对儒学公开表示不屑的帝王，正因为他"杂用霸道"，忽略了儒学指导下君德的修养，"旁求俊彦启迪后人，此非宣帝之责乎？"⑦在王应麟看来，"正心修身"不是一朝天子的临时之政，而是应当作为家学而代代沿袭，成为治国的不二法门。王应麟的"正心"之说，是对程朱理学所谓"正心诚意者，尧舜所谓执中也，自古圣人口授心传而见于行事者，惟此而已"的具体和深化，他通过对历史上君臣事迹的讨论，体现了"心"

---

① （宋）王应麟：《困学纪闻》卷2，中华书局2016年版，第241页。
② （宋）陆九渊：《陆九渊集》卷22，中华书局1980年版，第273页。
③ （清）黄宗羲、全祖望：《宋元学案》卷85《深宁学案》，中华书局1986年版，第2858页。
④ （宋）王应麟：《通鉴答问》卷5，文渊阁《四库全书》第686册，台湾商务印书馆1983年版，第711页。
⑤ （宋）王应麟：《困学纪闻》卷2，中华书局2016年版，第240页。
⑥ （宋）司马光编著：《资治通鉴》卷27，中华书局1956年版，第880页。
⑦ （宋）王应麟：《通鉴答问》卷5，文渊阁《四库全书》第686册，台湾商务印书馆1983年版，第711页。

的"正"与"不正"对国家政权稳定和政治发展的重要意义,有"发明孟子之意以扶天理正人心"①的深切用意。

王应麟最重要的著作是所撰类书《玉海》二百卷,王应麟应试"博学鸿词科"得以入仕,"作此书即为词科应用而设"②,包罗万象,成为宋代私人修撰类书中的佼佼者。相比之下《通鉴答问》仅五卷,且全书未竟,止于东汉,应当是王应麟晚年完成《通鉴地理通释》之后的封笔之作。王应麟晚年精于考据,《通鉴地理通释》与《困学纪闻》都以此见长,唯《通鉴答问》以朱子理学为根基解读历史,所论虽止于汉代,但他关注的诸如君臣关系、内外政策、君主教育等问题,又与南宋末年政治息息相关。不同于黄震出于"义理"归于"经世"的主张,王应麟一直强调心性道德作为政治的内在凝聚力的重要意义。南宋灭亡后,陆秀夫扶持卫王赵昺漂流海上,"虽匆遽流离中,犹日书《大学章句》以劝讲"③,今人观之或觉其"迂",但与王应麟所论"大学所以诚意正心修身治其国家天下而要,其所以为始者"正有遥相呼应之意。后人批评义理史学,认为是将道德评价置于历史事实之上,使史学成了理学的附庸,但以王应麟观之,宋代士人对国家治理的评论与批判,其出发点或有不同现实的诱因,但所体现的对家国天下的殷切之情其实是一致的。

三 邓牧治国之论中的批判精神

黄震、王应麟作为曾经在南宋为官多年、宋亡后隐匿山野的士大夫,其治国理论既有浓郁的参政精神,也有对君主和君主制度的拳拳忠心。但宋元之际还有另一派隐士,他们青年时代宋朝就已经灭亡,故而终身隐居不仕。这些人秉持宋代知识分子的独立思考精神,对于社会和政治依然保有很高的关注度,但因其远离官场,故而对君主专

---

① (宋)王应麟:《通鉴答问》卷2,文渊阁《四库全书》第686册,台湾商务印书馆1983年版,第641页。
② (清)永瑢等:《四库全书总目》卷135《子部 类书类一》,中华书局1965年版,第1417页。
③ (元)脱脱等撰:《宋史》卷451《陆秀夫传》,中华书局1985年版,第13276页。

制制度又有一种更清醒也更中立的态度，邓牧就是其中的代表人物。

邓牧是宋元之际的思想家，宋亡后隐居大涤山。他精于古文，作文"全效柳子厚"①，"滔滔清辨而不失修洁，非晚宋诸人所及"②，有自撰的诗文合集《伯牙琴》传世。邓牧自述作书目的是："今世无知音，余独鼓而不已，亦愚哉！然伯牙破琴绝弦，以子期死耳，余未尝遇子期，恶知其死不死也？故复存此。"③邓牧自号"三教外人"，但他思想中实有儒释道三教的影响，他自述《伯牙琴》中所存文章"有若礼法士严毅端重者，有若逸民恬淡闲旷者，有若健将忠壮激烈者，有若仙人绰约精深者，有若神人变化不可测者"④，与其思想的多样性是一致的。《伯牙琴》中有《君道》《吏道》两篇，是他结合事实所作的国家治理专篇，对君主专制制度有不少的批评，对后来的黄宗羲等人都有所影响。

邓牧对帝王的批判，主要集中于揭露其掠夺的本质。他说秦始皇是"敛竭天下之财以自奉，而君益贵；焚诗书，任法律，筑长城万里，凡所以固位而养尊者无所不至"，而始皇之后的历代皇帝，"歌颂功德动称尧舜，而所以自为，乃不过如秦"，邓牧辛辣地讽刺他们，说："彼所谓君者，非有四目两喙、鳞头而羽臂也，状貌咸与人同，则夫人固可为也。今夺人之所好，聚人之所争，慢藏诲盗，冶容诲淫，欲长治久安，得乎？"邓牧驳斥前人对君主的种种神化论述，认为其也不过是"与人同"，他们对财富和权力的获取，其本质就是一种掠夺。在这一判断的基础之上，他分析了历朝君主政治活动的本质就在于维护自身的权力与财富，"怀一金惧人之夺，其后亦已危矣"，这种贪婪成了国家动乱的根源，"惧人夺其位者，甲兵弧矢以待，盗贼乱世之事也"，他将中国历史上的朝代更替解释为权力的转移，把皇帝对权力的控制欲望视为动乱的根源，这种解释虽然并不完备，但

---

① （元）吾丘衍：《闲居录》，浙江古籍出版社2019年版，第16页。
② （清）永瑢等：《四库全书总目》卷165《集部 别集类一八》，中华书局1965年版，第1417页。
③ （元）邓牧：《伯牙琴》自序，浙江古籍出版社2019年版，第2页。
④ （元）邓牧：《伯牙琴》后续，浙江古籍出版社2019年版，第39页。

比之前人以"天命""正统"解释朝代更迭，无疑是高明得多了。

邓牧视君主为国家动乱之源，对君臣关系的阐述也不同于前。"与人主共理天下者，吏而已。内九卿百执事，外刺史县令，其次为佐为吏为胥徒，若是者贵贱不同，均吏也。"① 宋代的"吏"多指无品级的下层小官，职能就是协助官员维护社会秩序，一般来说没有参政议政的权力。但邓牧将官僚一律视为吏，认为他们的职能就是协助为上位者"夺民之食""夺民之力"，将各类臣僚都认为是帝王的帮凶。而广泛的以吏治天下，"周防不得不至，禁制不得不详，然后小大之吏布于天下，取民愈广，害民愈深"②。如此而来，君臣联合，就成为天下百姓贫穷多难的根源。邓牧对君主专制制度的批判主要是受到道家的影响，老子"小国寡民"之论，庄子所言"彼窃钩者诛，窃国者为诸侯；诸侯之门而仁义存焉"③、"君人者以己出经式义度，人孰敢不听而化诸"④ 等语，都与邓牧"得才且贤者用之，若犹未也，废有司，去县令，听天下自为治乱安危，不犹愈乎！"⑤、"败则盗贼，成则帝王，若刘汉中李晋阳者，乱世则治主，治世则乱民也。有国有家，不思所以救之，智鄙相笼，强弱相陵，天下之乱，何时而已乎？"⑥ 等议论有相通之处。但宋代学者对于国家制度的反思也对邓牧产生了一定影响，南宋初年郑樵在所著《通志》中，就对专事褒贬帝王的《春秋》笔法有尖锐批判，认为"凡说《春秋》者，皆谓孔子寓褒贬于一字之间，以阴中时人，使人不可晓解。三传唱之于前，诸儒从之于后，尽推己意而诬以圣人之意"⑦。这是从根源上否定了传统儒学维护君主专制制度的主要依据。郑樵还指出阴阳谶纬之道的荒谬，说："董仲舒以阴阳之学倡为此说，本于《春秋》牵合附会，后世史

---

① （元）邓牧：《伯牙琴·吏道》，浙江古籍出版社2019年版，第7页。
② （元）邓牧：《伯牙琴·吏道》，浙江古籍出版社2019年版，第7页。
③ （清）郭庆藩：《庄子集释》外篇《胠箧》，中华书局2012年版，第350页。
④ （清）郭庆藩：《庄子集释》内篇《应帝王》，中华书局2012年版，第290页。
⑤ （元）邓牧：《伯牙琴·吏道》，浙江古籍出版社2019年版，第8页。
⑥ （元）邓牧：《伯牙琴·君道》，浙江古籍出版社2019年版，第7页。
⑦ （宋）郑樵：《灾祥略》序，（宋）郑樵《通志二十略》，中华书局1995年版，第1905页。

官自愚其心目，以受笼罩而欺天下。"① 对董仲舒所建立的"天人理论"进行了深刻的批驳。这些批评在一定程度上剥除了君主被赋予的神权，这与邓牧所提出的"彼所谓君者，非有四目两喙、鳞头而羽臂也，状猊咸与人同，则夫人固可为也"②的观点是一脉相承的。

针对邓牧对君主制度的批判，四库馆臣评价说："其《君道》一篇，竟类许行并耕之说，《吏道》一篇，亦类老子掊斗折衡之旨。盖以宋君臣湖山游宴，纪纲丛脞，以致于亡，故有激而言之。"这一评价是有一定道理的。邓牧思想受先秦道家思想影响明显可见，这一方面与他早年的读书经历有关③，另外也与他失望于南宋末年的政治格局有密切关系。南宋灭亡对士人的思想刺激是非常深刻的，邓牧的密友周密曾作《武林旧事》一书，回忆临安旧景，亡国哀痛之情溢于言表。邓牧与周密交往甚笃，于这种亡国之思，应也是相通的。但是，邓牧高出于一般亡国人文的地方在于，他并非一味沉溺于去国怀乡、沉郁萧索之情，而是超越了政权更替的具体事变，从探寻历史规律的角度去反思政权更替的经验教训，进而针对造成这种朝代更替的君主制度提出了尖锐的批评。也许正是邓牧的"无君"思想，在一定程度上启发了明末清初的思想家黄宗羲。黄宗羲在《明夷待访录》中的《原君》《原臣》等文章，从题目到内容，都与邓牧的《君道》《吏道》有共通之处，但是黄宗羲"以天下为主，君为客"的民本意识比之邓牧又有明显的进步。

但无论是邓牧还是黄宗羲，其对君主制度的批判依然带有明显的局限性。邓牧批判君主的贪婪与掠夺本性，针对的只是秦始皇及其之后的帝王，至于上古之"明君"，则是出自"天下所归"，他们的所作所为也是以庶民利益为重，与民共苦，因其过于辛苦，所以"使天下无乐乎为君"④，权力并不能带来实惠，自然也就不存在争权夺利之

---

① （宋）郑樵：《通志》总序，中华书局1995年版，第9页。
② （元）邓牧：《伯牙琴·君道》，浙江古籍出版社2019年版，第6页。
③ 邓牧"钱塘人，能通庄列诸书，下笔追古作者"。方志远编：《大明一统志》卷38，巴蜀书社2017年版，第1871页。
④ （元）邓牧：《伯牙琴·君道》，浙江古籍出版社2019年版，第7页。

举。至于下臣,邓牧又说:"古者军民间相安无事,固不得无吏,而为员不多。唐虞建官,厥可稽已,其去民近故也"①,可见他并不是反对设吏,而是建议减少吏的数量,提高吏的水平。邓牧关于君、臣的建议,与宋代皇帝"与民争利"的苛政以及"冗官"的积弊有直接联系,但从另一个角度看,这只不过是儒家政治"得君行道"模式的翻版。黄宗羲"以天下为主,君为客"的民本意识比之邓牧有明显的进步,但他依然没有提出废除君主制度的主张,而是希望通过君臣共治、设立方镇等措施限制君权,以"明乎为君之职分"②。邓牧也好,黄宗羲也罢,他们的理想,依然不脱传统儒家士大夫所希望的"明君贤臣"的理想政治影子,这实是中国具有一定民本主义的思想家所共有的局限性。究其根本,君主专制制度之下,治国理论的核心依然是为皇帝本人服务,其目的也是保障君权的持久与稳固,即使有安民保民的思想,也还是为了保障君主本身的利益。以邓牧为代表的对君主制度的批评在一定程度上可以缓解君权过度集中带来的问题,但不能解决根本矛盾,社会发展之下,君主制度的局限性和受到的挑战会愈发明显,而史家的空论对此是无能为力的。

---

① (元)邓牧:《伯牙琴·吏道》,浙江古籍出版社2019年版,第7页。
② (清)黄宗羲:《明夷待访录·原君》,浙江古籍出版社2012年版,第5页。

第八章　辽金史家的治国主张

10—13世纪的民族政权与政权之间的关系，既是这一历史时期的主要矛盾，也是研究这段历史的关键点。辽宋夏金政权既有矛盾，也有斗争之中的融合，其间民族政权也逐渐实现了文化的转型。辽夏金诸民族政权在政权建立和发展过程中对于华夏文化的认同逐渐深入，其史学发展也完成了从民族起源神话史向系统的官修史学的演进。比之于两宋，辽夏金的史学成就虽不够斐然，但亦有特色，对此史学界也已有关注，并取得了不少成果①，随着对民族政权资料的不断发现以及研究的逐渐深入，对辽夏金等民族政权的史学成就也在不断发展与深化。本章即是在既往研究成果的基础上，对辽金的国家治理思想作一初步探讨。

第一节　从"夷狄"到"中华"

一　民族政权的兴起与文化认同

"野蛮的征服者总是被那些他们所征服的民族的较高文明所征服"②，恩格斯的这句话很适用于描述辽夏金民族政权与两宋的关系。

---

① 如史金波《中国民族史学史纲要》（中国社会科学出版社2018年版）、吴凤霞《辽金元史学研究》（中国社会科学出版社2009年版）等专著，都对辽金史学发展作了全面细致的论述，对笔者的研究有很大帮助。

② 《马克思恩格斯全集》第9卷，人民出版社1961年版，第247页。

尽管在对民族政权的战争中宋朝多数都是落于下风，但两宋文教之盛又确实对这些民族政权构成了很大的吸引力，无论是敌对状态下的应急之策，还是和平时期的经济文化交往，辽夏金等民族政权都表现了对华夏文化的倾慕和吸纳，并以此为依据逐渐完成了对自身的改造。

改造的起点是制度的创新，辽、金政权在统治上都采取了胡汉分治的措施。契丹立国之初中原正是五代丧乱之际，耶律阿保机趁机接收了很多从中原逃入契丹的汉儒，并在其帮助下建立了政权。此后契丹的历朝统治者在不断南侵的过程中，又将更多被征服地的汉族臣僚征为己用。在康默记、韩延徽等人的建议下，契丹在汉人集中的南方地区，"建牙开府，筑城郭，立市里以处汉人，使各有配偶，垦艺荒田。由是汉人各安生业，逃亡者益少"①，并将中原政权的君主制度引入契丹，"营都邑，建宫殿，正君臣，定名分，法度井井"②。契丹占据燕云十六州之后改国号为"辽"，采用"以国制治契丹，以汉制待汉人"③之法，并效仿唐制，在中央设三省六部，地方设节度使、观察使、团练使等职，州设刺史，县设县令，南面官除汉人外，契丹人亦可任。但充当南面官的契丹人必须"从汉仪，听与汉人婚姻"④。这种"番汉分治"的方式亦被后起的女真政权所接纳，金在中央设枢密院，成为管理汉人的主要机构。但是，金朝在中原的扩张远超辽朝，其在制度上的汉化也超越了辽。天会十二年（1134），金太宗完颜晟就"初改定制度，诏中外"⑤，试图以辽汉制度改组女真祖制，强化君权的稳固与传承，完成了由部落政权向国家政权的转化。金熙宗即位后，为了巩固皇权，更是进一步加强了对"汉制""汉法"的吸纳，至天眷元年（1138），实行"天眷新制"，全面改用汉法。金代的汉化改革从天会末年一直延续至皇统（1141—1149）初年，内容涉及官制、法律、仪礼、历法等，除了猛安谋克制度以外，女真旧制

---

① （宋）司马光编著：《资治通鉴》卷269，中华书局1956年版，第8810页。
② （元）脱脱等撰：《辽史》卷74《韩延徽传》，中华书局1974年版，第1232页。
③ （元）脱脱等撰：《辽史》卷45《百官志》，中华书局1974年版，第685页。
④ （元）脱脱等撰：《辽史》卷4《太宗纪》，中华书局1974年版，第49页。
⑤ （元）脱脱等等撰：《金史》卷3《太宗纪》，中华书局1975年版，第65页。

大都至此而废,连当时的宋人都认为金朝"城郭宫室、政教号令,一切不异于中国"①。

与这些来自北地的民族政权不同,西夏在立国之前就与中原王朝多有交流,但西夏汉化过程不同于辽金的单向性,其间充满了反复。李继迁起兵反宋之前,党项各部落之间还是比较松散的联盟状态,李继迁为增强政权的稳固性以扩大统治、抵御宋朝,开始逐步学习中原政权,推行封建体制,"潜设中官,全异羌夷之体;曲延儒士,渐行中国之风"②。在他的领导下,西夏政权初具封建国家规模。至李元昊继位,立官制、定服饰、造文字、制礼乐、办学校、建宫苑,仿效中原皇朝建立了制度。李元昊深知"蕃俗以忠实为先,战斗为务,若唐宋之缛节繁音,吾无取"的道理,在汉化的同时,还保留了许多民族的特征,尤其在其称帝后,"制小蕃文字,改大汉衣冠"③,实行秃发令,倡导尚武精神等,保持了"忠实为先,战斗为务"的作风,并以民族情绪强化了帝王的威权,维护和壮大了统治。其后西夏与北宋几番和战,互有胜负,直至李乾顺执政时期(1086—1139),他一来仰慕中原文化,强调文治,二来本着改善宋夏关系的目的,西夏崇儒之风始兴,尚武精神日衰,汉化的程度也进一步加深了。

除了政策制度上学习汉族政权,更为重要的是,在文学、史学和哲学等方面,这些民族政权表现了更为明确的倾向。辽和西夏的文字都是仿汉字而创造的,女真文则是杂糅契丹字和汉字而制。辽夏金的统治者还广泛收集汉地典籍,即使是交战状态下也不忘收集被征服地区的文献书籍等,在靖康之变中,金朝统帅就"悉收其图籍,载其车辂、法物、仪仗而北"④。这些汉族经典被翻译成民族文字,受到了广泛的学习。辽夏金政权都有遣使向宋朝求赐或求购汉文典籍的记录,所求文献包括儒经、史著和诗文集等。民族政权的统治者还聘请汉族

---

① (元)脱脱等撰:《宋史》卷436《陈亮传》,中华书局1985年版,第12932页。
② (宋)李焘:《续资治通鉴长编》卷50,中华书局2004年版,第1109—1110页。
③ (元)脱脱等撰:《宋史》卷485《外国传·夏国传》,中华书局1985年版,第13995页。
④ (元)脱脱等撰:《金史》卷28《礼志一》,中华书局1975年版,第691页。

文士，教授皇族子弟学习儒经，并仿效中原政权设立科举取士之制。金朝的科举起先只有汉人参加，至金世宗大定十一年（1171）开设女真进士科，规定女真人也需通过科举取士。这些民族政权的统治者还认真吸纳了汉族政权"以史为鉴"的态度，发展史学。辽朝设国史馆和起居舍人院修史，还翻译了《通历》《贞观政要》《五代史》等史书，以供帝王参考。金代对历史的重视更甚于辽，不仅修撰国史，翻译史籍，还将对历史的学习引入科举考试之中，如在海陵王统治期间，完颜亮即"命以'五经''三史'正文内出题，始定为三年一辟"①，至明昌元年（1190），金章宗更是规定"以'六经''十七史'、《孝经》《论语》《孟子》及《荀》《扬》《老子》内出题"，不仅儒学一举成为金朝显学，对史学的重视程度也有了明显的深化。

二　辽金政权的中华文化认同与夷夏观

关于华夏与夷狄的关系，杜佑在《通典》中有一段论述："缅惟古之中华，多类今之夷狄。有居处巢穴焉，有葬无封树焉，有手团食焉，有祭立尸焉，聊陈一二，不能遍举。其地偏，其气梗，不生圣哲，莫革旧风，诰训之所不可，礼义之所不及。"②民族政权在起源之初多表现为较为原始的生活方式、政治管理和神权崇拜，但伴随着政权的发展，对国家治理模式和权力传承方式的改造和转化成为必然，中原政权的君主集权模式成为民族政权权力改造的样板，民族文化认同也开始有所变化，并因其政权"汉化"的程度不断加强。

辽之兴起早于宋，北宋前期宋辽之间的矛盾一度成为威胁北宋发展的首要危机，宋人对辽国和契丹族的发展多有关注。范镇晚年曾出使辽国，在他所著的《东斋记事》中，收录了关于契丹族民族起源的传说，"一男子乘白马，一女子驾灰牛，相遇于辽水之上，遂为夫妇，生八男子，则前史所谓迭为君长者也"③，成为研究契丹族源的重要史

---

① （元）脱脱等撰：《金史》卷51《选举制》，中华书局1975年版，第1135页。
② （唐）杜佑撰，王文锦等点校：《通典》，中华书局1988年版，第4980页。
③ （宋）范镇：《东斋记事》卷5，中华书局1980年版，第43页。

料。在元代所修《辽史》中，也记载了辽国"以青牛白马祭天地"①的活动，可证范镇之说。但《辽史》契丹起源的记载却完全忽略了这一神话，而是说"辽之先，出自炎帝，世为审吉国，其可知者盖自奇首云"②，将契丹族归为炎黄后裔。《辽史·营卫志》中有更为详细的记述："庖牺氏降，炎帝氏、黄帝氏子孙众多，王畿之封建有限，王政之布汉无穷，故君四方者，多二帝子孙，而自服土中者本同出也。考之宇文周之《书》，辽本炎帝之后，而耶律俨称辽为轩辕后。俨《志》晚出，盍从周《书》。盖炎帝之裔曰葛乌菟者，世雄朔陲，后为冒顿可汗所袭，保鲜卑山以居，号鲜卑氏。既而慕容燕破之，析其部曰宇文，曰库莫奚，曰契丹。契丹之名，昉见于此。"③考察文献记载，《周书》中并无契丹为炎帝后裔的记载，但将鲜卑宇文氏尊为了炎帝之后④。而《辽史》所提耶律俨之"《志》"，当指耶律俨所修撰《皇朝实录》七十卷。耶律俨修辽实录是在天祚帝统治期间，则辽朝在其发展过程中，也完成了对契丹族源的"中国化"过程。

  辽对于契丹身份的认定也是其文化认同的重要方面。宋辽之间自澶渊之盟之后一直保持了较为和平的外交局面，但宋人以"中华"为正、以"四夷"为"中华"的辅佐和毗邻的认知是没有变化的，欧阳修《新唐书》《新五代史》中都有契丹传，不仅将其列为"北狄""四夷"，辽国上下深感不满，寿昌二年（1096），汉人史官刘辉就上书辽道宗耶律洪基，称："宋欧阳修编《五代史》，附我朝于四夷，妄加贬訾。且宋人赖我朝宽大，许通和好，得尽兄弟之礼。今反令臣

---

① 《辽史·地理志》对"青牛白马"的传说有所解释，说"（永州）有木叶山，上建契丹始祖庙，奇首可汗在南庙，可敦在北庙，绘塑二圣并八子神像。相传有神人乘白马，自马盂山浮土河而东，有天女驾青牛车由平地松林泛潢河而下。至木叶山，二水合流，相遇为配偶，生八子。其后族属渐盛，分为八部。每行军及春秋时祭，必用白马青牛，示不忘本云"，比之于范镇的记录已经有神化加工。
② （元）脱脱等撰：《辽史》卷2《太宗纪》，中华书局1974年版，第24页。
③ （元）脱脱等撰：《辽史》卷63《世表》，中华书局1974年版，第949页。
④ （唐）令狐德棻：《周书》卷1，"其先出自炎帝神农氏，为黄帝所灭，子孙遁居朔野"，中华书局1971年版，第1页。

下妄意作史,恬不经意。臣请以赵氏初起事迹,详附国史。"① 不仅对宋朝的态度大为不满,还表示要"以牙还牙",将宋太祖"陈桥兵变"一事记入辽朝国史,以削弱和破坏宋政权的"正统"属性。刘辉的建议并没有得到辽道宗的许可,但对于辽政权的正统属性确在不断强化中。首先是与宋朝的国书中,除以兄弟相称外,涉及辽宋两国,多以"北朝""南朝"互称,达成了外交层面的平等②。此外辽道宗崇尚儒学,对辽的国家性质也多有自上而下的修正。史载"道宗朝,有汉人讲《论语》至'北辰居所而众星拱之',道宗曰:'吾闻北极之下为中国,此岂其地邪?'又讲至'夷狄之有君',疾读不敢讲,则又曰:'上世獯鬻猃狁荡无礼法,故谓之夷,吾修文物,彬彬不异中华,何嫌之有?'卒令讲之"③。耶律洪基以辽国所居地为"中国",以"荡无礼法"作为华夷之区别,又以"修文物,彬彬不异中华"将契丹族视为"中华"一员,这是辽自上而下产生的中华文化认同的明证。但值得注意的是,在将自身统属于"中华"的同时,辽人对于"夷狄"称呼本身也并不讳忌,甚至直至辽朝统治中后期还有以"夷"自称的情况,如《辽史》记载辽太祖时"诏大臣定治契丹及诸夷之法,汉人则断以《律令》"④、辽道宗时"帝以君臣同志华夷同风诗进皇太后"⑤等事迹,自契丹建国之初至辽统治后期,并没有构建起完全的中华文化认同,这与辽朝政治上的多元化也是相吻合的。

与之相比,女真所建之金朝不仅政权上的汉化程度大大超过辽朝,对于中华文化的认同以及在此基础上构建的夷夏观念也超越了辽朝。金朝在政治上的汉化与文化上的"正统"是一致的。金熙宗"天眷新制"到海陵王完颜亮统治期间,金朝迅速完成了政治上的汉

---

① (元)脱脱等撰:《辽史》卷104《刘辉传》,中华书局1974年版,第1456页。
② (宋)李焘:《续资治通鉴长编》卷121,皇祐四年(1052),辽兴宗遣使至宋朝,商议"其国书始去国号,而称南北朝",宋仁宗虽当时表示不同意,但以《续资治通鉴长编》《三朝北盟会编》中所载其后辽宋之间的国书,确实多称"南朝""北朝"。
③ (宋)叶隆礼:《契丹国志》卷9,中华书局2014年版,第106页。
④ (元)脱脱等撰:《辽史》卷61《刑法志》,中华书局1974年版,第937页。
⑤ (元)脱脱等撰:《辽史》卷21《道宗纪》,中华书局1974年版,第255页。

第八章 辽金史家的治国主张

化，海陵王所题"万里车书尽混同，南人何事废车工，提兵百万西湖上，立马吴山第一峰"的诗句①及其后的南侵之举，"统一南北"的志向与"车书混同"的文化认同的趋向都非常明确。不同于金初南侵干将完颜宗弼等人以军事扩张攫取和扩大统治权力的模式，海陵王的南侵是为了"自古帝王混一天下，然后可为正统"②，他对于以"大一统"实现"正统"的想法，与宋朝所议之"君子大居正，王者大一统"的观念是一致的。经过金熙宗时代的改革，金朝已经基本摆脱了民族政权初建时以游猎经济和军事扩张为基础的形态，模仿中原王朝建立了君主专制制度，此时的"混一天下"，不仅有拓土封疆、扩张皇权的意义，也具有从意识形态上建立金朝统治的合法性的意义。然而完颜亮南侵的失利和随后"正隆和议"的签订，金朝通过统一建构"正统"的尝试终告失败，金朝在政权改组的过程中，需要用另一种模式强化其正统属性，被中原政权所放弃的"德统"之说在金朝复兴，成为其最具典型意义的对于正统的维系手段。

宋朝自欧阳修"正统论"流行之后，关于德运的论述已经非常微弱，但在金朝，这个问题成为其与宋争取正统地位、强化其"中华"政权属性的代表性事件。关于金朝确定德运的起始，史学界有所争议③，但从《金史》《大金德运图说》等文献所载金朝对"德运"的论证，金人对"德运""五德"等概念的理解和运用也经历了从浅显附会到深刻运用的过程④。《大金德运图说》记载了金宣宗贞祐二年（1214）群臣商议更定德运一事，是"金尚书省会官集议德运所存案

---

① 海陵王题诗史籍所载不尽相同，明清笔记多作"江南岂有别疆封"，《大金国志》中的记载是"南人何事费车工"，前者大一统的色彩更浓厚，流传也更广泛，但语辞工整，有文学加工的痕迹，亦有可能是自宋太祖平南唐之故事敷衍而来。
② （元）脱脱等撰：《金史》卷84，中华书局1975年版，第1883页。
③ 刘浦江在《德运之争与辽金王朝的正统性问题》（《中国社会科学》2004年第3期）中对关于金朝德运之争的几种研究成果曾作过简要评述，笔者对此问题的研究也参考此文。
④ 金人对德统的议论前人多有研究，此处不赘述，具体可见宋德金《正统观与金代文化》、陈学霖《金国号之起源及其释义》、刘浦江《德运之争与辽金王朝的正统性问题》（《中国社会科学》2004年第3期）等文章中的论述。

牍之文也"①，根据这份文献所载，金朝商议德运是在明昌四年（1193），最终于泰和二年（1202）确定以"土德"为德运，这与《金史》所载"十一月甲辰，更定德运为土，腊用辰。戊申，以更定德运，诏中外"②的记载是相吻合的。《金史》中曾载，大定十五年（1175）金世宗在长白山举行封山大典，告词中有"厥惟长白，载我金德，仰止其高，实惟我旧邦之镇"之语，此"金"是指国号还是德运其实难定。但结合《大金德运图说》中的记录，明昌四年（1193）和承安五年（1200）两次商议德运的活动都"议论既多不能归一"③，而党怀英、孙铎等人在泰和元年（1201）议定德统之时却有"依旧为金德"④的建议，以"金"为金朝之德运又俨然是传统所在，据此推断，大定十五年封长白山告词中的"金德"应当就是指金朝的德运了。金朝在大定年间⑤转向以"五德"确定正统，距离海陵王南侵仅有二十年。以统一中原而"为正统"的理想因为南侵失败而告破灭，金朝在世宗统治期间确立德统，既有一反海陵之暴虐好战而转向国家内政建设的意味，也表明了金朝对于强化其正统地位的执着。

与强化正统相一致的，是金朝对"华夷"之辨的态度，不同于辽朝"北""南"并称，金朝因其占据了黄河中游这一传统的"王畿"之地，首先就从地理上拥有了"中国"之名号。金人称"金之初兴，天下莫强焉。太祖、太宗威制中国"⑥，又说"宋虽羁栖江表，未尝一日忘中国"⑦，意图占据"中国"之"名分"的目的十分明显。海

---

① （清）永瑢等：《四库全书总目》卷82《史部 政书类二》，中华书局1965年版，第703页。
② （元）脱脱等撰：《金史》卷11，中华书局1975年版，第259页。
③ （清）张金吾编：《金文最》卷56，中华书局2020年版，第810页。
④ （清）张金吾编：《金文最》卷56，中华书局2020年版，第811页。
⑤ 刘浦江根据《金史·世宗纪》所载大定三年，"腊，猎于近郊，以所获荐山陵，自是岁以为常"推断金朝是在此时以"金"为德统。见刘浦江《德运之争与辽金王朝的正统性问题》（《中国社会科学》2004年第3期）。
⑥ （元）脱脱等撰：《金史》卷18，中华书局1975年版，第403页。
⑦ （元）脱脱等撰：《金史》卷93，中华书局1975年版，第2064页。

陵王将都城迁至中都（今北京）并一直延续至蒙古入侵，也是因为"朝廷者百官之本，京师者诸夏之仪"①。金朝由"夷狄"向"诸夏"的转向，与其政治上的转型是一致的，这点在议定"德运"之时对宋朝的定位上也能看出。孙铎建议取"金德"正是因为"宋不用赵垂庆之言，不肯继唐统，乃继郭周为火德，是彼自失其序，合为闰位，自今本国可号大金，又尝有纯白鸟兽瑞应，皆载之国史，请依旧为金德，上承唐统"②，试图直接跨越宋朝，继唐为统。这一论说既与传统的五德终始之说不符，也与北宋实际统治情况不符，所以被时为秘书郎的吕贞乾抓了小辫子，说他"礼官所以言不及宋而委曲拟承唐者，意以为宋犹未绝，岂彼之心不欲以绝宋乎？"这是欲加之罪，但孙铎和吕贞乾为代表的朝臣以金取代宋为"中国"的意图是一致的。既然认定了金朝是"中国"，是"诸夏"，则"夷"也有了相应的变化，大定二十二年（1182）皇帝制印，作天子行宝，此为中国旧印，"答四夷书则用之"③，大定二十六年（1186）议定帝王庙号用字，拟用字包括"威"，取其"蛮夷率服曰威"④之意，此之"蛮夷"与宋人所谓"夷狄中至贱者"⑤显然已经相悖而行了。

三 辽金史著与史家

辽金史学的发展与其"中国化"是同步的，汉化过程较缓慢且不够充分，修史活动虽然一直存在，但成果算不上丰厚。辽圣宗统和九年（991）辽朝始以宰相监修国史⑥，官修史书制度至此才算基本成型，此时距辽朝建立已近百年。辽朝国史馆除修史外，也兼有翻译汉文史著的功能，据黄任恒《补辽史艺文志》统计，辽代共修撰官私史

---

① （元）脱脱等撰：《金史》卷12《章宗纪》，中华书局1975年版，第285页。
② （清）张金吾编：《金文最》卷56，中华书局2020年版，第811页。
③ （后晋）刘昫等：《旧唐书》卷43，中华书局1975年版，第1846—1847页。
④ （清）张金吾编：《金文最》卷57，中华书局2020年版，第824页。
⑤ 宋人对女真初兴时的看法，见（宋）徐梦莘《三朝北盟会编》卷244，上海古籍出版社1987年版。
⑥ （元）脱脱等撰：《辽史》卷47《百官志三》，中华书局1974年版，第781页。

书十种三十二部①，与宋朝恢宏的史学成就固不能比，即使金代也远胜于辽。但辽代依然也有具备卓越见识的史学家，如辽圣宗、兴宗朝的契丹族史学家、"为时大儒"萧韩家奴，他饱览经史，精通契丹文和汉文，是辽朝汉化过程中的重要臣僚。辽兴宗重熙十三年（1044），萧韩家奴被"擢翰林都林牙，兼修国史"②，他即刻上书辽兴宗，建议"宜依唐典，追崇四祖为皇帝"，改辽朝先祖的"夷离堇"之号为"皇帝"号，这是辽朝文化上弘扬"正统"的重要表现。辽兴宗崇尚儒学，曾诏令萧韩家奴每"与耶律庶成录遥辇可汗至重熙以来事迹，集为二十卷进之"③，与宋代所热衷修撰的"宝训"类史著颇有相似之处。萧韩家奴还通晓汉文，曾以"欲帝知古今成败"④为目的将《通历》《贞观政要》《五代史》等史著翻译成契丹文进献辽兴宗，"以史为鉴"的精神成为他修史的主要目的，这与同时代的北宋史学主流也是有相似性的。他以辽兴宗为所撰史书的第一读者，以史著劝谏君王的目的也十分明确。萧韩家奴之外，辽代重要史家还有主持国史修撰的耶律孟简、撰写《辽实录》的耶律俨等人，但他们并没有著述传世，其史论也就未可知了。

相较于辽，金代史学成就要丰富和全面得多。女真地处偏荒，立国前文化落后，被视为"夷狄中至贱者"⑤，但完颜阿骨打建国后就"辽旧人用之，使介往复，其言已文"⑥，仿照契丹文创立了女真文字。攻入汴梁之后，金人大肆掳掠，"凡法驾、卤簿，皇后以下车辂、卤簿，冠服、礼器、法物，大乐、教坊乐器，祭器、八宝、九鼎、圭璧，浑天仪、铜人、刻漏，古器、景灵宫供器，太清楼秘阁三馆书、天下州府图及官吏、内人、内侍、技艺、工匠、娼优，府库畜积，为

---

① 吴怀祺认为还应该补上韩知古《辽朝杂礼》、耶律俨《建官制度》《后妃传》三部，以及辽代金石碑刻，见吴怀祺《辽代史学和辽代社会》，《史学史研究》1995年第4期。
② （元）脱脱等撰：《辽史》卷103《萧韩家奴传》，中华书局1974年版，第1449页。
③ （元）脱脱等撰：《辽史》卷103《萧韩家奴传》，中华书局1974年版，第1450页。
④ （元）脱脱等撰：《辽史》卷103《萧韩家奴传》，中华书局1974年版，第1450页。
⑤ 宋人对女真初兴时的看法，见（宋）徐梦莘《三朝北盟会编》卷244，上海古籍出版社1987年版。
⑥ （元）脱脱等撰：《金史》卷125《文艺传》，中华书局1975年版，第2713页。

第八章 辽金史家的治国主张

之一空"①，虽然对宋朝文化造成了灭顶之灾，但金朝的汉化和儒化却由此大为推进。尤其"世宗、章宗之世，儒风丕变，庠序日盛，士由科第位至宰辅者接踵"②，金朝"中国化"进程加速，儒学渐成"显学"，史学也有了长足发展。金仿效宋朝设立国史院、著作局、记注院等，逐渐完善为完备的修史机构。金朝君臣对修史活动都很重视，金世宗强调"实录"之重要性，诏令"史官记人君善恶，朕之言动及与卿等所议，皆当与知。其于记录无或有隐，可以朕意谕之"③。后人观《金史》，认为"金'本纪'所载世宗嘉谟懿训最详，较《贞观政要》更多数倍"，称赞"金记注官最得职"④，传世的金代史著也远较辽代为多，除《金史》外，金章宗明昌六年（1195）礼部尚书张暐所撰《大金集礼》、金宣宗时集议"德运"的案牍文集《大金德运图说》、金末宇文懋昭编纂的《大金国志》以及私人不知名撰写的《大金吊伐录》等，都成为研究金代历史的重要参照。尤为值得注意的是，金朝末年的金宣宗、金哀宗朝，虽然战乱频仍、国力衰微，但私人撰史有了重要发展，元好问、王若虚、刘祁等史家颇负盛名。元好问是金代最知名的文学家，又有过修撰国史的经历，他晚年"尤以著作自任，以金源氏有天下，典章法度几及汉、唐，国亡史作，己所当任"⑤，他所撰《金史》与《壬辰杂编》成为元代修撰《金史》的重要参照，可惜两书都佚亡，仅有文学史撰述《中州集》传世，可以一窥这位诗文大家的史学修养。而王若虚与刘祁都有史著传世，王若虚著《滹南遗老集》四十五卷，收录《史记辨惑》十一卷，《诸史辨惑》二卷，《新唐书辨惑》三卷，《君事实辨》二卷，《臣事实辨》三卷，《议论辨惑》一卷，是中国古代史学批评的重要文献，其中也含有不少对历史进程和历史规律的探索。刘祁比元、王二人年

---

① （宋）脱脱等撰：《宋史》卷23《钦宗纪》，中华书局1985年版，第436页。
② （元）脱脱等撰：《金史》卷125《文艺传》，中华书局1975年版，第2713页。
③ （元）脱脱等撰：《金史》卷7《世宗纪》，中华书局1975年版，第157页。
④ （清）赵翼：《廿二史札记校证》卷28"金记注官最得职"条，王树民校证，中华书局2013年版，第654页。
⑤ （元）脱脱等撰：《金史》卷126《文艺传》，中华书局1975年版，第2742页。

轻二十余岁，他入太学学习之时，金朝已经是穷途末路，他是政权覆灭的见证者与记录者，他所撰《归潜志》一书详记金末名流列传及亡国始末，也为元人撰修《金史》提供了重要史料。

宋末元初之际，还有两本颇具特色的民族史撰述，即题名南宋叶隆礼的《契丹国志》和宇文懋昭的《大金国志》，这两书对于民族政权的记载颇为详尽，议论也很丰富。尤其是《契丹国志》一书，以南宋人视角记录辽代二百年史事，作者的立场与议论都十分微妙：既有南宋遗民在国家危亡之际的忧患意识与沉痛心情，又有出于民族情绪的对历史的狭隘解读。关于此书的作者和成书年代有许多论争，有学者认为该书确如书前序所言，成书于叶隆礼之手①，亦有学者认为这是书肆伪作②，但研究者均认为这部著作应成书于宋元交替之时。这部书作者对于辽代历史颇有了解，可见辽史在南宋传播之广，但书中所记史事谬误颇多，很多史论也不过是沿袭前人成见，与辽国事实并不相符。从《契丹国志》成书推断，辽代史学成就当超越史料所见的情况，但本身发展确有限制。《契丹国志》算不上出色的史书，却是特殊历史背景下民族融合与民族矛盾相交汇的独特产物。

第二节　金末史学家的治国之论与人生走向

金哀宗天兴二年（1233），蒙军进攻汴梁，金哀宗避难归德（今河南商丘），宰相崔立以汴梁城降蒙，蒙军入城前"群小附和，请为立建功德碑"③，元好问、王若虚、刘祁三人都卷入了这一事件。"翟奕以尚书省命召若虚为文"，王若虚与元好问商量后表示了拒绝，翟奕等人又找到刘祁，"祁等固辞而别"。但最终的结果是，"促迫不已，祁即为草定，以付好问，好问意未惬，乃自为之。既成，以示若

---

① 李锡厚：《叶隆礼和〈契丹国志〉》，《史学史研究》1981年第4期。
② 刘浦江：《关于〈契丹国志〉的若干问题》，《史学史研究》1992年第4期。
③ （元）脱脱等撰：《金史》卷126《王若虚传》，中华书局1975年版，第2738页。

虚，乃共删定数字，然止直叙其事而已"①，时代洪流之下，士人空有一腔孤勇，也是以卵击石。这也是三人的最后一次人生交汇，其后王若虚"北归镇阳"（今河北正定）隐居；元好问汴梁城破后被俘，辗转河北、山东，后受耶律楚材佑护暂居山东东平"校试诸生文"②，《金史》称其"不仕"，但据《元史》载，他还曾经劝谏忽必烈修习儒学；比王、元二人年轻二十岁的刘祁，汴梁城破后筑"归潜堂"隐居，忽必烈即位后"诏试儒人，祁就试，魁西京，选充山西东路考试官"③。元好问所撰《己亥杂编》亡佚，王若虚和刘祁都有史著传世，今笔者仅就王、刘二人史著中的治国理论，略探民族政权中的汉族士大夫在大变革的背景之下，其史著中表达的对于家国的态度与其政治抉择的内在呼应。

一 王若虚以"恩义""仁德"为核心的治国之论

王若虚是承安二年（1197）的进士，不久即入翰林"为国史院编修官"④，他所撰《滹南遗老集》是中国古代重要的文学批评和史学批评著作。元好问评王若虚之学问人品，称"公资禀醇正，且有师承之素，故于事亲、待昆弟及与朋友交者无不尽，学无不通，而不为章句所困，颇讥宋儒经学以旁牵远引为夸，而史学以探赜幽隐为功，谓天下自有公是，言破即足，何必呶呶如是"⑤，王若虚"主文盟几三十年。出入经传，手未尝释卷，为文不事雕琢，唯求当理"⑥，王若虚思想中确有很深刻的宋代义理之学影响。他自陈"宋儒发扬秘奥，使千古之绝学一朝复续，开其致知格物之端，而力明乎天理人欲之辨，始于至粗极于至精，皆前人之所未见，然后天下释然，知所适从，如

---

① （元）脱脱等撰：《金史》卷126《王若虚传》，中华书局1975年版，第2738页。
② （宋）李焘：《续资治通鉴长编》卷169，中华书局2004年版，第10037页。
③ 康金声编：《全辽金诗》，陕西古籍出版社1999年版，第2959页。
④ （元）脱脱等撰：《金史》卷126《王若虚传》，中华书局1975年版，第2737页。
⑤ （元）元好问：《内翰王公墓表》，李修生主编：《全元文》第1册卷30，凤凰出版社1999年版，第490页。
⑥ （元）王鹗：《〈滹南遗老集〉引》，李修生主编：《全元文》第8册卷245，凤凰出版社1999年版，第4页。

权衡指南之可信,其有功于吾道岂浅浅哉"①,视宋代义理之学为启蒙与主要思想来源。其史论也颇受宋人影响,"正闰之说吾从司马公,性命之说吾从欧阳子,祭礼之说吾从苏翰林,封建之说吾从范太史,余论虽高吾弗信之矣"②。或出于南北文化隔阂,王若虚对北宋及北宋之前史学的了解和研究远超南宋,他对国家治理的观点与态度堪称北宋治国之论在金朝的继承与延续。

王若虚以"义理"为判断国家治理水平的标准,《五经惑辨》开篇论述《大雅·烝民》,说"盖人之所以陷于祸败以至失身者,由其愚暗妄行、不知理义故耳",针对宋文帝、唐玄宗教子知稼穑之艰,他也认为是舍本逐末,"人主之教子当使亲师傅通古今,义理既明百行自正,曾谓此等可以制其心乎"③,这是王若虚论述君主行事和君臣关系的基本出发点。王若虚所看重的"义理",首要点是人伦关系,他论述"君道"亦是从"人道"着眼。他以刘邦称帝后其父"谓高祖不可以我乱天下法"之事,批评汉高祖"于天理本明,而家令蔽之,故虽加尊崇而卒入于不善也"④,刘邦虽然本着"父以子贵"的原则将其父奉为太上皇,但内心所持依然是"奈何令人主拜人臣,如此则威重不行"的态度,如果以刘邦为榜样,则"末流至于后世,遂专以家事为私,动持义掩恩之说,人主泰然享长上之朝觐。又其甚者,故借亲属以明法而市不徇之名,虽诛夷骨肉而不以为慊或反有德色,天理人道灭绝无余"⑤,人伦的实质是"恩",是"情",一旦"立威"的观念凌驾于父子人伦之上,所破坏的不仅是上下尊卑的礼

---

① (金)王若虚:《滹南遗老集》卷44《〈道学发源〉后序》,辽海出版社2006年版,第533页。
② (金)王若虚:《滹南遗老集》卷30《议论辨惑》,辽海出版社2006年版,第344页。
③ (金)王若虚:《滹南遗老集》卷26《君臣实辨》,辽海出版社2006年版,第297页。
④ (金)王若虚:《滹南遗老集》卷25《君臣实辨》,辽海出版社2006年版,第288页。
⑤ (金)王若虚:《滹南遗老集》卷25《君臣实辨》,辽海出版社2006年版,第289页。

法，还有天然所系的情分关系，而后者才是王若虚所看重的。也是在这一基础上，他对于汉武帝"立子杀母"事以及后人对此的赞同都一并予以激烈批评："使天下之人皆如武帝之用心，杀人其可胜计，而亲戚之间岂复有恩义哉？故夫武帝之安其后者，乃所以绝其后，非惟不仁，抑亦不智矣。此固凶毒残酷之所为，殆禽兽之所不忍，而帝自为明，史臣又从而赞誉之，何其怪也？"① 对于"恩义"的看重是其立论的要点。王若虚所批评的"史臣"，主要是针对"叶永嘉曰：汉武一生颠倒，临终一节却事事做得是"所言，这句话并不见于叶适的文章，但与朱熹对于"事功"一派"专事功利"的批评相吻合，囿于南北之隔，或许王若虚对于南宋士人的著述有所疏漏②，但他将这一"功利"见解归于事功派的主力叶适，亦有表明其对于义理史学的坚定态度。

人伦的立足点在于"恩义"，是属于"天理"的范畴，王若虚对于君臣的论述亦强调其关系的不可僭越。他反对《左传》"凡弑君称君，君无道也，称臣，臣之罪也"③ 的义例，认为"君非上圣，谁无失德？使此说果行，皆可指为无道而杀之矣"④，将僭越行为称为"弑君"是一种政治上的"美化"，"人之无道孰有大于弑君者"，这是对伦理关系最大程度的破坏。由此出发，他也反对史学家出于政治目的为历史上的"反叛"行为张目，司马光以曹魏为正统，故而"论曹操篡汉，以为非取之汉而取之盗手"，就被王若虚视为"失言之罪"，他还举《资治通鉴》中"论萧道成当讨苍梧，刘知远不必赴晋难"⑤ 为例，证明司马光所言的前后矛盾。朱熹以"岁年之久近，国统之离合，事辞之详略，议论之同异，通贯晓析，如指诸掌"⑥ 为

---

① （金）王若虚：《滹南遗老集》卷25《君臣实辨》，辽海出版社2006年版，第294页。
② 王若虚还曾引吕祖谦之言，亦不见于吕祖谦文章。
③ 《春秋左传正义》卷3，（清）阮元校刻《十三经注疏》，中华书局2009年版，第3744页。
④ （金）王若虚：《滹南遗老集》卷1《五经辨惑》，辽海出版社2006年版，第3页。
⑤ （金）王若虚：《滹南遗老集》卷30《议论辨惑》，辽海出版社2006年版，第338页。
⑥ （清）王梓材、冯云濠：《宋元学案补遗》卷49《资治通鉴纲目序》，中华书局2012年版，第2724页。

修撰《资治通鉴纲目》的目的，王若虚对于君臣伦理的维护和朱子义理史学的态度是一致的。

王若虚之论史与朱熹的相似点还在于他们二人对于"正统"的态度，他自陈"正闰之说吾从司马公"①，但司马光对于"正统"的态度是"苟不能使九州合为一统，皆有天子之名，而无其实者也"②，强调的是"一统"之功，而王若虚对于正统的着重点同于朱熹，更在乎其名分之"正"，将帝王的心性道德和权力传递的合法性视为衡量标准。朱熹还将"天下为一"③视为正统的条件，只是政权并立之下，"蜀汉得其正"，才将其视为"正统之余"④，而在王若虚的观念中，只要得"正"，是否"统"都不重要了。他评论晋武帝灭东吴之事，针对羊祜所言"皓暴虐已甚，于今可不战而克，若皓不幸而没吴人更立令主，虽有百万之众，长江未可窥也"评论说："果使吴人更立令主，民得乐业于一方，释而存之，以为外欢，岂非好事？今乃幸其无道而易取，惟恐失之，此其心曷尝在民邪？"⑤历来评判三国政权之得失都集中于蜀魏谁居正谁可"统"，东吴之存在意义仅在于平衡蜀魏力量，对完成统一之业的司马炎的评价更是一直都很高，司马光甚至誉为"不世之贤君"⑥，以孙皓之残暴，司马炎灭吴更是具有道义上的正义性。然王若虚只轻描淡写说"武帝不足责也"，他所认为的理想模式依然是吴国更立新主，进而保持三国和平局面，"民得乐业于一方"⑦。

"仁"是王若虚对君主最坚定的要求，是他衡量君德的第一标准，

---

① （金）王若虚：《滹南遗老集》卷30《君臣实辨》，辽海出版社2006年版，第344页。
② （宋）司马光编著：《资治通鉴》卷69，中华书局1956年版，第2187页。
③ （宋）黎靖德编：《朱子语类》卷105，中华书局1986年版，第2636页。
④ （宋）黎靖德编：《朱子语类》卷105，中华书局1986年版，第2636页。
⑤ （金）王若虚：《滹南遗老集》卷27《臣事实辨》，辽海出版社2006年版，第314页。
⑥ （宋）司马光编著：《资治通鉴》卷79《晋纪》，中华书局1956年版，第2544页。
⑦ 以上数条俱见（金）王若虚《滹南遗老集》卷27《臣事实辨》，辽海出版社2006年版，第314页。

第八章 辽金史家的治国主张

他论"父子君臣"之纲常关系归结于"恩义",论政权更迭之正统归结于"民乐",其核心都是对于"仁"的追求。而在王若虚看来,"仁"就是"不滥杀",他质疑《荀子》所载"孔子杀少正卯"事,认为:"刑者,君子之所慎,不得已而后用者,罪不至于当死,其敢以意杀之乎?"在他看来,舜不杀"四凶"①,周公不杀蔡叔②,君子自当"重杀"。孔子为人"循理而行,不可则止,宁人负我,毋我负人",不会因为少正卯心性言辞之失当就遽然杀之③,即使少正卯真有违法之举,那也"自有常刑,岂必如仇敌相轧,以先举为得计哉?"④孔子杀少正卯一事出于《荀子·宥坐》篇,又被司马迁记入《史记》,其后的《说苑》《孔子家语》等书俱以此为事实,并赋予各种阐释,"作为必杀之令"⑤,如苏轼就认为"此叟盖自知其头方命薄,必不得久在相位,故汲汲及其未去发之。使更迟疑两三日,已为少正卯所图矣"⑥,看似为孔子剖白,实际是将公报私仇合理化,反成滥杀之借口。北宋王觌建议宋哲宗杀吕惠卿、南宋沈继祖建言宋宁宗杀朱熹都是以此为理由。朱熹对此记载稍有怀疑,称"若果有之,则左氏记载当时人物甚详,何故有一人如许劳攘,而略不及之"⑦,但他又曾说"孔子诛少正卯,当初也须与他说是非"⑧,还是认可了这条记录。唯有王若虚出于以"仁"为本,坚持对生命的珍视,他赞同苏东坡"晋武不杀刘元海,明皇不杀安禄山,为盛德事"的判断,甚至称其

---

① 《左传·文公十八年》:"舜臣尧,宾于四门,流四凶族浑敦、穷奇、梼杌、饕餮,投诸四裔,以御魑魅。"(春秋)左丘明:《左传》,中华书局2012年版,第4035页。

② 《史记·管蔡世家》:"周公旦承成王命伐诛武庚,杀管叔,而放蔡叔。"(汉)司马迁撰:《史记》卷35,中华书局1959年版,第1565页。

③ 《荀子·宥坐》载孔子杀少正卯是因其有五恶:"一曰心达而险;二曰行辟而坚;三曰言伪而辩;四曰记丑而博;五曰顺非而泽。"见(清)王先谦《荀子集解》卷20《宥坐》,中华书局1988年版,第521页。

④ 以上数条俱见(金)王若虚《滹南遗老集》卷2《五经辨惑》,辽海出版社2006年版,第25页。

⑤ (金)王若虚:《滹南遗老集》卷2《五经辨惑》,辽海出版社2006年版,第25页。

⑥ (宋)苏轼:《苏轼文集》卷65,中华书局1986年版,第2001页。

⑦ (宋)黎靖德编:《朱子语类》卷105,中华书局1986年版,第2352页。

⑧ (宋)黎靖德编:《朱子语类》卷130,中华书局1986年版,第3123页。

为"可为万世法"①；批评李德裕等人对于刘邦当杀吕后以绝诸吕之祸的论断，认为"身后之变高祖安知，就使能知，罪未发而逆诛之，在他人犹不可，而可施于妻子之间乎"②，在他看来，宽仁慎杀乃是"义理之所安"，所有以政治为目的的滥杀都有"强以权术处之"的嫌疑了。

王若虚是金末归隐士人中态度最坚决的一位，他在金亡后"微服北归镇阳"③，此后终身不仕，七十岁逝世于泰山黄岘岭。金亡后忽必烈总领漠南，他崇尚儒学，广招儒生入朝，金末大儒元好问、王鹗、张德辉等人都曾奉其诏而入幕府讲读儒学，唯有王若虚坚持隐居求志。他对于新朝统治者的不认可和不服膺，与其史论中表现的义理思想和仁慈精神都有很大关系。王若虚对历史人物最激烈的批判并不是大奸大恶之人，而是五代时的"长乐老子"冯道，称其为"万世罪人"④。冯道虽一生仕四朝十帝，但为官谨慎行事务实，对待历朝统治者也不卑不亢敢于直谏，司马光以其为"奸臣之尤"，但也说"非特道之愆也，时君亦有责焉"⑤，认为导致天下变乱的军阀要承担更大责任；苏辙则以为冯道所处非时，心生怜悯。而王若虚态度坚决地认为："为臣至于冯道，万善不足赎，百说不能文也，使如道者犹可以贷焉，岂复有人理哉？"⑥ 在他看来为臣者最基本的义务就是忠诚，这是万世不更之基本法则，"士大夫诵先王之书食人主之禄，而敢昌言以冯道为是者，皆当伏不道之诛也"⑦，在王若虚看来，政权覆亡之

---

① （金）王若虚：《滹南遗老集》卷2《五经辨惑》，辽海出版社2006年版，第25页。
② （金）王若虚：《滹南遗老集》卷25《臣事实辨》，辽海出版社2006年版，第289页。
③ （元）脱脱等撰：《金史》，中华书局年1975版，第2738页。
④ （金）王若虚：《滹南遗老集》卷29《臣事实辨》，辽海出版社2006年版，第333页。
⑤ （宋）司马光编著：《资治通鉴》卷291，中华书局1956年版，第9512页。
⑥ （金）王若虚：《滹南遗老集》卷29《臣事实辨》，辽海出版社2006年版，第333页。
⑦ （金）王若虚：《滹南遗老集》卷29《臣事实辨》，辽海出版社2006年版，第334页。

后，前朝臣子"仕"与"不仕"并非两种选择，而是"道"与"不道"的本质区别。

王若虚选择"归隐不仕"态度之坚决，与他对"仁"的追求也不无关系。他曾为魏征辩护，说"是时高祖固在位也，建成未成君，而太宗之立实高祖之命，然则王魏死其难可也，不死而事太宗亦可也"。但王若虚选择归隐之时，忽必烈虽治辖河北但毕竟还是亲王，归附于他也算不得效忠新君。王若虚大可如王鹗专为讲读儒经，或如元好问以"儒教大宗师"的尊号笼络君心①。但王若虚所生活的金末，是蒙古南侵战争最为惨烈的时代，《归潜志》记载汴梁围城之惨状，是"贫民往往食人殍，死者相望，官日载数车出城，一夕皆剐食其肉净尽。缙绅士女多行匄于街，民间有食其子。人朝出不敢夕归，惧为饥者杀而食"②，人命只如草芥。生逢乱世，王若虚对"仁"的看重、对"民得乐业于一方"的渴求只如梦幻泡影，即使有忽必烈这种"喜衣冠，崇礼乐，乐贤下士"③的贤明领袖，但还处于军事帝国时代的蒙古国所依赖的依然是残酷的军事扩张。《滹南遗老集》卷九至卷三十都是史论，唯第三十卷的最后一条，王若虚徒生感慨："甚矣，中道之难明也！战国诸子托之以寓言假说，汉儒饰之以末节繁文，近世之士参之以禅机玄学，而圣贤之实益隐矣。"他的隐居不仕，既有对前朝的忠诚，也隐含对这个时代的极大失望。

二 刘祁重视"建功"的治国理论

刘祁所撰《归潜志》，是传世的金代私撰史书中最知名的一本，史家常将此书与元好问《壬辰杂编》并论："刘京叔《归潜志》与元裕之《壬辰杂编》二书虽微有异同，而金末丧乱之事犹有足征者

---

① 参见（明）宋濂等撰《元史》卷163《张德辉传》，中华书局1976年版，第3824—3825页。

② （元）刘祁：《归潜志》卷11《录大梁事》，中华书局1983年版，第126页。

③ （元）郝经：《再与宋国两淮制置使书》，李修生主编：《全元文》第4册卷122，凤凰出版社1999年版，第107页。

焉。"① 与元好问、王若虚等人相比，刘祁并没有撰史经历，但《归潜志》体例清晰、纪事完整、论述得当，《壬辰杂编》没有传世，刘祁《归潜志》成为研究金末历史的重要材料。刘祁的才学在很大程度上是家学，他祖居浑源（今属山西大同），隶属辽朝的西京大同府，与宋夏都接近，文化较为活跃和昌盛，先祖刘撝是天会元年（1123）的辞赋进士，其后"子孙多由科第入仕"②，其父刘从益是大安元年（1209）进士，从《归潜志》可看出，刘从益与当时的文化名流如赵秉文、宋九嘉等都有所交游，刘祁"因得从名士大夫问学"③，成为金末文学昌盛的见证者。《归潜志》一书前六卷记载金末文化名流，卷七至卷十载金代政坛杂记，第十一卷录蒙军攻破汴梁之惨烈史事，第十二、十三两卷，除自辩为崔立立功德碑之事外，"悉为杂说，略如语录之体，殊不相类"④，这两卷"杂说"中多杂史论，是刘祁历史思想的集中体现。刘祁作《归潜志》之时还未入仕，但他交游广，又爱"多问以金朝旧事"⑤，故而他对于国家治理的记叙和议论，于熟悉之中又有疏离感，自带一种史家的旁观。《归潜志》中围绕政权覆亡这一主题展开的对正统、君德、君臣关系等议论，既有与南宋衰亡之际的史学家意念相通之处，又有出于民族立场的对于金政权本身的质疑和批评。

　　刘祁之国家治理理论首先是对于"建功立业"的主张。《归潜志》主要记载的都是金章宗执政之后的事迹，却以海陵王"大柄若在手，清风满天下"和"屯兵百万西湖上，立马吴山第一峰"开篇，赞他"有大志"，"意气不浅"⑥，褒奖之情明显。海陵王仓促南侵，不仅大伤宋金间和平局面，对金朝发展也有诸多负面影响，但在刘祁

---

① （元）脱脱等撰：《金史》卷115《章宗纪》，中华书局1975年版，第2535页。
② （元）脱脱等撰：《金史》卷126《刘从益附刘祁传》，中华书局1975年版，第2733页。
③ （元）刘祁：《归潜志》序，中华书局1983年版，第1页。
④ （元）刘祁：《归潜志》诸跋，中华书局1983年版，第195页。
⑤ （元）刘祁：《归潜志》序，中华书局1983年版，第1页。
⑥ （元）刘祁：《归潜志》卷1，中华书局1983年版，第3页。

看来，他"虽淫暴自强，然英锐有大志，定官制、律令皆可观，又擢用人才，将混一天下。功虽不成，其强至矣"①，是将君主统一天下之"功"视为最大之功绩，海陵王虽然没有实现，但仅此想法在刘祁看来都颇可称道了。刘祁对于海陵王的称赞不仅与后世不同②，他对"功业"的态度甚至不同于完颜亮本人，完颜亮南侵还带有"混一天下，可为正统"的政治追求，刘祁对"混一天下"的向往更多出自对"功业"的热衷，他论天下形势，认为"大抵天下乱，则士大夫多尚权谋、智术，以功业为先。天下治，则士大夫多尚经术、文章、学问，以名节为上。国家存亡长短随之，亦其势然也"③，则天下"治乱"无非形势的差异，"权谋智术"与"道德文章"也只是应对方式不同，其中的功利色彩之浓厚可与陈亮"王霸并用，义利双行"相称。

与强调功业相关的是刘祁对"汉法"的重视。刘祁论金之亡，认为是"根本不立"④，这类论断刘祁前多有先例，如范祖禹就将唐朝之乱亡的原因归咎于李渊父子"以不义启之"⑤，但范祖禹认为唐初的"不义"，是李渊、李世民"失德"以至于唐朝缺少"正家之法"，而刘祁所论之"根本"，则是金立国之初在"汉化"上的取舍。刘祁首先对于女真袭用汉法表示了支持，他论金初统治者是"及得天下，其封建废置，政令如前朝，虽家法边塞，害亦不及天下"⑥，对于"前朝"汉法的支持和对女真本族法的排斥都一目了然。他评价较高的如金世宗"天资仁厚，善于守成"，"偃息干戈，修崇学校"，宣孝太子"欲变夷狄风俗，行中国礼乐"，这两位皇帝虽然没有海陵王"混一天下"的志向，但因为推行汉化，不仅统治期间国力逐渐强盛，

---

① （元）刘祁：《归潜志》卷12，中华书局1983年版，第136页。
② 《金史》修撰多采《归潜志》史料，但《海陵本纪》中对刘祁所录海陵王内容只字未取，且批评之语极重。
③ （元）刘祁：《归潜志》卷13，中华书局1983年版，第151页。
④ （元）刘祁：《归潜志》卷12，中华书局1983年版，第134页。
⑤ （宋）范祖禹：《唐鉴》卷1，上海古籍出版社1984年版，第6页。
⑥ （元）刘祁：《归潜志》卷12，中华书局1983年版，第134页。

还能稳步提升"基明昌、承安之盛也",堪称明君。刘祁家学渊源,"忝学圣人之道。其平昔所志,修身治国平天下,穷理尽性至于命"①,秉承的是标准的理学教育,故而他对"汉法"中的"讲明经术为保国保民之道"非常重视,以之为"基祚久长"的根本。金章宗一朝是儒学最盛之时,"政令修举,文治烂然",但章宗"学文止于词章",自身却"颇好浮侈,崇建宫阙",又多崇信外戚佞幸,没有把握儒家经义,不能将"中国法"化为有效的统治,就算不上明主了。刘祁崇尚文治,提倡君臣同治天下的政治局面,建议以"讲明经术为保国保民之道",这与同时期南宋理学士人对君主的要求所差无几,但刘祁对"汉法"的选择,更多是出自以儒家"礼乐"治国更有利于金朝统治的稳固和国家的强大,其内核依然是"经世"而非"义理"了。

刘祁对"汉化"政策的认同与其自身的民族立场也有重要关系。刘祁家族是生活在燕云一带受辽朝统治的汉人,对于"夷狄中至贱者"的女真人是颇为鄙薄的,这从他庆幸于金初女真的"家法"只在边塞施行、"害亦不及天下"② 就能看出,因此"汉化"与否成为他衡量金代累世国家治理水平的重要指标。金代"杂辽宋非全用本国法,所以支持百年",但因为"分别蕃汉人,且不变家政,不得士大夫心",所以也只能维持百年而"不能久长"。他对于宣孝太子完颜允恭的逝世非常悲痛,在他看来允恭即位后当能"尽行中国法"③,金代完成全面的汉化则复兴有望。刘祁对"汉化"的追求,既有对女真民族的不认同,也隐有对女真贵族轻视汉儒的愤懑,他尤其不满术虎高琪擅权主政期间"偏私族类,疏外汉人,其机密谋谟,虽汉相不得预"的做法,认为人主"其分别如此,望群下尽力难哉"。刘祁世代在辽金政权统治之下,对南宋并没有出自民族情绪的认同,他曾在《归潜志》中论党怀英与辛弃疾的不同选择,认为"二公虽所趋不

---

① (元)刘祁:《归潜志》卷13,中华书局1983年版,第144页。
② (元)刘祁:《归潜志》卷12,中华书局1983年版,第133页。
③ 以上引文俱见(元)刘祁《归潜志》卷12,中华书局1983年版,第137页。

同,皆有功业"①,对辛弃疾的满腔忠烈之情并没有特别感触。他对于金朝统治的支持多是出于金大力汉化所导致的文化认同,而非"气节"的支持。刘祁自有忠烈气节,他被迫为崔立作功德碑,耿耿于怀十余年,特书《录崔立碑事》自陈心结;《归潜志》记载汴梁城破得惨烈,其中也不乏"以死守"的忠烈之士,但刘祁之气节出自儒家的价值观念,与郝经等人对于国家和国家统治者的"忠义"又有所不同了。

刘祁"幸生而为儒"②,推崇"修身治国平天下"的义理精神,在脱离金代统治之后,他对于理想化君主的认知依然保有理学家"内圣外王"的追求。《归潜志》第十三卷有若干杂文,"略如语录之体",与全书体例很不匹配,四库馆臣认为是刘祁其他著述中的残篇,"后人因篇页不均,割语录之半移缀此卷"③。这几篇文章脱离了金朝史事,针对更宏观的历史现象展开论述,其中有一篇论述武王伐纣事的短文,尤其与上下文隔阂,但颇可见刘祁对历史上君权更迭现象的态度。刘祁针对《尚书》中的《汤誓》《牧誓》等篇中"以桀纣为恶逆天,天绝之。我则诛恶救民,为顺天,且若阴受上天之命而行者"的观点展开论述,在他看来,汤武这种功德合一的统治者即"圣人",而"圣人之心则天心也,天之心则圣人心也。天之所绝,圣人则绝之;天之所与,圣人则与之"④,只要符合"内圣"的要求,则"外王"就是理之所在,并无所谓"天意"了。在中国历史上,自君主出现以来,"王终以德配天,而享国长久"⑤ 就成为协调君权之中"天命"与"人事"的关键命题,以"天命"维护君权,以"德"限制君权,一旦失德必有人"奉顺天命而已,无所惭"⑥,这奠定了后

---

① (元)刘祁:《归潜志》卷8,中华书局1983年版,第82页。
② (元)刘祁:《归潜志》卷14,中华书局1983年版,第182页。
③ (元)刘祁:《归潜志》诸跋,中华书局1983年版,第195页。
④ (元)刘祁:《归潜志》卷13,中华书局1983年版,第154页。
⑤ 顾颉刚、刘起釪:《尚书校释译论》《周书》,中华书局2005年版,第1568页。
⑥ 《尚书正义》卷8《仲虺之诰》,(清)阮元校刻《十三经注疏》,中华书局2009年版,第341页。

世在处理朝代更替问题上的基本立足点。在刘祁看来,"天命"并不能限制无德昏君的肆意妄为,"要之所行者天也,又岂有歉然于心邪?"而新政权的创立者既无须仰仗天命,也没必要"以臣伐君为疑者"。只要旧政权的拥有者是"桀纣之恶",新政权的创立者又有"权其轻重,计其公私"的能力,这种取代就是合理的。所谓"彼汉魏之政如桀纣乎?莽、操、司马氏之法如汤武乎?有汤武之圣遇桀纣之恶,然后可以言受天命,否则徒为篡逆而已"①,刘祁对正统的认定颇与程朱相类,但不同于朱熹将道德化的"天理"视为终极追求,他鼓励"圣人"去"践位而代之,不辞",议论的着眼点是内在的"圣心",但其最终指向依然是帝王功业。

对"功业"的强化不仅是刘祁论史的核心,也是他个人孜孜以求的终身之志。刘祁自陈少年时就"时时阅古今词章,窃读史书,览古今成败治乱,慨然有功名心"②,他所结交的好友如王权、李汾、李夷、梁瀚等人,也皆是"喜功名""有功名心"的当世才俊。刘祁"学圣人之道",了解儒家"进则以斯道济当时,退则以斯道觉后世"③ 的处世原则,但他所追求的还是"事业、功名、权势、爵位"所构成的"志气之乐",战乱之时隐居乡里,"既不得时有志气之乐,又不富厚有形体之乐,居荒山之中,日惟藜藿之为养"④,修习道德性命之学也不过是"所享无一毫过于人,舍性命其何乐哉"的无奈之举。从这个层面上再结合前文所述他的民族情结,似乎就可以理解他"避世"之后再"入仕"的选择。女真也好,蒙古也好,无非都是"异族",而忽必烈建元朝、称皇帝、用汉法、行科举种种举动又颇有"尽行中国法"的用意,刘祁在政治稳定后选择以科举入仕,正是他实现功名的恰当路径。他为同为金国遗民但又与忽必烈时有联系的元好问写诗,称"却恐声光埋不得,皇天久矣付斯文"⑤,这是他为元

---

① (元)刘祁:《归潜志》卷13,中华书局1983年版,第145页。
② (元)刘祁:《归潜志》卷14,中华书局1983年版,第174页。
③ (元)刘祁:《归潜志》卷14,中华书局1983年版,第175页。
④ (元)刘祁:《归潜志》卷12,中华书局1983年版,第135页。
⑤ (元)刘祁:《归潜志》卷14,中华书局1983年版,第176页。

好问的辩白,也是对自身际遇的自况。

第三节 《契丹国志》的夷夏观念与治国之道

《契丹国志》是出现于宋元之际的一本奇书,是中国历史上少有的汉族史学家独立完成的、为民族政权撰写的纪传体史书。该书托名的作者叶隆礼有所争议,但作者的遗民身份还是大体可以确定的。《契丹国志》一书是契丹族和辽国史料的编纂,其第一卷至第十二卷记录从耶律阿保机至天祚帝历朝皇帝之事,卷末都有所议论。有些学者认为此书是宋人所撰契丹史的辑录①,但从《契丹国志》内容的广度看,实远超宋人所辑辽国史料,更像是集合了宋辽史著的史料汇编,其中虽颇多讹误②,但也反映了辽代史书撰述比目前所见要深入得多。《契丹国志》一书的史论颇有特色。囿于夷夏之别,宋人对周边民族一直颇有鄙夷之意,再加上宋辽、宋金、宋蒙之间的征战,宋代士人对其他民族,尤其是与宋代毗邻的周边民族政权的评论一向是贬多褒少,然而《契丹国志》中的史论却能从相对较为客观的角度评价辽朝诸帝,颂扬其功德,批判其缺陷,则作者可能是宋人,亦有可能是有机缘得见辽朝国史的金朝汉人遗民。《契丹国志》前附有进书表,不管作者是否真为淳祐七年(1247)的进士叶隆礼,进书表所言"尊王而黜霸,庶几有备于将来;外阴而内阳,益宜永鉴于既往"的撰述目的确与全书主旨相符,作者对契丹治国理政的评论虽不算高明却颇有特色,也可从一个侧面窥见在这样一场历史大变局背景之下普通士人的民族情结与文化认同。

---

① 贾敬颜、林荣贵认为,《契丹国志》"大部分撮钞司马光《资治通鉴》、李焘《续资治通鉴长编》、薛居正《旧五代史》、欧阳修《新五代史》,兼采徐梦莘《三朝北盟会编》、洪皓《松漠记闻》等书而成,也利用了宋人对辽的著述,如武圭《燕北杂记》《契丹疆宇图》等",见(宋)叶隆礼《契丹国志》,中华书局2014年版点校说明。

② 元人苏天爵就曾质疑《契丹国志》的真实性,认为"其说多得于传闻"(《三史质疑》),四库馆臣亦有类似说法。

一 论辽国之"正统"

相比于北宋对辽史的记述,《契丹国志》的一大特色是承认辽的正统性质。《契丹国志》进书表称,"中朝不竞,漠北方勇于争衡;五闽纷拿,毡庐遂安于徙宅。载观大辽之纪号,其谁小朝以自居",是将辽视为继五代而起的北方政权,认可宋辽并立的历史事实。《契丹国志》为辽的九代君主作本纪,也是承认其政权的含义。但对辽的认可有一个微妙的态度,开篇作者记述契丹之兴起,说"远夷草昧,复无书可考"①,论述契丹始祖青牛白马相遇事之后,记述了"三主"故事,契丹族先祖中的三位贤王,一为骷髅化行,一为野猪首人身,一为"养羊二十口,日食十九"的大肚汉,这段记载不见于任何其他史料②,更像是作者结合各民族起源中的图腾传说附会出的神话,都是强化了契丹"人外而兽内"③的"远夷"性质。《契丹国志》一书的作者认可辽国的正统性,一方面是在于宋辽澶渊之盟之后,契丹"天诱其衷,革心慕义",终成与宋朝南北并立的政权,这也是北宋"以德怀远之明效"的成果,作者以辽为正统,隐含对契丹族统治者"中华认同"的赞誉。"正统"的要点在于"正",这可以通过异族统治者自身"慕义""崇德"而来,《契丹国志》记辽道宗朝经筵事:"尝有汉人讲论语,至'北辰居其所而众星拱之',帝曰:'吾闻北极之下为中国,此岂其地耶?'又讲至'夷狄之有君',疾读不敢讲。又曰:'上世獯鬻、猃狁荡无礼法,故谓之夷,吾修文物,彬彬不异中华,何嫌之有?'卒令讲之。"④这段事迹出自洪皓《松漠记闻》,但洪皓只是平铺其事,叶隆礼则将其视为辽道宗"帝聪达明睿,端严

---

① (宋)叶隆礼:《契丹国志》第一章"契丹国初与本末",中华书局2014年版,第3页。
② 清格尔泰根据三主名字的发音将其释为契丹的第一可汗、第二可汗、第三可汗,但仅是针对其名号的解释,对三个传说的态度则是"内容且不去管他"。见清格尔泰《契丹语数词及契丹小字拼读法》,《内蒙古大学学报》1997年第4期。
③ (宋)叶隆礼:《契丹国志》卷1,中华书局2014年版,第9页。
④ (宋)叶隆礼:《契丹国志》卷9,中华书局2014年版,第106页。

若神"的表现,对道宗的"慕华"态度和中华认同都充满了赞誉。另一方面,叶隆礼认定契丹为正统的原因,是"遭五季之衰,天未厌乱"①,"五胡云扰,圣鼎终移;拓跋鲸吞,南宇分割"②。即因为五代之乱导致"绝统",才有契丹的"中国帝王名数,尽盗有之"③,中原政权的"失统"给了异族可乘之机。这种对正统的解释,隐含对南宋政权的告诫:宋朝一旦内政荒废战乱再现,则很有可能再次出现中原"失统"、异族突起取代其正统地位的现实。

作者视辽为正,亦与《契丹国志》一书的史鉴意义有关。清代藏书家钱曾认为著述此书的目的,在于"具载两国誓书及南北通使礼物,盖深有慨于'海上之盟',使读者寻其意于言外耳。弃祖宗之宿好,结虎狼之新欢,自撤篱樊,孰当扞蔽"④,其实不唯"具载两国誓书及南北通使礼物"之事,《契丹国志》全书都充满劝诫意味。席世臣继承钱曾之说,认为叶氏之书"至于宋辽之交,尤多微意。若澶渊誓书、关南誓书、地界之议、礼物之数,皆详载无遗。盖宋徽宗之约金攻辽,衅起于赵良嗣,祸成于童贯、蔡攸,权其曲直,责有所归。隆礼不敢显言之,故备陈旧典,以戒前车"⑤。《契丹国志》一书的作者对于辽国的正统性质的认定是承认了宋辽南北对立的局面,使之成为对于宋金关系的一种参照,如此,针对南宋统治切勿重蹈覆辙的劝诫也才有了正当的立足点。

二 君主评价的"华化"趋向

认可辽国的正统性的基础上,作者也认可了契丹族统治者自身的"运数",对其评价也保持了宋朝史家的标准。耶律阿保机有建立契丹国的功勋,"奋自荒陬,驰驱中夏,涨幽、燕而胡尘,吞八部以高啸",作者不仅认为这是"雄亦盛矣"的功业,还视其为"亦有运数

---

① (宋)叶隆礼:《契丹国志》卷1,中华书局2014年版,第4页。
② (宋)叶隆礼:《契丹国志》卷1,中华书局2014年版,第10页。
③ (宋)叶隆礼:《契丹国志》卷1,中华书局2014年版,第4页。
④ (宋)叶隆礼:《契丹国志》附录1,中华书局2014年版,第297页。
⑤ (宋)叶隆礼:《契丹国志》附录2,中华书局2014年版,第300页。

存焉"① 的天命；辽太宗耶律德光自石敬瑭手中夺取燕云，成为契丹与中原战乱的根源，导致"卷京、洛而无敌，空四海以成墟，谋夫虓将，卒莫敢眒，而神州分裂，强诸侯代起为帝"②，虽愤慨于他"斩馘华人，肆其穷黩"的残忍，当也承认其"承祖父遗基，擅遶陬英气，遂登大宝，诞受鸿名"③，是对阿保机功业的深化。对于辽朝的太祖太宗二帝，他是颇为推崇的："太祖奋自遶陬，虎视中原；太宗伟度英资，关河拱手，一何壮也！"这番赞美与前代史家对明君的称赞别无二致。他对辽世宗、辽穆宗等都颇有批评。耶律阮"地居上嗣，运属乐推"，倚靠南征诸将的推举成为皇帝，但是他行事乖张，"自谓荒淫无妨，而不知诸部之心离；自谓专欲可成，而不知萧墙之衅启"④，执政期间多有内乱，"三十余年血战之基业，而继承乃若此"⑤。其后的辽穆宗"骄心纵欲，醉色游畋"⑥，正因其"荒淫"才导致国势倾颓。所谓"创业易，守成难"⑦，叶隆礼最欣赏的"守成之主"是辽圣宗耶律隆绪，他在位期间实行汉化倾向的政治文化改革，国力增强，并与宋真宗签订"澶渊之盟"，终结了宋辽之间的冲突，自此宋辽近百年无兵戈之乱，为双方的发展都奠定了基础。作者大力称赞圣宗之才干，说他"挺宽仁之姿，表夙成之质"，并强调他在秉行"君德"上的作为："眷遇功臣，终始如一；慈孝之性，本自天然，亦守成之令主。"⑧ 叶隆礼对于契丹诸帝的评论几乎沿袭了司马光《稽古录》中"曰创业，曰守成，曰陵夷，曰中兴，曰乱亡"的评价标准，后人评价《契丹国志》"书法谨严，笔力详赡，洵有良史之风"⑨，其君主评价确有对宋代史风的继承。

---

① （宋）叶隆礼：《契丹国志》卷1，中华书局2014年版，第10页。
② （宋）叶隆礼：《契丹国志》卷3，中华书局2014年版，第47页。
③ （宋）叶隆礼：《契丹国志》卷3，中华书局2014年版，第46页。
④ （宋）叶隆礼：《契丹国志》卷4，中华书局2014年版，第55页。
⑤ （宋）叶隆礼：《契丹国志》卷7，中华书局2014年版，第82页。
⑥ （宋）叶隆礼：《契丹国志》卷7，中华书局2014年版，第58页。
⑦ （宋）叶隆礼：《契丹国志》卷7，中华书局2014年版，第55页。
⑧ （宋）叶隆礼：《契丹国志》卷7，中华书局2014年版，第83页。
⑨ （宋）叶隆礼：《契丹国志》附录1，中华书局2014年版，第297页。

第八章　辽金史家的治国主张

但是一味以"中华"标准评论契丹统治者的治国模式，《契丹国志》在对某些问题的认识上也难免刻板和偏颇。首先就是辽国女主问题，辽景宗、圣宗朝都有萧氏参理国政事，作者批评其"政非己出，不免牝鸡之伺；祭则寡人，听命椒涂之手"①，以此为"女主之祸"。但事实上，萧太后理政的景宗、圣宗两朝，是辽朝发展最迅速全面的时期，辽圣宗、萧太后和耶律隆运（韩德让）政治上的互相扶持和彼此信任，纵观整个中国历史都是少有的。宋太宗当年雍熙北伐失利就是听信"虏主年幼，国事皆决于母。有大将韩德让者，以恩幸持权，国人愤焉，请因其衅取幽蓟故地"②之传言。辽朝政治情况不同于宋，后族对于辽国的军政大事都有实权，叶隆礼一概归之于"政出房闱，则龙漦改当璧之命；权归悍妒，则衽席痛匹嫡之危"③，就有失刻板与狭隘了。

更明确表现《契丹国志》以中华传统史观为基础的治国理政思想，是作者对于辽国"捺钵"的态度。"捺钵"是契丹语"行营"的音译，捺钵制度既与契丹族早期的游牧习惯有关，也与辽作为多民族政权的稳定有密切关联，《辽史》称捺钵之制是"有事则以攻战为务，闲暇则以畋渔为生。无日不营，无在不卫。立国规模，莫重于此"④，实为辽朝政治制度中的核心内容。宋人庞元英《文昌杂录》对此亦有记录，称"北人谓住坐处曰捺钵，四时皆然。如春捺钵之类是也。不晓其义。近者，彼国中书舍人王师儒来修祭尊，余充接伴使，因以问。师儒答云：是契丹家语，犹言行在也"⑤，对于捺钵制度就已经有较为清晰的了解。但《契丹国志》一味批评辽国诸帝"游畋射猎，虽或有之，而四时迁徙，迄未尝有定制"⑥，完全套用儒家

---

① （宋）叶隆礼：《契丹国志》卷6，中华书局2014年版，第65页。
② （清）徐松辑：《宋会要辑稿·兵》，中华书局1957年版，第7677页。
③ （宋）叶隆礼：《契丹国志》卷9，中华书局2014年版，第107页。
④ （元）脱脱等撰：《辽史》卷31《营卫志》，中华书局1974年版，第361页。
⑤ （宋）庞元英：《文昌杂录》卷6，《全宋笔记》第二编第四册，大象出版社2006年版，第181页。
⑥ （宋）叶隆礼：《契丹国志》卷7，中华书局2014年版，第35页。

"田猎不宿，饮食不享，出入不节，夺民农时，及有奸谋，则木不曲直"①的观念。《契丹国志》中的类似议论还有不少，这一方面可见此书作者对于契丹史事了解的亏欠，另一方面也可见作者试图将辽朝置于中华历史叙事中的努力，这与此一时期的民族政权共存状况也是有密不可分之联系的。

三 治国之论中的史鉴精神

《契丹国志》将辽朝诸帝置于"正统"范畴之内，依据儒家传统"王道"精神加以评论，其目的是强化此书的史鉴价值，作者所关注的辽朝政治问题，往往都是与宋朝息息相关之处。《契丹国志》共二十七卷，有帝王本纪十二卷，后妃传一卷，诸王传一卷，外戚传一卷，诸臣传四卷，宋辽（五代）间外交纪事二卷，其余六卷杂录辽国风土人情，外交活动与君臣关系（包含与外戚的关系）是其论述的重点。对外交的详细记录如前人所论是"具载两国誓书及南北通使礼物，盖深有慨于'海上之盟'，使读者寻其意于言外耳"，对于内政尤其是君臣关系的记载和议论，则可见北宋史论尤其是《资治通鉴》"君之道，用人一也"的影响。辽国最和谐的君臣之交在圣宗一朝，卷十八记述辽国重臣耶律隆运（韩德让）的生平事迹之后，作者评论说："古今天下有权臣，有重臣。权臣之权，其君危如缀旒；重臣之重，其国安如泰山。耶律隆运因缘中宫，策立明睿，镇服内外，无有邪谋，不可谓之非权臣，亦不可谓之非重臣也。遂乃释肺腑之戚，玉谱联名；席茅土之封，金枝入继。斯不谓之千载之逢而非常之遇欤。"②中国最早对臣子加以分类的著作是《管子·七臣七主》，将臣分为"法臣、饰臣、侵臣、谄臣、愚臣、奸臣、乱臣"七类，其后荀悦《汉纪》又有"王臣、良臣、直臣、具臣、嬖臣、佞臣"之分，都是以臣"侍君"的态度为分类标准，将臣视为君的附庸。但耶律隆

---

① （汉）班固撰，（唐）颜师古注：《汉书》卷27《五行志》，中华书局1962年版，第1318页。

② （宋）叶隆礼：《契丹国志》卷18，中华书局2014年版，第199页。

运与辽圣宗的关系却不尽于此,耶律隆运辅佐萧太后和辽圣宗三十年,其间不仅稳定了宋辽关系,还协助圣宗大兴汉化,加强中央集权,被辽人目为"盛主"。圣宗待耶律隆运如亲父,隆运病重期间,"帝与后临视医药"①。作者感慨辽圣宗与耶律隆运之关系为"非常之遇",其中漫溢对于"得君行道"理想的追求。至于天祚帝一朝,萧奉先、李俨奉承为上位者以借机弄权,天祚帝忠奸不明、"委任非人"②,作者则有甚为严厉的批评:"夫国之盛衰,视其柄国之臣何如耳。天祚荒淫,委政后族,惑于奉先、俨之欺蔽,举二百余年之基业,一朝而覆之,奸谀之误国,其明效大验,至此极也,悲夫!"③将国家灭亡的根源归之于任人的失误,这虽然稍显狭隘,但作者对"明君贤臣"政治模式的称道是很明显的。《契丹国志》成书于南宋末年,权相佞臣轮番坐镇,《契丹国志》的作者关于君臣的一番议论,痛定思痛之情跃然纸上。

《契丹国志》作者虽有疑问,但他生活的时代当在南宋理宗端平(1234—1236)之前,其时蒙古初兴,金政权岌岌可危,虽对南宋并未构成直接威胁,但南宋上层统治经历几番波动,权相当政、军事混乱、外交乏力等种种弊病已经暴露无遗。而辽国后期自兴宗耶律宗真时持续下降,经历法天太后专政、耶律宗元之乱、耶律乙辛擅权,至辽天祚帝而亡国,种种惨痛经历在作者记叙之下与宋金政权的危机几乎没有差别,则治国者应承担的责任也值得风雨飘摇之际的本朝执政所借鉴:"方契丹之初,起自阿保机,同光酒色之祸,每每鉴为覆辙。数世后,游畋射猎,虽或有之,而四时迁徙,迄未尝有定制。内耗郡邑,外扰邻封,以至捕海东青于女真之域,取细犬于萌骨子之疆,内外骚然,祸乱斯至。重以天祚不道,禽色俱荒,嬖幸用事,委任非人,节制屡庸,部曲纷扰。强盗在门,宁舍婴儿之金;虎狼出柙,谁

---

① (元)脱脱等撰:《辽史》卷82《耶律隆运传》,中华书局1974年版,第1290页。
② (宋)叶隆礼:《契丹国志》卷12,中华书局2014年版,第154页。
③ (宋)叶隆礼:《契丹国志》卷19,中华书局2014年版,第209页。

负孟贲之勇。观夫孱主,可谓痛心。"① 作者以辽朝历史为依托,既有历史视角的扩大,也有史鉴精神的敏锐,虽然所论并没有脱离正统、君臣、天道等窠臼,但所表达的积极入世的态度与宋末、金末的史家精神是一致的。而其治国之论中对于辽代诸君的评价比之前代宋人的观念,也更具备"华夷混同"的追求,一个新的大一统的时代也就在这种史学观念中来临了。

---

① (宋)叶隆礼:《契丹国志》卷12,中华书局2014年版,第154页。

第九章 "再造"大一统

1260年，忽必烈成为蒙古国大汗，1271年改制称帝，以"大元"为国号，这是中国古代政权"建国号用文义"之始。在元代之前，"建国号者多以国邑旧名"①，秦朝覆亡之际刘邦占领汉中，封"汉王"，李渊曾为隋之晋阳留守，封"唐国公"，赵匡胤任后周归德军节度使时的藩镇所在地是河南宋州，他不仅以"宋"为国号，还将宋州升级为府，改名"应天"。忽必烈一改旧制，"法《春秋》之正始，体大《易》之乾元"②，取天道伊始之义。"大元"之国号还真的开启后世，一是在国号前加"大"字③，二是以充满意向的字眼代替郡望之名。忽必烈认为前代之国号"皆徇百姓见闻之狃习，要一时经制之权宜"，不够"美名"，不能"绍百王而纪统"④。但自秦汉至隋唐皆以受封国邑为号，是取其"龙兴"之义，而忽必烈称帝、改元、迁都，无论在地域上还是行政上，都似乎昭示着将会与"龙兴"之所距离渐远。元代史学的发展与元代政治的发展也是相吻合的，蒙古传统的英雄史诗依然流行，成为对蒙古历史的最原汁原味的记录，但史学家和新兴的元代政权合作，竭力将元朝的历史拉进中国历史的范畴，无论是史学家对"正统"的讨论还是对义理史学的继承，都是在前代

---

① （清）赵翼：《廿二史札记校证》卷29"元建国号始用文义"条，王树民校证，中华书局2013年版，第700页。
② （明）宋濂等撰：《元史》卷7《世祖本纪第四》，中华书局1976年版，第65页。
③ 朱国祯《涌幢小品》卷2，"国号"条："国号上加'大'字，始于胡元，我朝因之。"（上海古籍出版社2012年版，第21页）
④ （明）宋濂等撰：《元史》卷7《世祖本纪第四》，中华书局1976年版，第138页。

理论研究的基础之上又寄予了对一个新兴的民族政权的理性认知与复杂感情。元代史学家依然是从天人、正统、君德等方面对君主政治和国家治理的关系作出判断与评论，义理史学所追求的"内圣外王"与经世之学所赞许的"王霸道杂"之间的论争与互渗依然明显，这些都表现了对宋金学术的继承，而民族关系的矛盾与融合、民族政权的发展与民族领袖的转型也使这一时期的国家治理理论在一些传统问题如"华夷观""王道观"等方面有了新的开拓。

第一节　从正统到"大一统"

全祖望论及元代学术，称"有元立国，无可称者，惟学术尚未替，上虽贱之，下自趋之"①，元代统治者对中原学术尤其是儒家文化的重视程度逊于两宋，其对于汉文与儒学的修养甚至不如金代诸帝，"不惟帝王不习汉文，即大臣中习汉文者亦少也"②，元代直至元仁宗延祐元年（1314）才恢复科举，至元代灭亡共举行十六次，这也反映出元代官方对于儒学的不重视。但元代民间对学术的热情一直高涨，较为宽松的文化环境也为元代文化的发展提供了滋养的土壤，元代社会文化与学术发展的最明显特征就是对理学的传承与发展，这一诞生于宋代、弘扬于南宋的学术理念，在宋元之际传入北方，与河洛学术合流，进而成为元代最富影响的学术源流。

元灭金之后，中原北方士人多隐居避世，忽必烈在金莲川开府之后大力招徕汉人儒生，刘秉忠、许衡、姚枢、郝经等纷纷归附，形成了一个活跃而发达的北方文化群。而伴随着元侵宋的势头加强，不仅大量南宋文献被掳掠，也有一些士人如赵复等被劫至忽必烈帐下，无

---

① （清）黄宗羲、全祖望：《宋元学案》卷95《萧同诸儒学案·序录》，中华书局1986年版，第3142页。

② （清）赵翼：《廿二史札记校证》卷30"元诸帝多不习汉文"条，王树民校证，中华书局2013年版，第718—719页。

形之中也加强了南北文化的交融。史学在元代也呈现了繁荣的发展势头，虽然不如两宋史学之竹苞松茂，但比之辽金依然颇有竿头日上之势。元朝官方史学并不发达，虽然元世祖中统二年（1261）就仿照金朝"初立翰林国史院"①，也仿效宋金为皇帝编修国史和实录。但元朝统治者不习汉文，实录等皆以蒙文写就，称"脱卜赤颜"，秘不外传，影响十分有限。对前代史的编纂也因统治者的重视不够而几度兴废，直至元朝末年才修成。元文宗时曾诏令修撰《经世大典》八百八十卷，参照唐宋会要，历时两年而成，这已然是元朝的修史盛事。相较于官方史书，元朝私修史书要丰富得多，钱大昕所撰《元史艺文志》记载了"史部"书籍十四种四百余部，绝大部分都是私人修撰。其中如马端临的《文献通考》、胡三省的《资治通鉴注》、郝经的《续后汉书》、苏天爵的《元文类》等都是在当时和后世影响颇大的重要史著。元代壮阔的地理历史开阔了史学家的视野，宋金文化的积淀推动了史学的内在发展，而宋元交替之际残酷的民族战争也极大地刺激了史学家的撰述热情，在社会矛盾和社会演进的多重激荡下，"正统"问题重回史学家视野，政治与历史的分界愈加模糊，而史学的义理与经世功能也在对立统一中继续发展，并有所兴发。

一 南北交汇与"正统"之论的复兴

"正统"之说在元代的讨论与元代学术发展和政治发展都有密切的关系，正统论源于政权的正朔之说，但在宋朝经欧阳修改造，以《春秋》经义为基准，从"正"与"统"两方面对政权性质加以判定。随着宋代理学的发展，这一理论体系愈加成熟和定型，其判定标准也逐渐义理化，嫡庶、华夷、君德等都成为判断准则，朱熹的《资治通鉴纲目》成为这一理论的集大成者。金宋"南北道绝，载籍不相通"②，南宋学术不传，故金朝官方延续的依然是北宋初年德统之议，而民间对于正统的争议却与南宋理学不谋而合，如以王若虚等为代表

---

① （明）宋濂等撰：《元史》卷4《世祖本纪第一》，中华书局1976年版，第71页。
② （明）宋濂等撰：《元史》卷189《赵复传》，中华书局1976年版，第4314页。

的正统之论就对司马光以功业论正统的观点作出了批驳。蒙古国灭金之后，宋蒙关系日趋紧张，交战连连，战争给双方都带来了严重的伤害，但不能否认的是，战争也带来了文化的交流与融合。第一个自南至北的士人是赵复，史载赵复是湖北德安（今湖北安陆）人，窝阔台统治期间蒙古侵宋，"德安以尝逆战，其民数十万，皆俘戮无遗"①，赵复家人多被屠戮，本人被俘，被姚枢解救，并送至燕京忽必烈麾下。赵复不愿协助忽必烈"引他人以伐吾父母"，为安抚赵复，杨惟中"乃与枢谋建太极书院，立周子祠，以二程、张、杨、游、朱六君子配食，选取遗书八千余卷，请复讲授其中"②，这是元代书院建设之始，也是闽学等南宋学术在北方地区传播的起点。赵复"原羲、农、尧、舜所以继天立极，孔子、颜、孟所以垂世立教，周、程、张、朱氏所以发明绍续者，作《传道图》，而以书目条列于后；别著《伊洛发挥》，以标其宗旨。朱子门人，散在四方，则以见诸登载与得诸传闻者，共五十有三人，作《师友图》，以寓私淑之志。又取伊尹、颜渊言行，作《希贤录》，使学者知所向慕，然后求端用力之方备矣"③，可以说，赵复凭一人之力在燕京建立了理学的发展脉络与传播体系。黄宗羲称元初学术是"洛、闽之沾溉者宏也"④，洛学是北方学术在金元的延续，而闽学之兴的关键人物就是赵复了，"姚枢、窦默、许衡、刘因之徒，得闻程、朱之学以广其传，由是北方之学郁起，如吴澄之经学，姚燧之文学，指不胜屈"⑤，将吴澄、姚燧之学归于赵复之功有所偏颇，但许衡、刘因、郝经等元初鸿儒学术的发展与深化确与赵复和闽学的北传有很大关系。正统观念是朱熹讲读史学的关键所在，也成为北方士人讨论和关注的对象，尤其是在忽必烈改立

---

① （明）宋濂等撰：《元史》卷189《赵复传》，中华书局1976年版，第4313页。
② （明）宋濂等撰：《元史》卷189《赵复传》，中华书局1976年版，第4314页。
③ （明）宋濂等撰：《元史》卷189《赵复传》，中华书局1976年版，第4314页。
④ （清）黄宗羲、全祖望：《宋元学案》卷首《宋元儒学案序录》，中华书局1986年版，第17页。
⑤ （清）黄宗羲、全祖望：《宋元学案》卷90《鲁斋学案·程朱续传》，中华书局1986年版，第2995页。

"大元"国号之后,随着其统一步伐的深入,对正统的探讨也有了越来越多的现实因素。

作为对政权确立与延续的合理性的判定依据,正统论一直是中国古代重要的历史理论与政治理论。"对于塑造'多元一体'的'中国文化''中国历史'的理念,对于中国文明的连续性发展,都曾起到积极的作用。"[1] 忽必烈建"大元"之前,就开始注意到正统问题,刘整至元四年(1267)降元,其后就建议兴兵伐宋,进攻襄阳、建康,但"廷议沮之",他随即就以"自古帝王,非四海一家,不为正统"[2] 为由,劝谏忽必烈举兵,忽必烈欣然同意,说"朕意决矣",全面进攻江南,意图统一中国。但是相比于金代官方对正统和德统的重视与强化,同为民族政权的元朝官方对正统问题一直没有太多关注。元朝建立之初,并无定德统、议正统之事,元修《经世大典》八百余卷,"君事"仅六卷,包含"帝号、帝训、帝制、帝系"的内容,或稍涉正统,但内容不多。正统论及的是本朝与前代的顺承关系,但蒙古统治者自认为是"握乾符而起朔土,以神武而膺帝图,四震天声,大恢土宇,舆图之广,历古所无"[3],有"资始"之功,故对政权传承问题关注较少。然元代统治者不习汉文,对儒学虽有重视但不精通,与金代相比,"金自太祖开国,其与辽往复书词,即募有才学者为之,已重汉文,至熙宗以后无有不通汉文者。熙宗尝读《尚书》,及夜观《辽史》,自悔少时失学。海陵才思雄横,章宗词藻绵丽,至今犹传播人口。有元一代诸君,惟知以蒙古文字为重,直欲令天下臣民皆习蒙古语,通蒙古文,然后便于奏对,故人多学之,既学之则即以为名耳"[4],对儒家传统的政治伦理的忽视也是情有可原。但是,在元代儒士间,对正统的关注热度一直不减。史载元代关于正统论的专书有两部,其一为元初杨奂作《正统书》六十卷,论述"王

---

[1] 瞿林东主编:《中国古代历史理论》下卷,安徽人民出版社2011年版,第197页。
[2] (明)宋濂等撰:《元史》卷161《刘整传》,中华书局1976年版,第3786页。
[3] (明)宋濂等撰:《元史》卷7《世祖纪四》,中华书局1976年版,第138页。
[4] (清)赵翼:《廿二史札记校证》卷30"元汉人多作蒙古名"条,王树民校证,中华书局2013年版,第733页。

道之所在，正统之所在"①的道理；其二是元文宗当政时，史官谢端、苏天爵同著的《正统论》，"辨金、宋正统甚悉"②，这两部书虽然都已经亡佚，但也可见元代士人对此问题的重视程度。专书之外，元代关于正统问题还有若干文章传世，如杨奂的《正统八例总序》、胡翰的《正论》、修端的《辨辽宋金正统》、王袆的《正统论》、杨维桢的《正统辨》等，其中尤以杨奂、修端、杨维桢之文最具代表性，他们的议论延续了宋金关于正统论中的"正"与"统"的关系的论断，又对新起的民族政权的性质有所兴发，表现了复杂的时代背景之下历史理论的新发展。

二　元代正统论的时代特征

元代对于正统的争议延续北宋—金的学术传统，首先是从三国时期蜀魏正统之争开始的，代表人物就是杨奂和郝经，郝经有《续后汉书》传世，笔者将在下节详述。杨奂所撰《汉书》《正统书》等均佚，苏天爵所编《元文类》收有他所撰《正统八例总序》一篇，当是他为《正统书》所作书序，可窥其正统思想之一斑。杨奂曾读司马光《资治通鉴》，"至论汉魏正闰，大不平之，遂修《汉书》，驳正其事"③。按陶宗仪记载，"攻宋军回，（杨奂）始见《通鉴纲目》，其书乃寝"④，杨奂诗中有"欲起温公问书法，武侯入寇寇谁家"之语，朱熹也曾批评"诸葛亮入寇"是"冠履倒置"⑤，其正统论确有朱熹义理精神的影响。此文开篇即论"正统之说，祸天下后世甚矣"⑥，但并非否定正统之说，而是对宋代正统之辨的总结与延续。杨奂将历史上的政权创立与延续状况即"统"分为"得、传、衰、复、与、

---

① （元）杨奂：《正统八例总序》，李修生主编《全元文》第1册卷7，凤凰出版社1999年版，第128页。
② （明）宋濂等撰：《元史》卷182《谢端传》，中华书局1976年版，第4207页。
③ （明）陶宗仪：《南村辍耕录》卷24，中华书局1959年版，第291页。
④ （明）陶宗仪：《南村辍耕录》卷24，中华书局1959年版，第291页。
⑤ （宋）黎靖德编：《朱子语类》卷105，中华书局1986年版，第4179页。
⑥ （元）杨奂：《正统八例总序》，李修生主编《全元文》第1册卷7，凤凰出版社1999年版，第127页。

陷、绝、归"八类，政权更替，则新起政权称"得统"，政权代际相传称"传统"，政权衰落称"衰统"，政权中兴为"复统"，若干政权共存，据正统者称"与统"，政权内乱称"陷统"，政权覆亡称"绝统"，政权由无德归于有德称"归统"。杨奂的"正统论"其实是对欧阳修"正统""绝统""续统"之说的沿袭与细化，但因其归类过多，较之欧阳修的论断反而烦冗细碎。但杨奂对于判定政权正统性的标准限定还是颇具特色，首先是政权传承有序，杨奂视陶唐、汤武与秦汉、隋唐均为"得统"的政权，前朝"失统"，后朝以"征伐"取而代之，这是他所认可的政权传承，这与传统的正闰之说也是相符合的。他对蜀汉正统的判定也由此来，蜀汉是杨奂所认定的"与统"，即天下分裂之际的正统归属，"昭烈帝室之胄，卒续汉祀，必当与者"，这一判定与郝经《续后汉书》中的观点是一致的。按陶宗仪的说法，杨奂也曾撰史书为蜀汉昌明正统，这也是南宋义理之辨的余韵了。然一旦传承失序，就不为"得"，如李世民之于唐，李世民凭借其"功业"发动夺嫡之变，"功著矣，夺嫡之罪其能掩乎"①，就被杨奂视为"变例"，在他看来，如果不对李世民的行为加以批判，则"启之不正，习乱宜然"，唐朝其后的动乱都出于此。这番观点与范祖禹《唐鉴》中对"玄武门之变"的判断②非常类似，也可见其受义理史学之影响。义理化的正统观念在杨奂正统论中的另一表现在于重视君德的作用，杨奂有"归统"一说，就是前代失德而政归后代，"唐虞虽有丹朱商均而讴歌讼狱归于舜禹，桀纣在上而天下臣民之心归于汤文矣"。即使都有"大一统"之功业，"得统"和"归统"依然是有区别的，杨奂以汤武为"归统"，是因为"商、周之交，纣德尔耳，悠悠上天不忍孤民之望，亟求所以安之。而其意常在乎文王之所，以潜德言也"，是以德而收获民心的典范，相较之下，秦朝"承三代之余，混疆宇而一之，师心自恣，绝灭先王典礼，而专任执法之

---

① （元）杨奂：《正统八例总序》，李修生主编《全元文》第 1 册卷 7，凤凰出版社 1999 年版，第 128 页。
② 详见本书第五章。

吏,厉阶既作,流毒不已"①,虽然取得了统一,但也只能是"得"而非"归"。杨奂的这些观点,与程颐、范祖禹、朱熹等义理史学的代表人物都有相通之处,宋金间学术交流有所隔膜,南宋经典往往不为北人所识,南宋儒者赵复被劫掠至大都,才将朱熹、吕祖谦等人的观点和著述要义传至黄河以北,元侵南战争残酷之至,但战乱期间学者还能以极大的热情和勇气探索历史发展的脉络和规律,并借机达到文化传播的结果,也不失为寒冬之中的稍许春意了。

如果说对义理的弘扬是学术交流的结果,那么杨奂《正统八例总序》中关于"夷夏"的判定则更可见民族政权勃兴与民族文化交融的时代特征。杨奂在"与统"之中,将北魏位列其间,与蜀汉、西晋并列,在解释"舍刘宋取元魏"的理由之时,他将原因归之于"痛诸夏之无主"②,南朝诸政权"荒淫残忍",是"中国而用夷礼,斯夷之",而魏孝文帝建都洛阳,说汉语行汉法,则是"夷而进于中国,则中国之也",这是对孟子"用夏变夷"观点的发展,与两宋正统论所着力于"夷夏之别"截然不同。杨奂出生于金大定二十六年(1186),这是金朝政治最稳定、文化最昌明的时期,他后来受耶律楚材赏识,为元宪宗朝的河南路征收课税所长官兼廉访使,其间多与汴梁名士相交往,他对金、蒙等民族政权的认同,既有生逢其间的现实因素,也与在文化上"以夏变夷"思潮在中国北方的复兴有重要关系,这一思潮在其后对于辽宋金三朝正统的争论中有更明显的体现。

伴随着蒙古国的崛起和金宋之亡,一个更具有现实性的问题摆在了史家面前,即辽宋金之正统问题,这与元代政权的性质密切相关,故而伴随着元代权力结构的改变,对其讨论也越发深入。最早对此问题有所关注并作出较深入探讨的是蒙古国统治下的北方学者修端。几乎在杨奂作《正统纪》的同时,修端撰写了《辨辽宋金正统》,文章

---

① (元)杨奂:《正统八例总序》,李修生主编《全元文》第1册卷7,凤凰出版社1999年版,第130页。

② (元)杨奂:《正统八例总序》,李修生主编《全元文》第1册卷7,凤凰出版社1999年版,第130页。

以对话录的形式完成,被王恽收录于其所撰《玉堂嘉话》之中得以传世。修端的事迹史书无记载,《玉堂嘉话》文前小序称"甲午九月望日,东原五六友人会于孙侯小轩"①,元好问《中州集》中有赠修端的两首诗,其中有"洛西荒山有此客,酒光滟潋梅花春"②,李光廷认为此诗作于1244年元好问漫游伊洛期间,据此两处推断,修端之文应作于1234年,是年正月金朝灭亡,修端与友人的对话就围绕"金有中原百有余年,将来国史何如"③这一问题展开。修端正统论的一项重要意义在于对正统论性质的判定,"欧阳公作史之时,辽方全盛,岂不知梁、唐、晋、汉、周授受之由?故列'五代'者,欲膺周禅以尊本朝,势使而然",他又说,"国家正闰,固有定体,不图今日轻易褒贬。在周则为正,在金则为闰,天下公论果如是乎"④,明确认识到正统论作为政治色彩强烈的历史理论,其基本出发点和最终目的都是"以尊本朝",他对辽宋金三朝正统的判定,实有为新政权的建立与延续正统的目的。其时金朝初亡,距离忽必烈改定国号建立元朝还有二十余年,据《元史》载,中统二年(1261)王鹗上书忽必烈乞修辽金史,忽必烈表示赞同,是为元政权撰修前朝国史的开端,代表了忽必烈大一统意识兴起。而早在三十年前,修端等人已经着手探讨此问题,"以备他日史官采撷",足见其时士人对历史与时局的敏锐。修端正统论的核心观点是确定辽宋金三朝正统,他认为"辽自唐末保有北方,又非篡夺复承晋统,加之世数名位远兼五季,与前宋相次而终,言《北史》;宋太祖受周禅,平江南、收西川,白沟迤南悉臣大宋,传至靖康,当为《宋史》;金太祖破辽克宋,帝有中原百有

---

① (元)王恽:《玉堂嘉话》卷8"辨辽宋金正统"条,中华书局2006年版,第170页。
② 杨镰编:《全元诗》第二册,中华书局2013年版,第207页。
③ (元)王恽:《玉堂嘉话》卷8"辨辽宋金正统"条,中华书局2006年版,第170页。
④ (元)王恽:《玉堂嘉话》卷8"辨辽宋金正统"条,中华书局2006年版,第172页。

余年,当为《北史》;自建炎之后,中国非宋所有,宜为《南宋史》"①,修端对辽宋金正统的判定基于两个要素,其一是政权存在的历史,其二是政权统治的范围,但对于政权的民族属性却不置一词,对于辽国"僻居燕云,法度不一",难为正统的责难,他举魏晋南北朝时的诸政权之例,认为"若以居中土者为正,则刘、石、慕容、苻、姚、赫连,所得之土皆五帝三王之旧都也;若以有道者为正,苻秦之量,雄材英略,信任不疑;朱梁行事,篡夺、内乱,不得其死"②,在修端看来,正统与华夷是两个互不干涉的问题,对正统论的探讨本就应当剥离政权的民族属性。这是长期在民族政权统治下的汉儒正统观的代表,他们对民族政权的认同与对其正统地位的判定是同步的。修端摒弃"华夷"只论实绩的看法在后世颇受批评,尤其民族矛盾激化之际责难尤重③。但如果说刘整"征宋"的建议是从军事实力上完成"大一统"的事业,修端等人对辽金政权正统属性的判定则为蒙古国这种带有"蛮族"入侵性质的军事扩张找到了更合理的归宿,这是中华民族多元一体格局之下史学的必然发展,也从而拓展了中国历史所容纳的广度与深度。

至正三年(1343)元修三史,以辽宋金为正统,其中颇有修端之说的影响。但据陶宗仪《南村辍耕录》载,三史编定之初,"杨维桢尝进《正统辨》,可谓一洗天下纷纭之论,公万世而为心者也"④,但因其时三史已定,所以"其言终不见用"。陶宗仪对杨说非常欣赏,故而全录其文,希望"后之秉史笔而续通鉴纲目者"可以此为本。杨维桢和陶宗仪都是浙江人,二人对元代正统的见解或可见元末江南士

---

① (元)王恽:《玉堂嘉话》卷8"辨辽宋金正统"条,中华书局2006年版,第172页。
② (元)王恽:《玉堂嘉话》卷8"辨辽宋金正统"条,中华书局2006年版,第173页。
③ 如钱谦益就批评修端之说,"元人修端之议,以谓当以五代之君,通作南史;辽兼五季前宋为北史,建隆至靖康为宋史,金、元与南宋为南北史。夷狄之臣,尊胡虏而卑诸夏,无足怪也",文字出自钱谦益天启元年(1621)为浙江乡试考官时所作之程录,见钱谦益《牧斋初学集》卷90。
④ (明)陶宗仪:《南村辍耕录》卷3,中华书局1959年版,第32页。

人对于自身所处的民族政权的态度，以及受此激发所成之历史见解。《正统辨》是杨维桢进呈元仁宗的奏疏，他见辽宋金三史"史有成书，而正统未有所归"①，故作此文。杨维桢不认可修端等人为辽金"营造"正统的论点，在他看来"万年正闰之统，实出于人心是非之公。盖统正而例可兴，犹纲举而目可备"，正统不仅有客观的"是非"标准，而且是国家正常运转的基础，他的观点非常明确："挈大宋之编年，包辽、金之纪载"，要求以宋为正统，辽金史俱为"载记"。他的理由也非常明确，辽国始于契丹，"契丹之有国矣，自灰牛氏之部落始广。其初，枯骨化形戴猪服豕，荒唐怪诞，中国之人所不道也"，这是从华夷之辨的角度否定了辽作为中原政权的属性，而女真先是"臣属于契丹"，其后又"篡有其国，僭称国号"，从性质而言，与辽同属于中华并立的夷狄之政权。对于宋朝，杨维桢认同欧阳修，以五代皆逆，宋承唐统。故而元朝"中华之统，正而大者，不在辽、金，而在于天付生灵之主也昭昭矣。然则论我元之大一统者，当在平宋，而不在平辽与金之日"②。杨维桢基于《春秋》，结合欧氏正统之论，洋洋洒洒两千六百余言，其目的是申明"华统之大，属之我元，承乎有宋，如宋之承唐，唐之承隋承晋承汉也"，杨奂、修端等人乃至"三史"都是"妄分闰代之承，欲以荒夷非统之统属之我元"，元朝靠完成"大一统"的伟业代宋而为正统，这是一直处于"荒夷"之地又未能完成"汉化"的辽金不能比拟的。杨维桢与前代正统论者最大的区别在于，他通过正统之论建构了元朝在"中国"的正当地位，试图将元朝及其统治者带离"夷狄"的属性，在强化"华夷之辨"的同时构建元朝对中华文化的同一和延续。杨维桢还将正统与"道统"合一，认为道学经孔孟而至于二程、朱熹，"朱子没，而其传及于我朝许文正公（许衡），历代道统之源委也。然则道统不在辽金而在宋，在宋而后及于我朝"，由此，杨维桢在《正统辨》篇首所强调的"统正而例可兴，犹纲举而目可备"的观点就有

---

① （明）陶宗仪：《南村辍耕录》卷3，中华书局1959年版，第32页。
② （明）陶宗仪：《南村辍耕录》卷3，中华书局1959年版，第36页。

了更现实的用意:"今日堂堂大国,林林巨儒,议事为律,吐辞为经,而正统大笔,不自竖立,又阙之以遗将来,不以贻千载纲目君子之笑为厚耻。吾又不知负儒名于我元者,何施眉目以诵孔子之遗经乎?"①杨维桢的正统论试图割裂元政权与其原生态"夷狄"政权的关系,其根本目的在于进一步强化儒本位的汉族文化,彻底地实现汉化和儒家化,达到真正"用夏变夷"的结果。

杨维桢上疏之时正是元仁宗执政期间,他在元朝诸帝中对汉文化最有热情,执政期间整顿朝政,实行科举,推行以儒治国之政策,"孜孜为治,一遵世祖之成宪"②,但即使仁宗"最能亲儒重道,然有人进《大学衍义》者,命詹事王约等节而译之,则其于汉文盖亦不甚深贯"③,终元一世,"用夏变夷"都未尝实现,杨维桢的理想也只能是梦幻泡影。杨维桢之《正统辨》还有一段后续颇为有趣,清代纪昀等编《四库全书》,因杨维桢以金为"荒夷非统",故其文集《东维子集》中删去了此文,四库馆臣称"非其文不传也,言庞义淫,非传世之器也",但后金传人乾隆却亲笔谕旨,认可"中国统绪相承,宋虽称侄于金而其所承者究仍北宋之正统,辽金不得攘而有之也,至元世祖平宋,始有宋统当绝我统当续之语"。乾隆以元承宋统,正是因为正统之说对于政权文化特质与政治方针的象征性意义,所谓"辽金皆自起北方,本无所承统,非若宋元之相承递及为中华之主也"④,正统论对于现实政治的意义于此得到了凸显,其中既有稳固的大一统政权对于前代政治经验的汲取,也有其君主在谙熟儒学之后对"华夷"观念的合理运用,杨维桢的观念终于在下一个民族关系融汇发展的时代找到了知音。

杨奂的《正统书》与修端的《辨辽宋金正统》所作之时,一个

---

① (明)陶宗仪:《南村辍耕录》卷3,中华书局1959年版,第37页。
② (明)宋濂等撰:《元史》卷26《仁宗本纪》,中华书局1976年版,第594页。
③ (清)赵翼:《廿二史札记校证》卷30"元诸帝多不习汉文"条,王树民校证,中华书局2013年版,第718页。
④ (明)林熙春:《国朝掌故辑要》卷15,江苏广陵古籍刻印社1990年版,第700页。

新的政权正在勃兴，但其政权属性和国家走向尚不明确，杨、修之论"不辨华夷"，强调民族政权依然可以位列正统，这种论断既依附于学者对既往的民族政权的认同感，也有他们立足历史对未来的合理判断。而至杨维桢撰《正统辨》，元代统一"中国"的形势已成，与更具有草原帝国性质的"四大汗国"关系渐远，以"大一统"作为稳固其地位、强化其特性的论据已经成熟，杨氏之论合理地剥除了元代的民族政权性质，强化其在中国传统政权中的序列。从杨奂、修端到杨维桢，"正统论"作为最具政治效应的历史理论，对其讨论与利用又随着时代进步而被赋予了新的色彩，而与正统论密切联系的治国之论，也在不同时代显示出不同的特色。

第二节　郝经治国之论的义理与气节

入仕元的汉人儒生中，郝经是最有政治主张和政治理想的人物，他关于迁都燕京、统一中国的建议，既是基于历史进程的合理建议，也与本人的政治理念密切相关，而他在真定时期长达十六年的幽禁生活也使他成为与苏武并称的"尚气节"[①] 之人。但苏武之气节自有一种中原士人至"化外之地"的"流落"之感，王士贞论苏武与洪皓，说他们"至于逾沙轶漠，候月占星，劳饥空乏于酪毳之乡，流离偃蹇于丁零之区"，环境恶劣之外，还有一种文化落差产生的悲壮之情。而郝经本是汉儒，又精于义理之学，《续后汉书》卷首有乾隆所撰五首七言绝句，称"未免南方君子笑，笑他不叛北方人"[②]，相对于"南人降北"而言，"北人投南"似乎颇有一些身份和文化上的归属感。而郝经的"不叛"，除了义气上的"忠君"之外，也表明他在政治与文化上对元代政权的认同。他说忽必烈是"应期开运，资赋英明，喜衣冠，崇礼乐，乐贤下士，甚得中土之心，久

[①]　（明）宋濂等撰：《元史》卷157《郝经传》，中华书局1976年版，第3709页。
[②]　（元）郝经：《陵川集》附卷3，山西古籍出版社2006年版，第1585页。

为诸王推戴。稽诸气数，观其德度，汉高帝、唐太宗、魏孝文之流也"①，是将元统治者与中原政权的皇帝等而视之。他对元代统一后的期望，也是"诸国既平之后，息师抚民，致治成化，创法立制，敷布条纲，上下井井，不挠不紊，任老成为辅相，起英特为将帅，选贤能为任使，鸠智计为机衡，平赋以足用，屯农以足食，内治既举，外御亦备"②，这有他对于统治者的认同，也是民族交融背景之下对民族政权的认可和接纳。

一 郝经与《续后汉书》之成书

元宪宗二年（1252），忽必烈开府金莲川（今张家口沽源，滦河上游），"漠南、汉地军国之事，悉听裁决"③，刘秉忠、郝经等汉臣即于此时归入其麾下。郝经曾上书宪宗蒙哥汗，建议蒙古派遣东路军攻打金陵，直取杭州，但蒙哥死后，他又劝忽必烈"各以次退，修好于宋，归定大事，不当复进"④，其对现实政治的敏感和把握在当时都颇为不凡。忽必烈以他为使臣，说"朕初即位，庶事草创，卿当远行，凡可辅朕者，亟以闻"⑤，既有对他的信任，言辞之中亦有对将来统一之后的规划，郝经在此时的身份，是谋臣、是卿士、是政治家。但他于1260年出使并被困真州（今江苏仪征）之后，"留居仪真者十六年，于史馆著书七种"⑥，其身份也从在朝的士大夫转向半归隐状态的史学家。清人认为郝经著书之时并没有见过朱熹的《资治通鉴纲目》，说"陈寿《三国志》帝魏寇蜀，论者非之，然司马光作《通鉴》尚不能订其误，至朱子作《纲目》始为改定。经所著《续后汉

---

① （元）郝经：《陵川集》卷37，山西古籍出版社2006年版，第1352—1353页。
② （明）宋濂等撰：《元史》卷157《郝经传》，中华书局1976年版，第3709页。
③ 柯劭忞：《新元史》卷7，《元史二种》第1册，上海古籍出版社1989年版，第31页。
④ （明）宋濂等撰：《元史》卷157《郝经传》，中华书局1976年版，第3709页。
⑤ （明）宋濂等撰：《元史》卷157《郝经传》，中华书局1976年版，第3709页。
⑥ （清）永瑢等：《四库全书总目》卷50《史部 别史类》，中华书局1965年版，第451页。

书》独以蜀汉绍炎刘为正统,其识甚正,彼固未见朱子之书也"①。但以《元史·赵复传》记载,赵复在1235年窝阔台攻宋期间就被姚枢接引至忽必烈身侧,赵复"以所记程、朱所著诸经传注,尽录以付枢"②,又著《传道图》等书,并将二程、朱熹等人的著述都附于书末。郝经在《续后汉书》的序言中也说此书是"取纲目之义例"③,《续后汉书》承《资治通鉴纲目》而来当无疑问。

《续后汉书》共九十卷,全书以蜀汉为正统,因"汉统未绝"故称"续后汉"。书"以汉昭烈末帝为帝纪,魏吴皆降为传"④,以刘焉等人"皆为汉室之胄",故归之于"宗室"⑤,"将相大臣与一时僭伪……皆故汉臣"⑥,则董卓、吕布、袁绍等人皆入汉臣,在"本纪"之下。但魏吴两国"皆为汉僭伪,其依仿帝纪书者亦皆削去其未僭号,则以汉正朔加之,亦既僭号则非汉臣,而列国也仍以本国之年纪事,其诸臣子之传则仍其国之年"⑦,三国政权之后又有《文艺传》《义士传》《死国传》等,司马氏父子因其"弑夺攘盗"⑧之举,置于《篡臣》传,又有八"录",相当于正史之"志"。郝经《续后汉书》的内容都是抄录旧史,分类和编目较之《三国志》尤其含混烦冗,四库馆臣批评他"记载冗沓,亦皆失于限断,揆诸义例,均属未安",但也认为此书"敦尚气节,学有本原,故所论说,多有裨于世教"⑨。郝经著此书的目的亦不在传史,但不同于《资治通鉴纲目》"阐明褒

---

① (元)郝经:《续后汉书》卷首诗,商务印书馆1958年版,第1页。
② (明)宋濂等撰:《元史》卷189《赵复传》,中华书局1976年版,第4314页。
③ (元)郝经:《续后汉书》序,商务印书馆1958年版,第4页。
④ (元)郝经:《续后汉书》卷2《帝纪一》义例,商务印书馆1958年版,第3页。
⑤ (元)郝经:《续后汉书》卷5《宗室诸刘》义例,商务印书馆1958年版,第43页。
⑥ (元)郝经:《续后汉书》卷6《汉臣传》义例,商务印书馆1958年版,第55页。
⑦ (元)郝经:《续后汉书》卷25《曹操传》义例,商务印书馆1958年版,第245页。
⑧ (元)郝经:《续后汉书》卷75《篡臣传》,商务印书馆1958年版,第1087页。
⑨ (清)永瑢等:《四库全书总目》卷50《史部 别史类》,中华书局1965年版,第451页。

贬进退之防"①的理念，《续后汉书》在阐述正统之外，更重要的是阐述"忠君"的精神。曹操之所以被视为僭伪，不仅因为他不是汉室宗亲，更因其有"以盗而篡""为盗而恶盗之名"②的行径，郝经对正统的判定与其对忠义节烈的褒奖是一致的，这也是他史学中最具特色的成分。

二 以权力来源和理学道德观为标准的"正统"之论

正统论是郝经《续后汉书》的核心内容。元初士人对正统问题已经非常关注，但无论是杨奂《正统八例总序》中对"统"之类型和认定标准的归纳，还是修端对辽宋金三朝政权合法性的认定，所体现的特点其一是针对现实为主，关注点多集中于辽金宋等政权；其二是强调权力来源，淡化民族争议，有为元建立合法性政权张目的意义。相较而言两宋对于三国正统的争议颇多，司马光以功业论，认为"汉传于魏而晋受之，故不得不取魏"③，朱熹、吕祖谦等以蜀汉为正统，则是从刘备继承的汉朝宗室血统而言。但郝经对正统的关注与宋元士人都不尽相同，他的着眼点在于论述"三国"权力的来源和君主对待权力的方式，并以此为判断其正统或"接近"正统的理由。

首先是刘备。《续后汉书》的全书要旨就是要树立蜀汉正统，而郝经判断的标准有三：其一刘备是"景帝之子中山靖王之后"，汉朝皇室血亲；其二他称帝是因为"操死丕篡，献帝降废，汉统中绝，遂即汉皇帝位，以祀汉统"④，其权力的传递与归属都具有正当性；其三他"受献帝衣带诏"，是奉旨讨曹，而他"诛曹操不克，出奔徐州起兵讨曹又不克"，乃至颠沛流离，"却操于汉中，乃有巴蜀"，为征讨

---

① （清）四库馆臣：《〈御批资治通鉴纲目〉提要》，（宋）朱熹撰，（清）康熙批：《御批资治通鉴纲目》卷首，文渊阁《四库全书》第689册，台湾商务印书馆1983年版，第2页。
② （元）郝经：《续后汉书》卷25《曹操传》，商务印书馆1958年版，第294页。
③ （宋）司马光编著：《资治通鉴》卷69《魏纪一》，中华书局1956年版，第2187页。
④ 以上数条俱见（元）郝经《续后汉书》卷2《帝纪一》，商务印书馆1958年版，第3页。

叛逆而鞠躬尽瘁，有忠义精神。这三点当中，郝经所看重的是最后一点，所以他论刘备是"天资仁厚，宇量弘毅，岿然一世之雄，以兴复汉室为己任，崎岖百折，偾而益坚，颠沛之际信义逾明，故能终系景命，信大义于天下"①，三国的政治领袖中能有这种评价的，只有刘备一人。

与刘备相比，郝经对曹操的议论和批评就非常复杂了。他看中君德，但东汉末年桓灵失德，政局动荡，"天下已无汉矣"，而曹操能于此时"戡定祸乱，康济斯民"，在郝经看来，曹操若能就此"慨然自为"，就堪为汤武之类的"王政"，但他偏偏要挟天子以令诸侯，"翼戴天子，加之以共"，就只能算得上"霸道"。这是以曹魏政权建立过程为依据，论断其不为正统的理由。郝经是认可政权更迭过程中"有道伐无道"的，在他看来，曹操如若自立政权，反而有功无过，这一论断堪称郝经首创。但其后，郝经对曹操有极为严厉的批评，说他"崎岖诡谲，阴贼险狠，欺人孤儿寡妇，为羿莽篡盗计"，甚至于"使其子为舜禹之事，将谁欺哉？"曹操欺世盗名，他的罪过甚至要超越直接篡位的曹丕，"则又羿莽之不若也"②。曹操挟持汉献帝以称霸世所公认，但他到底有没有篡位之居心，一直以来争议颇多，即使蜀吴，也多将曹丕视为真正篡汉之人③。但在郝经看来，曹操更具罪过，他"劫迁天子，弑母后，杀贵人，酖皇子，诛大臣，戮名士，自加九锡"④，这种对皇帝的不忠不义才是不能以曹操为"正"的根本原因。政权更迭是历史发展的必然过程，前朝失"王道"而后来者居之并不失正统。但汉献帝不是桓灵，并无失德之举，曹操以他为傀儡，就已经失去了道义上的立场。更严重的后果是，"自晋而下十余代，千有余年，往往有汤武之仁义桓文之功烈而终用操窃国之术，自以为得而

---

① （元）郝经：《续后汉书》卷2《帝纪一》，商务印书馆1958年版，第24页。
② 以上数条俱见（元）郝经《续后汉书》卷25《曹操传》，商务印书馆1958年版，第294页。
③ 如诸葛亮就曾说"曹丕篡弑，自立为帝，是犹土龙刍狗之有名也"，见（晋）陈寿撰，（南朝宋）裴松之注《三国志》卷42，中华书局1959年版，第1019页。
④ （元）郝经：《续后汉书》卷25《曹操传》，商务印书馆1958年版，第294页。

不知其非"①,一旦有这种欺诈行为的权臣架空君权的行为成为常态,君臣间丧失了以忠诚为底色的纲常伦理,"正统"就成为一句空谈,这才是郝经所更为警戒的。

从维护君权出发,郝经对东吴孙氏父子就有较为正面的评价。三国诸雄之中,"孙坚于兴义之中最有忠烈之称"②,他曾依附袁术,并受袁术之命讨伐董卓,不仅多次与其正面交锋,还"前入至洛,修诸陵,平塞卓所发掘"③,维护了汉廷的尊严。故此,郝经对孙坚极为称赞,说他"奋其忠烈,以偏师追亡逐北,使不敢东。修塞园陵,保完汉玺,威震函洛,向非袁术掣肘"④,孙策因袁术持玉玺擅帝位,"策以书责而绝之"⑤,随后占据江东,"收揽豪俊,辟地建侯,有吴之基肇定矣"⑥,都是郝经所钦许的功绩。孙权建立东吴,但他称帝晚于曹刘,虽也属于"熊通之僭"⑦,然而郝经认为孙权在曹丕和刘备分别称帝后能够"以守为攻,称臣于魏、结授于汉",并且"先起而后亡",也堪称"智勇足抗衡"⑧的明主。

从对三国政权领袖的议论来看,郝经对政权更迭时期正统的认定是从权力传递的合法性与政权建立者的德行两方面考虑的。刘备有统有德,堪为正统;曹操起兵之初,桓灵丧德失"统",曹操若于此时即位并无不可,但他挟持献帝威吓诸侯,并为其子僭权铺平道路,虽

---

① (元)郝经:《续后汉书》卷25《曹操传》,商务印书馆1958年版,第294页。
② (晋)陈寿撰,(南朝宋)裴松之注:《三国志》卷46《吴书》,中华书局1959年版,第1100页。
③ (晋)陈寿撰,(南朝宋)裴松之注:《三国志》卷46《吴书》,中华书局1959年版,第1097页。
④ (元)郝经:《续后汉书》卷49《孙坚、孙策传》,商务印书馆1958年版,第533页。
⑤ (晋)陈寿撰,(南朝宋)裴松之注:《三国志》卷46《吴书》,中华书局1959年版,第1104页。
⑥ (元)郝经:《续后汉书》卷49《孙坚、孙策传》,商务印书馆1958年版,第533页。
⑦ 郝经《续后汉书》卷50,熊通为春秋楚国国君,楚厉王之帝。厉王死后熊通杀其子自立,称楚武王。(商务印书馆1958年版,第558页)
⑧ 以上数条俱见(元)郝经《续后汉书》卷50《孙权传》,商务印书馆1958年版,第558页。

无称帝之名但有僭越之实，只能与其子并称僭主；而孙坚、孙策皆有讨伐董卓、维护汉统的功勋，孙权虽称帝，但不仅时间晚于曹丕，且其所立东吴政权还有协助蜀汉节制曹魏的效果。曹氏父子一脉是"蔑天逞智，假义勤王"①，"臣篡君废，父窃子夺"②，而孙氏父子是"建社分封，决义制胜"③，"立国启土，黄龙献瑞"④，其间高下分别就已经很分明了。

三 以忠烈气节为核心的君臣关系论

三国时代是"江山如画，一时多少豪杰"的时代，也是人才频繁流动、各投其主的时代，张辽先在吕布麾下，后归附曹操；法正曾为刘璋部下，后追随刘备；诸葛亮与诸葛瑾是同胞兄弟，但一属蜀而一属吴，这本是乱世的常态，郝经所处的时代亦不能免，宋将降蒙、金人投宋之事颇多。《续后汉书》的义例以蜀汉为正魏吴为僭，麾下臣子各自归附，这种分类也成为全书最具争议处，"士燮、太史慈皆委质吴廷，而入之汉臣；李密初仕汉，终仕晋，《晋书》以《陈情》一表列之《孝友》，而入之《高士》，则于名实为乖"，四库馆臣批评的"揆诸义例，均属未安"⑤，主要是由此而来。君臣之间的纲常伦理与忠义气节是《续后汉书》的核心，郝经对君臣关系的议论也多本此而来，这是作者的历史观，也是他境遇的自况。

《续后汉书》记载的有帝王称号之人除刘氏、曹氏和孙氏外，还有司马懿和司马昭，而郝经最严厉的批评也是针对司马氏父子而来。曹丕、孙权等列入"僭主"行列，但郝经直以司马氏为"篡"，认为"三纲沦，九法斁，皆晋启之"⑥，司马氏父子的行为直接启发了魏晋

---

① （元）郝经：《续后汉书》卷25《曹操传》，商务印书馆1958年版，第295页。
② （元）郝经：《续后汉书》卷26《曹丕传》，商务印书馆1958年版，第298页。
③ （元）郝经：《续后汉书》卷49《孙坚、孙策传》，商务印书馆1958年版，第533页。
④ （元）郝经：《续后汉书》卷50《孙权传》，商务印书馆1958年版，第558页。
⑤ （清）永瑢等：《四库全书总目》卷50《史部 别史类》，中华书局1965年版，第451页。
⑥ （元）郝经：《续后汉书》卷75《篡臣传》，商务印书馆1958年版，第1088页。

南北朝的乱局。司马氏的政权取自曹魏，而魏本就为僭，既然郝经不承认曹魏政权的合法性，被认可的蜀汉也是亡于魏而非亡于晋，则司马氏盗魏从名义上来说也无不可。但郝经对此的看法是司马懿在建安年间就追随曹操，又是灭亡蜀汉的功臣，"取汉篡魏平吴，盗有天下"①，他所看重的是司马氏父子篡位的实质，而非其所篡取政权的名分。即使曹魏非正统，但司马氏父子是以臣事君的性质入其麾下，曹丕称帝是僭越，但司马懿既然是魏臣，又没有阻止曹氏父子的僭越之举，那么其效忠曹氏就是本分。郝经所称之"忠"是忠于君臣关系的实质而非名分，一旦事实上的君臣关系成立，"忠义"就成为臣子的义务。《篡臣传》共两卷，录二十一人，皆为助司马氏篡魏者，郝经不仅批评他们是"以盗为常，公行攘篡"②，而且认为如《三国志》《晋书》等对司马氏父子加以赞美的史书都是"为尊亲讳"的"奖篡"③之举，这种对篡位者的褒奖不仅有失公允，更为后世树立了不良的范例，"自晋而下，宋弑两君而篡，齐弑两君而篡，梁弑一君而篡，陈弑一君而篡，隋弑一君而篡，后梁弑两君而篡，后晋弑一君而篡，后周弑二君而篡，皆无讨而有天下"④。郝经将西晋至北宋的政局混乱悉归于司马氏父子，这不仅有失偏颇，而且其历史眼光也有局限。但他认同"讨而有天下"，将通过战争夺取政权视为合理，这也有为元朝树立正统的意义。

《司马懿传》"于其征伐事迹多削而不载，特著其篡代之迹而已"，是通过对历史事实的再加工而强化其观点，不仅将义理史学特征发挥得淋漓尽致，也是作者政治追求的具体表达。郝经曾上书蒙哥汗，建议分兵东路攻打金陵以灭宋，这时他的心态还是倾向于统一的。忽必烈即位之后，阿里不哥已在塞北"行皇帝事"⑤，宋朝又防线严整，一时难以攻破，郝经审时度势，建议忽必烈"断然班师……

---

① （元）郝经：《续后汉书》卷75《篡臣传》，商务印书馆1958年版，第1088页。
② （元）郝经：《续后汉书》卷75《篡臣传》，商务印书馆1958年版，第1111页。
③ （元）郝经：《续后汉书》卷75《篡臣传》，商务印书馆1958年版，第1088页。
④ （元）郝经：《续后汉书》卷75《篡臣传》，商务印书馆1958年版，第1088页。
⑤ （明）宋濂等撰：《元史》卷157《郝经传》，中华书局1976年版，第3707页。

与宋议和"①，他淹留南宋十六年，"宋人馆留仪真，不令进退"②，"驿吏棘垣钥户，昼夜守逻，欲以动经"③，但他不仅"忍以待之"，还借机观察刺探南宋情况，"观宋祚将不久矣"④，向元之心极为坚定。史载郝经入宋之后，宋朝编造元政治变乱的谣言，使人"为报本朝异闻"，但郝经"弗听，复累言之，公厉声曰：'此事断无，设若有之，当发遣我辈还国。'"⑤对忽必烈和元政权的忠诚连宋人都"畏而敬之"。《续后汉书》中，郝经批评先事蜀后降魏的大儒谯周、郤正，认为二人"问学淹博，文采绚缛，进规医国，有光汉之风，焉不能强君以义，死国抗敌，据险守要以图恢复，乃咕哔诱胁，举全蜀奉图籍，面缚军门，反社稷以为长策，小人之儒也"⑥，乱世之中，文人以一己之力难于自保，对胜利者的归附既有"功业"心愿也有无奈成分，金末归蒙士人不胜数，郝经也曾为元好问、刘祁等人作过墓志或哀词，但他个人对忠烈气节的认同和追求是始终不渝的。

四 以义理为要旨的君主心性道德之论

除对气节的追求外，郝经以义理入史还表现在对"君德"的要求上。《续后汉书》第十四卷，在论及袁术夺取马日䃅符节一事时说"二帝三王以道为统，以心为传，而不以物"，并以汉传国玉玺在三国的流离遭遇，论说"帝王统纪仍在于道与心，果不在夫玺也"⑦的道理。郝经所谓的"道与心"，并不是在"义理"与"心性"间平衡调停，所秉承的依然是朱熹以"明理"而"诚意正心"，视"内圣外王"为终极目标。故而不仅皇帝个人修养至关重要，其家庭关系也不可疏忽。在卷五十二《吴家人》中，郝经在记述东吴孙氏家族事迹后

---

① （明）宋濂等撰：《元史》卷157《郝经传》，中华书局1976年版，第3707页。
② （元）郝经：《续后汉书》序，商务印书馆1958年版，第4页。
③ （明）宋濂等撰：《元史》卷157《郝经传》，中华书局1976年版，第3707页。
④ （明）宋濂等撰：《元史》卷157《郝经传》，中华书局1976年版，第3707页。
⑤ （元）苏天爵：《元朝名臣事略》卷15《国信使郝文忠公经》，中华书局1996年版，第297页。
⑥ （元）郝经：《续后汉书》卷24《汉臣传》，商务印书馆1958年版，第243页。
⑦ （元）郝经：《续后汉书》卷14《列传第十一》，商务印书馆1958年版，第128页。

有一番议论,他说:"三孙之兴,吴夫人屹为内主,有识断,造家为国,非此母能成此子乎?孙权恐如袁氏而惑于嬖爱,不立嫡后,终于废长立幼,以从楚国之举,大乱三世。皆英明之主也,不能以道制欲,知乱本之在而自树之,况庸暗乎?"孙权之后,孙亮、孙休、孙皓或庸碌无能或暴戾残忍,其中有很大责任在于孙权持家不明、不能合理选用继承人,而不能"齐家"的根源就在于"不能以道制欲"。郝经自陈著书之旨是"明道术辟异端,辨奸邪表风节,甄义烈核正伪,曲折隐奥,传之义理,征之典则,而原于道德"①,他对"君德"的议论也不同于经世史学对用人、纳谏等方面的看重,而是集中于天理人欲之间,这从他对刘备、孙权、曹操等人的评价中也能看出。三国时代弱肉强食、"各引其类,时忘道德"②,而宋末元初正如东汉桓灵之末,"天下已无汉矣"③,金朝自宣宗以来"弃厥本根,外狃余威"④,宋朝的宋理宗"怠于政事,权移奸臣"⑤,新起漠北的阿里不哥也是"以次则幼,以事则逆,以众则寡,以地则偏"⑥,唯有忽必烈所为正和"戡定祸乱,康济斯民"⑦之义,郝经撰史的现实意义也是十分明了了。

郝经以"君德"为君权的立足点,这也成为他"华夷"论的基础。《续后汉书》设《四夷传》,郝经为此作序,附于《北狄传》之首。他首先提出"上世甿俗敦一,均为朴野,相忘而不相竞,故无夷夏之分"⑧,这与杜佑《通典》所言"缅惟古之中华,多类今之

---

① (元)郝经:《续后汉书》序,商务印书馆1958年版,第4页。
② (晋)陈寿撰,(南朝宋)裴松之注:《三国志》卷12《魏书》,中华书局1959年版,第381页。
③ (元)郝经:《续后汉书》卷25《曹操传》,商务印书馆1958年版,第294页。
④ (元)脱脱等撰:《金史》卷18《哀宗纪》,中华书局1975年版,第403页。
⑤ (元)脱脱等撰:《宋史》卷45《理宗五》,中华书局1985年版,第889页。
⑥ (元)苏天爵:《元朝名臣事略》卷15《国信使郝文忠公经》,中华书局1996年版,第297页。
⑦ (元)郝经:《续后汉书》卷25《曹操传》,商务印书馆1958年版,第294页。
⑧ (元)郝经:《续后汉书》卷79《列传第七十六》,商务印书馆1958年版,第1137页。

第九章 "再造"大一统

夷狄"① 有相承之意，但杜佑认为"华夏居土中，生物受气正，其人性和而才惠，其地产厚而类繁，所以诞生圣贤，继施法教"②，强调华夏所受"中正"之气，是从天命的角度将中华居于"夷狄"之上。但在郝经看来，则是"轩辕帝有中土，法制渐备，风俗与王化远迩"③，中华之所以开化，完全是秉承地利之便。故此，他历数历朝以来的民族和战历史，将外族入主中原的原因归结为"中国之德衰而尚力，故也"④。他总结汉魏以来民族政权的兴废，指出一旦民族政权有"慕德"之举，"苟吾德化无不渐，被慕义而进，则引而进之，乱则定之，弱则抚之，危则安之"，华夏与夷狄在政治上就全无高下之别了，一旦能凭借其德"仰如天地之无不持载，如日月之无不照临，则华夏蛮貊罔不率俾，自南自北无思不服矣"⑤，这一番议论看似与孟子"用夏变夷"之论相合，但实际是通过对君德的塑造，来削弱华夷的差异，所隐含的为元政府和忽必烈争取人心的意思也非常明确了。

郝经在宋朝之时与宋人议论忽必烈，称他"爱养中国，宽仁爱人，乐贤下士，甚得夷夏之心，有汉、唐英主之风"，其时忽必烈还在与阿里不哥争夺汗位，但郝经已经认定"其为天下主无疑也"⑥。他对忽必烈的忠诚，除了对气节的坚持外，更深层次的原因还在于忽必烈"以亲则尊，以功则大，以理则顺"⑦，与郝经所判定的正统君

---

① （唐）杜佑撰，王文锦等点校：《通典》卷185《边防门序》，中华书局1988年版，第4979页。
② （唐）杜佑撰，王文锦等点校：《通典》卷185《边防门序》，中华书局1988年版，第4979页。
③ （元）郝经：《续后汉书》卷79《列传第七十六》，商务印书馆1958年版，第1137页。
④ （元）郝经：《续后汉书》卷79《列传第七十六》，商务印书馆1958年版，第1137页。
⑤ （元）郝经：《续后汉书》卷79《列传第七十六》，商务印书馆1958年版，第1140页。
⑥ （元）苏天爵：《元朝名臣事略》卷15《国信使郝文忠公经》，中华书局1996年版，第297页。
⑦ （元）苏天爵：《元朝名臣事略》卷15《国信使郝文忠公经》，中华书局1996年版，第297页。

主形象是相吻合的。《续后汉书》卷六十七为《死国传》，孔融等人位列其中。在此篇的开头，郝经论述了他的气节观："人之所重，莫重于死，死得其所而与生同，偷生不死而与死同，死非其所，与不死同，故曰：见危授命，又曰：有杀身以成仁，无求生以害仁"，而所谓死得其所，在他看来则是"君主在难，义当死之，死其节者也"①。郝经奉使入宋前，其好友以"宋人谲诈叵信"②为由，建议郝经托病推辞，他回复说，"南北遘难，江、淮遗黎，弱者被俘略，壮者死原野，兵连祸结，斯亦久矣。圣上一视同仁，务通两国之好，虽以微躯蹈不测之渊，苟能弭兵靖乱，活百万生灵于锋镝之下，吾学为有用矣"③。郝经的人生抉择，表现出的是风云际会之时政治家的勇气与史学家的风骨。

第三节　两种"经世"
——胡三省与苏天爵的治国之论

元代义理之学大兴，自元初赵复将朱子之学传入中原地区，其后经许衡、刘因、吴澄、陈苑等人的发展，逐渐调和朱、陆，使其发展又至一个新层面，元仁宗行科举，以"经学实修己治人之道"④为理由，只以德行、明经两科取士，理学成为元代官学。但是元代理学传播主要依靠书院教育，对史学的影响颇为有限，较有影响力的义理史学著作只有郝经《续后汉书》等几部。反而是颇具浙东传承的史学"经世"功能被继承，陆续出现了马端临《文献通考》、胡三省《注

---

① （元）郝经：《续后汉书》卷67《列传第六十四》，商务印书馆1958年版，第917页。
② （元）苏天爵：《元朝名臣事略》卷15《国信使郝文忠公经》，中华书局1996年版，第296页。
③ （元）苏天爵：《元朝名臣事略》卷15《国信使郝文忠公经》，中华书局1996年版，第296页。
④ （明）宋濂等撰：《元史》卷81《选举志》，中华书局1976年版，第2018页。

资治通鉴》、苏天爵《治世龟鉴》等强调"以史为鉴"、提倡"经世致用"的史著。胡三省早年在宋朝为官，管理地方实务，因不满贾似道专横几经贬谪，宋亡后隐居不仕，他少年就喜读《资治通鉴》，终以之成就一生的事业。苏天爵求学于大儒刘因，精通义理之学，科举入仕后先是任职史馆，至元五年（1339）以后又辗转江浙各地为官。他们二人的人生经历、对元政权的态度都大相径庭，但其史著中所寄寓的"经世"精神却颇有相通之处。

一 胡三省寓"议论褒贬"于史注

胡三省与文天祥、陆秀夫、谢枋得等是同榜进士，此后辗转慈溪、安庆等地为地方官，公务之余就一直沉于对《资治通鉴》的校勘，撰写了《资治通鉴广注》一书，并以此书受到贾似道的赏识，于咸淳十年（1274）成为贾似道幕僚，但"从军江上言，（贾似道）辄不用"[①]，继而贾似道兵败被贬，胡三省"间道归乡里"[②]，隐居家乡宁海胡村直至去世。胡三省早年所作《资治通鉴广注》在战乱中亡佚，他归隐后重撰全书，更名为《资治通鉴音注》，于1285年冬完成。胡三省之前，刘安世、史炤、司马康都曾为《资治通鉴》作释文，但胡注的意图并不在阐释《资治通鉴》的文义。胡三省认为司马光著书正是因反对王安石变法被排挤之时，"分司西京，不豫国论，专以书局为事"，他对于时政的"忠愤感慨"不能言，只好寄于史，"书与局官，欲存之以示警"，在胡三省看来，司马光这些针对时政的看法亦是值得借鉴的治世经验，"此其微意，后人不能尽知也"[③]，所以胡注在校勘文字、补注史料之外，还下了很大功夫阐述司马光的"言外之意"。胡三省的阐述是否司马光本义难以判定，却是他本人历史观念和政治理想的集中体现，"生平抱负，及治学精神，均可察见，

---

① （元）胡三省：《新注〈资治通鉴〉序》，（宋）司马光编著《资治通鉴》，中华书局1956年版，第30页。
② （宋）司马光编著：《资治通鉴》新注序，中华书局1956年版，第30页。
③ （宋）司马光编著：《资治通鉴》新注序，中华书局1956年版，第28页。

不徒考据而已"①。胡三省看重《资治通鉴》"专取关国家盛衰,系生民休戚,善可为法,恶可为戒"②的经世精神,他的史注和史论一反南宋义理史学对道德心性的追求,洋溢着浓郁的"事功"态度。胡三省音注《资治通鉴》中有为数不少的对国家治理的批评,既有前朝亦有宋朝。胡三省有政治理想,任地方官期间也颇有行政能力,宋朝败亡之后,他隐居坚持不仕,"书成于元至元时,注中凡称宋皆曰'本朝'、曰'我宋',其释地理皆用宋州县名"③,但胡三省音注《资治通鉴》全书对宋亡有惋惜哀痛之情,对元却无甚憎恶之意,"只有痛于宋,而无怼于元"④,他对于宋朝灭亡、元代兴起的历史进程有清醒的认识,这也使其史论成为宋元之际"经世"思想的典范。

胡三省最突出的特点在于对"君道"的议论,包含对君主的治国能力和道德品行的评价,明显受司马光的影响。司马光提出"一道三德"之论,胡三省对此也极为看重,他强调人主要有用人之道,在《资治通鉴》所载唐初选士条目后注:"唐太宗以武定祸乱,出入行间,与之俱者,皆西北骁武之士。至天下既定,精选弘文馆学生,日夕与之议论商榷者,皆东南儒生也。然则欲守成者,舍儒何以哉"。⑤对太宗择人用人的明智充满钦慕之情,与之对比,则是"选法之坏,至于我宋极矣"⑥,对宋代"冗官"之制有毫不留情的批评。对于司马光所谓的皇帝治国理政"仁、明、武"三德,他也有所扈拥。他重视君民关系,认为君德要以爱民为本,"国家多难而势诎,此时宜恤民之急,而举事反若有赢余者,失其所以为国之道矣",他赞赏宋太

---

① 陈垣:《通鉴胡注表微》,商务印书馆2011年版,第3页。
② (元)胡三省:《新注〈资治通鉴〉序》,(宋)司马光编著《资治通鉴》,中华书局1956年版,第28页。
③ (清)顾炎武:《日知录》卷13,黄汝成集释本,中华书局2020年版,第736页。
④ 陈垣:《通鉴胡注表微》,商务印书馆2011年版,第16页。
⑤ (宋)司马光编著:《资治通鉴》卷192《唐纪八》,中华书局1956年版,第6023页。
⑥ (宋)司马光编著:《资治通鉴》卷209《唐纪二十五》,中华书局1956年版,第6635页。

祖，是因为太祖"罢刘氏媚川都"①，有恤民之举。胡三省重视君德，但不同于理学所追求的"内圣而外王"，他更注重君德对于政权发展的意义。《资治通鉴》记高贵乡公曹髦论少康与汉高祖之优劣，曹髦认为少康"布其德而兆其谋"，刘邦"专任智力以成功业"，故而以少康为优，对他的这番议论，胡三省非常不屑，认为是"书生之谭"，少康不能果断歼灭浇、豷之祸，而因之丧国身死，又何谈"布其德而兆其谋"②？这番批评与陈亮批评朱熹"诸儒自处者曰义、曰王，汉、唐做得成者曰利、曰霸"③颇有相通之处，是典型的"经世事功"思想了。

  胡三省"经世"观的另一个重要特质就是重视法律制度在治国中的应用。他以蜀汉为例，论说"言法制修明，虽后嗣昏愚，有所据依，则其治犹若明智之举也。然苟非其人，道不虚行，以刘禅之庸而辅之以诸葛亮，则昭烈虽死，犹不死也。孔明死，则孔明治蜀之法制虽存，禅不能守之矣"④，"法治"与"人治"相辅相成，并无偏颇。故此他也强调国家执法过程中的严明与公平，他批评梁武帝"自今遭谪之家及罪应质作，若年有老小，可停将送"的诏令，认为梁武帝之"宽庶民"的政策实为苛刻，对待贵族犯法又"不能绳权贵以法"⑤，"用法宽于权贵，而急于细民等事"⑥，破坏了法律的公平性。关于法律与人事，熙丰变法期间曾就此有很大争议，王安石认为，"法制具在，则财用宜足，中国宜强，今皆不然，未可谓之法制具在也"，文

---

① "媚川都"是五代南汉刘鋹据岭南时设置的采珠机构，宋太祖灭南汉后废。
② 以上引文俱见《资治通鉴》卷77，中华书局1956年版，第2430页。
③ （宋）陈亮、邓广铭点校：《陈亮集》卷28《汉论·章帝》，中华书局1987年版，第340页。
④ （宋）司马光编著：《资治通鉴》卷82《晋纪四》，中华书局1956年版，第2598页。
⑤ （宋）司马光编著：《资治通鉴》卷147《梁纪三》，中华书局1956年版，第4601页。
⑥ （宋）司马光编著：《资治通鉴》卷157《梁纪十三》，中华书局1956年版，第4873页。

彦博却强调，再好的法条，也"务要人推行尔"①，胡三省就东汉党锢之祸评论说："轨，法度也。君君、臣臣，所谓法也。为人臣而欲图危社稷，谓之不法，诚是也。而诸阉以此罪加之君子，帝不之悟，视元帝之不省召致廷尉为下狱者，暗又甚焉。"② 对宦官以"法"为名义构陷大臣之举严厉批评，两宋党争频繁，胡三省此语就颇含有对时政的态度③。

"经世"之下，胡三省对政权的兴替也有卓见。他生逢乱世，南宋灭亡的惨痛历历在目，陈垣说读胡三省《后晋纪》开运三年所注之"臣妾之辱，惟晋、宋然，呜呼痛哉！"之语，"读竟不禁凄然者久之"，胡注文字虽短，家国伤痛之情挚意切让生逢国难的史学家心有戚戚然。但对于政权兴亡的历史规律，胡三省又难能可贵地保持了史学家一贯的清醒。他认可正统之说，赞同司马光"天下莫大于名分"④的观念。但和司马光对历史进程的看法相似，他也承认政治运动中的"王霸无异道"，认为政权变迁是历史进程的一部分，是"自古无不亡之国"⑤。政权迭代过程中，残酷的战争也不可避免，"宗族诸夷，固亦有之"，但在他看来，导致国家变乱的根本力量，并非军阀割据或权臣篡权，而是民心的离散。"桀纣贵为天子，得罪于天，流毒于民，而汤武伐之"⑥，南齐政乱，百姓离心，"启敌国兼并之心，又一年而齐亡"⑦，汤武代桀纣是"天生圣人"，而继齐而起的梁陈政权只是乱政的延续，但胡三省认为，"乱国之民，乐吾之政，故

---

① （宋）李焘：《续资治通鉴长编》卷221，中华书局2004年版，第5370页。
② （宋）司马光编著：《资治通鉴》卷56《汉纪四十八》，中华书局1956年版，第1819页。
③ 陈垣就认为胡三省此注有批评庆元党禁之意，见陈垣《通鉴胡注表微》，商务印书馆2011年版，第138页。
④ （宋）司马光编著：《资治通鉴》卷1《周纪一》，中华书局1956年版，第16页。
⑤ （宋）司马光编著：《资治通鉴》卷99《晋纪二十一》，中华书局1956年版，第3123页。
⑥ （宋）司马光编著：《资治通鉴》卷53，中华书局1956年版，第1731页。
⑦ （宋）司马光编著：《资治通鉴》卷172《陈纪》，中华书局1956年版，第5340页。

不安其上，惟欲吾兵之至也"①，国家稳定就是民心所向，一旦内政混乱、法度失调，政权倾覆，"兵之至"都会成为民心的期望。胡三省的观点也与南宋末年政治有密切关系，胡三省入政坛之际正是贾似道专权之时，他"以贾似道辟从军芜湖，言辄不用"②，贾似道兵败后就"隐居不仕"，他的隐居并不是躲避战乱，也不尽然是亡国之悲，而是怀有满腔愤懑之情，他对于家国天下、国计民生的看重，也从其对《资治通鉴》"治国佐政"功能的强化得以见证。

  胡三省对于历史兴亡的看法，他冷静的历史眼光也使得他对待华夷的态度超越了义理史学的严格界限，而具有了"中华一体"的眼光。他是江南士人中少有的秉持"用夏变夷"观念的学者，他欣赏魏孝文帝的"汉化"之举，说"魏自孝文帝用夏变夷，宣武、孝明即位，皆用汉魏之制"③，对于能行仁义之道的异族统治者如石勒等，他评论其为"能禁其丑类不使陵暴华人及衣冠之士，晋文公初欲俘阳樊之民，殆有愧焉"④，中华之统治者一旦行残暴之事，就还不如行礼义的"胡人"了。胡三省对民族政权和民族关系的观念是儒家"夷而进于中国则中国之"⑤的延续，比之宋人严格华夷之别的"夷狄也，禽兽也"的观念要开明得多，他也认可"中国正朔相传，不归夷狄也"⑥、"中原之民，本秉汉晋正朔，故谓之正朔之民"的正统观念，但正如他对吐谷浑王辟奚的评价："辟奚父子天性仁孝，不可以夷狄异类视之也"⑦。他晚年归隐，心念故国，"亡国之耻，言之者为

---

① （宋）司马光编著：《资治通鉴》卷6《秦纪一》，中华书局1956年版，第194页。
② （清）黄宗羲、全祖望：《宋元学案》卷85《深宁学案·深宁门人》，中华书局1986年版，第2870页。
③ （宋）司马光编著：《资治通鉴》卷155《梁纪十一》，中华书局1956年版，第4824页。
④ （宋）司马光编著：《资治通鉴》卷91《晋纪十三》，中华书局1956年版，第2871页。
⑤ 韩愈总结孔子《春秋》之义，认为是"诸侯用夷礼则夷之，夷而进于中国则中国之"，见（唐）韩愈《原道》，《韩愈文集汇校笺注》卷1，中华书局2010年版，第3页。
⑥ （宋）司马光编著：《资治通鉴》卷104《晋纪二十六》，中华书局1956年版，第3304页。
⑦ （宋）司马光编著：《资治通鉴》卷103《晋纪二十五》，中华书局1956年版，第3246页。

之痛心"①,为表达对本朝的怀念,"其对宋朝之称呼,实未尝一日之忘宋也"②,明末顾炎武感其忠烈,将他书宋朝国号的事迹记载于《日知录》,但是顾炎武的爱国情怀中实存浓郁的"有亡国,有亡天下"③的民族情绪,胡三省却是黍离之悲中又有对历史进程的清醒把握。政权交替之际多隐士,但是胡三省的归隐著书,实为其"经世"志向的另一番成就,是宋代士人"居庙堂之高则忧其民,处江湖之远则忧其君"的薪火传承。

二 苏天爵的"治世"观

自元世祖至元英宗在位期间,是元朝儒学发展的上升期,至治三年(1323)八月,元英宗在上都西南三十里的南坡店遇刺身亡,即位的泰定帝成长于漠北,虽然也作出了"开设经筵"等措施笼络儒生,但"于是四年矣,未闻一政事之行、一议论之出显有取于经筵者"④,元统元年(1333)大儒吴澄谢世,元朝儒学渐入下坡,"中原前辈,凋谢殆尽"⑤,唯有苏天爵力擎元代学坛,"独身任一代文献之寄,讨论讲辩,虽老不倦"⑥。苏天爵精于史学,他曾入翰林参与修撰《文宗实录》《武宗实录》,又编纂《元朝名臣事略》《元文类》等史著,对保存元代史料和弘扬元朝政治与文化成就都有重要意义。他又有多年行政官员经验,元代末年"庶务多所弛张,而天子图治之意甚切,天爵知无不言,言无顾忌,夙夜谋画,须发尽白"⑦,《治世龟鉴》就是成于这种背景之下。书成于至正十二年(1352)苏天爵担任江浙行省参知政事期间,"所采皆宋以前善政嘉言,而大旨归于培

---

① (宋)司马光编著:《资治通鉴》卷285《后晋纪六》,中华书局1956年版,第9323页。
② 陈垣:《通鉴胡注表微》,商务印书馆2011年版,第4页。
③ (清)顾炎武:《日知录》卷13,黄汝成集释本,中华书局2020年版,第681页。
④ (元)虞集:《书赵学士经筵奏议后》,李修生主编:《全元文》第26册卷833,凤凰出版社2004年版,第324页。
⑤ (明)宋濂等撰:《元史》卷183《苏天爵传》,中华书局1976年版,第4226页。
⑥ (明)宋濂等撰:《元史》卷183《苏天爵传》,中华书局1976年版,第4226页。
⑦ (明)宋濂等撰:《元史》卷183《苏天爵传》,中华书局1976年版,第4226页。

养元气"①，是苏天爵经世治国思想的集中表现。全书仅一卷，均为史事辑录，且以国家治理事迹为主，殊无议论。《治世龟鉴》书成当年的十月，苏天爵积劳成疾逝于任上，元朝政权也到了最后阶段，苏天爵希望的"制于未乱"的目的没有实现，此书只是前朝史事的简单辑录，对后世也少有影响，但它所反映的元代后期兼有史学家身份的士大夫对国家治理的思考、对历史与政治的认识还是颇为典型的。《治世龟鉴》以"治体、用人、守令、爱民、为政、止盗"为治国六纲要，"治体之目九，用人之目十有四，守令之目有六，爱民之目六，为政之目十有一，止盗之目八"②，对于这种排布顺序，四库馆臣认为"殆有深意"③，是以国家治理的相关程度而排序的。每一纲之下的诸目又以时间为序，对于有争议的事件还会附上后人评论，虽然全书没有苏天爵本人的批评，但从其编目选材，也能看出他对治国安邦的态度与建议。

《治世龟鉴》的编目是以时间为序，罗列古人关于治国理政的事迹和言论，"治体"第一条出自《尚书·申诰》，"惟天无亲，克敬惟亲，民罔常怀，怀于有仁，鬼神无常享，享于克诚，天位艰哉！德惟治，否德乱，与治同道，罔不兴？与乱同事，罔不亡？终始慎厥与，惟明明后"，这是《治世龟鉴》全篇的主旨。《申诰》是阐述"德政""治道"的名篇，以此为首，颇见全篇主旨。苏天爵少年时跟随刘因弟子安熙学习，后入太学师从吴澄、虞集等大儒，是元代晚期理学的代表人物，《治世龟鉴》引宋代理学家如张载、程颐、张栻、朱熹等语录十余条，占全篇四分之一，可见他对理学名家的关注与尊崇。尤为引人注意的是，苏天爵所引言论虽出自理学名家，但内容却少有"心性道德"，而多关注于国家时务。如他引程颐言"圣人为戒，必

---

① （清）永瑢等：《四库全书总目》卷93《子部 儒家类三》，中华书局1965年版，第789页。

② （元）林兴祖：《治世龟鉴》，（清）陆心源《皕宋楼藏书志》卷41，江苏古籍出版社2016年版，第706页。

③ （清）永瑢等：《四库全书总目》卷93《子部 儒家类三》，中华书局1965年版，第789页。

于方盛之时，方其盛而不知戒，故狃安富则骄侈生，乐舒肆则纪纲坏，忘祸乱则衅孽萌，是以浸淫不知乱之至也"，语出《伊川易传》，本是程颐讲解事物因果联系之语，苏天爵引申其义，解读为明主治国之道。他引朱熹"百里小国也，然能行仁政则天下之民归之矣。省刑罚，薄税敛，二者仁政之大目也。君行仁政则民得尽力于农亩，而又有暇日以脩礼义，是以尊君亲上而乐于效死也"之语，出自朱熹《孟子集注》，是朱熹对孟子"仁政"的归纳，也被苏天爵作为朱熹论政之语加以引用。可见他对义理之学的研究，侧重点依然是其中所蕴含的国家治理有关的内容，看重的是其对于国家发展的帮助，而并非理学家所强调的道德第一性。因此在辑录治国事迹方面，他的原则也并非义理史学所推崇的"内圣外王"，却更重实务。如"治体"篇中他引康澄《言时事疏》，称"三辰失行不足惧，天象变见不足惧，小人讹言不足惧，山崩川竭不足惧，水旱虫蝗不足惧也，贤士藏匿深可畏，四民迁业深可畏，廉耻道消深可畏，毁誉乱真深可畏，直言不闻深可畏也"，认为"切中时病"，此记载最早出于《旧五代史·明宗纪》，前五不足惧是对传统"天人关系""君权神授"的否定，故而《旧五代史》只说"澄言可畏六事，实中当时之病，识者许之"，对五"不足惧"并无评价，欧阳修《新五代史》删掉了"可畏六事"几个字，意义就有所变化，苏天爵沿袭欧阳修的记录，或有《旧五代史》流行甚少，不见其书的原因，但更大可能还是欧公之言更合苏天爵的看法。《治世龟鉴》成书之时元朝天灾甚多，尤其黄河水患频频发作，农民义军多有借此编造谶语童谣以扩充实力，元朝统治者又笃信佛教，应对颇为失当，苏天爵对于"天象""灾异"不足畏的认同，亦有希望君主勤力救灾、挽回民心的意愿。综上，《治世龟鉴》一书虽是对前代史事和议论的辑录，但在编纂之时苏天爵有意识地对其进行了选材和加工，使之更符合他经世思想的政治主张。

除政论语录外，《治世龟鉴》中对史事的辑录也保持了对经世治国的关注。他记载唐武宗时期宦官仇士良乱政之事，深戒于仇士良"天子不可令闲，常宜以奢靡娱其耳目，使日新月盛，无暇顾及他事，然后吾辈可以得志；慎勿使之读书亲儒生，彼见前代兴亡心知忧惧，则吾辈疏斥矣"的奸险，并在其后征引范祖禹、胡寅、黄震等人的批评，以此提醒治国者亲贤臣远小人，提倡文治，以儒治国，这些史事和史论都与元惠宗一朝的政治有密切关系。至正年间水患频繁，人民流离失所死者连连，红巾军由此大作，故而苏天爵特设"止盗"一节，尤其详述汉宣帝和唐懿宗对待"盗贼"的不同做法和后果。宣帝时"渤海岁饥，盗贼并起"，汉宣帝的做法是任用贤臣龚遂，恩威并重，一方面"持兵者乃为贼，遂单车至（贼）府，盗贼闻遂教令即时解散，弃其弓弩而持钩鉏"；另一方面"开仓廪，假贷贫民，选用良吏，尉安牧养焉"，很快就平息了内乱。反观唐懿宗，他"奢侈日甚，用兵不息，赋敛愈急"，致使百姓"无所控诉，相聚为盗"，但唐懿宗和其后即位的唐僖宗都应对乏力，不恤民生，黄巢大起义时，"县民之困于重敛者争归之，数月之间众至数万"，唐朝灭亡就由此而起。在记载此条史事之后，苏天爵又引范祖禹《唐鉴》"自古贼盗之起，国家之败，未有不由暴赋重敛，而民之失职者众也"①，有明确地提醒本朝君主引以为戒的意味。苏天爵任职地方期间，"究民所疾苦，察吏之奸贪"②，红巾起义爆发后，他总兵饶、信（均属今江西上饶），"方略之密，节制之严，虽老帅宿将不能过之"③。苏天爵《治世龟鉴》成书于至正十二年，是年末苏天爵病逝上饶，同年爆发的红巾军起义势如破竹，"满城都是火，府官四散躲。城里无一人，红军府上坐"④。苏天爵与他精心编纂的《治世龟鉴》都未能拯救已然穷途末路的大元政权，历史的进程史家可以预料，但无力改造和阻挡。陈垣评价胡三省说："劝戒为史家之大作用。劝戒起于经历，经历不必尽由读书，然读书则可以古人之经历为经历，一展卷而千百年之得失灿然矣"⑤，这一论断同样适用于苏天爵。他二人主要的仕宦经历一

---

① （宋）范祖禹：《唐鉴》卷11，上海古籍出版社1984年版，第314页。
② （明）宋濂等撰：《元史》卷183《苏天爵传》，中华书局1976年版，第4226页。
③ （明）宋濂等撰：《元史》卷183《苏天爵传》，中华书局1976年版，第4227页。
④ （明）陶宗仪：《南村辍耕录》卷9，中华书局1959年版，第111页。
⑤ 陈垣：《胡注通鉴表微》卷10《劝戒篇》，商务印书馆2011年版，第154页。

在宋末—在元末,都有饱经患难的人生历练,都对历史充满敏锐见解,他们各自不同的人生选择也与其对历史的见解和判断息息相关。胡三省与苏天爵之撰述一为史注,一为近似类书的史事辑录,然而两人在总结、整理前代史著和史事的同时,本人的历史观念和政治观点都时有流露,表达了鲜明的"事功"思想,而蕴含在其中的对国家制度的体察与思考,尤其具有时代特征。

第四节　元修三史中的国家观念与治国理论

　　元代最重要的官方修史活动当属元顺帝至正三年(1343)开始的辽、宋、金三史修撰,这也是元代官方历史观念的集中体现。从中国传统史学出发,为前朝修史既是对中国大一统的追溯和建构,也表现出了于本朝政权合法性的认定。蒙古灭金之初,修端作《辨辽宋金正统》,其目的是"备他日史官采摭"①,在当时北方士人看来,蒙古灭金,则为金以及金之前的辽代修史是理所当然的,但这并没有受到还处于草原军事帝国发展阶段的蒙古政权的重视。元政权最早提出修史建议的是刘秉忠,他还在忽必烈潜邸之时,就向倾慕儒家文化的忽必烈提出,"国灭史存,古之常道,宜撰修《金史》,令一代君臣事业不坠于后世,甚有励也"②,中统元年(1260)忽必烈即位,汉人幕僚王鹗再次建言"置局纂就实录,附修辽、金二史"③,忽必烈遵循他的建议设立翰林国史院,并以左丞相耶律铸、平章政事王文统监修④,脱脱《进辽史表》中亦有"世祖皇帝一视同仁,深加愍恻。尝敕词臣,撰次三史,首及于辽"之语,则忽必烈一朝,修撰三朝史似乎已经成为共识。但元代历朝统治者对修史活动并不热衷,兼之对于

---

　①　(元)王恽:《玉堂嘉话》卷8"辨辽宋金正统"条,中华书局2006年版,第173页。
　②　(明)宋濂等撰:《元史》卷157《刘秉忠传》,中华书局1976年版,第3691页。
　③　(明)宋濂等撰:《元史》卷160《王鹗传》,中华书局1976年版,第3757页。
　④　(明)宋濂等撰:《元史》卷4《世祖本纪一》,中华书局1976年版,第71页。

第九章 "再造"大一统

辽宋金三朝"正统"的论定一直有所争议,故而"义例未定","竟不能成",直至元顺帝亲政,为缓和蒙、汉贵族关系,"修三史"之举作为"至正新政"的一部分,终于得到了有效推进,而主使者亦是"至正新政"的推动者脱脱。这次修史以脱脱、阿鲁图等蒙古贵族为总修撰官,但担任主撰的贺惟一、欧阳玄、揭傒斯等多为汉人儒生,又是理学拥趸,故而"三史"虽然为凸显元代的正统属性,以辽、金、宋各为正统,但在主撰者的历史观和价值观驱动之下,还是有较为明确的对义理史学的赞同和宋代政权的回护,这在"三史"中有极为突出的表现。

一 "正统"的外在表现与内在认同

"三史"修撰过程中最大的争议来自对三个政权正统性质的认定,如前所述,蒙古灭金之后不久,关于辽金蒙的传承问题就成为士人争论的要点,并引发了其后贯穿元代的正统之争。王圻《续文献通考》对此有所记录,称"元世祖立国史院,首命王鹗修辽、金二史。宋亡又命史臣通修三史,延祐天历之间屡诏修之,以义例未定竟不能成。顺帝至正三年,命托克托为都总裁,特穆尔达实、张起岩、欧阳玄、吕思诚、揭傒斯为总裁官修之。或欲如《晋书》例,以宋为'世纪'而辽金为'载纪',或又谓辽立国先于宋五十年,宋南渡后常称臣于金,以为不可。待制王理者著《三史正统论》,欲以辽、金为《北史》,太祖至靖康为《宋史》,建炎以后为《南宋史》,一时持论不决,诏辽、宋、金各为史,凡再阅岁,书成上之,举例论赞表奏多玄属笔"[1],可见三史各为正统的修撰观念几乎是忽必烈以来元代统治者的共识,但具体义例编排和论赞表奏等几乎都由欧阳玄裁夺,这在《元史》中亦有记载[2]。辽宋金三朝关系复杂,"三史"所认定的传承

---

[1] (明)王圻:《续文献通考》卷161《经籍二十一》,上海古籍出版社1988年版,第4143页。

[2] 《元史》卷182载:"诏修辽、金、宋三史,召(欧阳玄)为总裁官,发凡举例,俾论撰者有所据依。史官中有悻悻露才、论议不公者,玄不以口舌争,俟其呈稿,援笔窜定之,统系自正。至于论、赞、表、奏,皆玄属笔。"(中华书局1976年版,第4197—4198页)

体系是金继辽而起，辽、金均与宋并立，故《金史·世纪》中，完颜阿骨打建金前的历史均为辽国年号，如金朝奠基者中有明确生年的是金世祖完颜劾里钵，生于1039年，此为辽重熙八年，北宋宝元二年，《金史》即采用辽年号。其后纪年以1115年（金收国元年）为界，故金世祖卒年是辽大安八年（1092），追谥时间是金天会十五年（1137），阿保机以前的记载皆如此例。而《宋史》一直以两宋年号为准，高宗朝称"中兴"，这种对三朝正统性质的认同与元早期士人的判断又有所不同，既考虑到了元政权的民族属性，也照顾到了汉族士人的情绪，并能兼顾两宋以来关于"居正"和"一统"的辩证关系，可以说是一种颇为妥帖和折中的判断。

但在实际操作中，欧阳玄主导之下，对于辽宋金三朝的记述和评价却颇有倾向性。《宋元学案》以欧阳玄的学术宗旨是："《集注》义理自足，若添入诸家语，反觉缓散"[1]，是朱子之学在元代继承和发扬的主要学派。欧阳玄少年时就"从宋故老习为辞章"[2]，"伊洛诸儒源委，尤为淹贯"。他是延祐二年（1315）进士，其后"两为祭酒，六入翰林，三拜承旨"，是元代后期最重要的文坛领袖和史馆官员，"修实录、《大典》、三史，皆大制作。屡主文衡，两知贡举及读卷官，凡宗庙朝廷雄文大册、播告万方制诰，多出玄手"[3]，欧阳玄对于史学与政治的关系的把握极为精确，他对三史正统的划分符合元朝的政治利益，但他对于辽宋金诸帝的评论，又明显对两宋诸帝的认同更多，如论述政权之起兴，就将宋太祖目为"圣人之才"[4]，而与蒙古同样起于大漠、"东自海，西至于流沙，北绝大漠，信威万里"[5]的辽太祖耶律阿保机，所得称誉却仅有平"刺葛、安端之乱"的"人君之度"[6]，

---

[1] （清）黄宗羲、全祖望：《宋元学案》卷82《北山四先生学案·勉斋门人》，中华书局1986年版，第2727页。

[2] （清）黄宗羲、全祖望：《宋元学案》卷82《北山四先生学案·白云门人》，中华书局1986年版，第2771页。

[3] （明）宋濂等撰：《元史》卷182《欧阳玄传》，中华书局1976年版，第4198页。

[4] （元）脱脱等撰：《宋史》卷3《太祖本纪》，中华书局1985年版，第50页。

[5] （元）脱脱等撰：《辽史》卷2《本纪第二》中华书局1974年版，第24页。

[6] （元）脱脱等撰：《辽史》卷2《本纪第二》中华书局1974年版，第24页。

第九章 "再造"大一统

比之《契丹国志》中"奋自荒陬，驰驱中夏，涨幽、燕而胡尘，吞八部以高啸，雄亦盛矣"[1]的评价都有所不如。《金史》对金太祖完颜阿骨打的评价是"算无遗策，兵无留行，底定大业，传之子孙"[2]，虽也是明主风度，但依然远逊于宋太祖了。对于其他皇帝的评价，欧阳玄亦有偏向，宋光宗行事昏聩，偏听偏信，在位期间李后擅权，引发"绍熙内禅"的政坛闹剧，但《宋史》对他的评价是"总权纲，屏嬖幸，薄赋缓刑，见于绍熙初政，宜若可取"，精神病发作是"宫闱妒悍"而起，结果也不过是"政治日昏，孝养日怠"，似乎并无大弊；辽圣宗少年即位，虽有萧太后、韩德让主政，但是上下一心君臣相得，亲政后更是任贤去邪，改革法度，辽朝在此期间达到了全盛期，但《辽史》却着重批评其"侈心一启，佳兵不祥"[3]；宋太宗虽有统一之举，但为政平平，即位时有"斧声烛影"之嫌疑，掌权后又有迫害赵廷美、赵德昭的事实，然对其执政，《宋史》大加赞赏，称"帝之功德，炳焕史牒，号称贤君"，对他破坏正统的行为只轻巧描述为"太祖之崩不逾年而改元，涪陵县公之贬死，武功王之自杀，宋后之不成丧，则后世不能无议焉"[4]；同有篡位之举的海陵王完颜亮虽然暴虐滥杀，但是在位期间兴汉化，重法度，改革猛安谋克，"擢用人才，将混一天下，功虽不成，其强至矣"[5]，但《金史》评其为人为政，说"三纲绝矣，何暇他论。至于屠灭宗族，剪刈忠良……卒之戾气感召，身由恶终，使天下后世称无道主以海陵为首"[6]。这些评价上的高下之别，原因之一是欧阳玄所依据的义理标准，但他思想深处对于两宋政权的认同也是重要原因。三史书成之后，对其正统意识深表不满的杨维桢愤而作《正统辨》，以两宋为正统，认为元是承宋而建，欧

---

① （宋）叶隆礼：《契丹国志》卷1，中华书局2014年版，第9页。
② （元）脱脱等撰：《金史》卷2《本纪第二》，中华书局1975年版，第42页。
③ （元）脱脱等撰：《辽史》卷17《圣宗本纪》中华书局1974年版，第206页。
④ （元）脱脱等撰：《宋史》卷5《太宗本纪》，中华书局1985年版，第101页。
⑤ （元）刘祁：《归潜志》卷13，中华书局1983年版，第136页。
⑥ （元）脱脱等撰：《金史》卷5《海陵纪》，中华书局1975年版，第118页。

阳玄深赞此论,认为"百年后,公论定于此矣"①。他对于杨维桢的认可也能看出这一时期汉族儒生对待元代政权的态度,一方面经历了辽金等民族政权的统治,"华夷"对于正统问题的影响逐渐淡化,元代政权的民族因素依然强大,对辽金的认同也表达了史官对元代统治者民族身份的认同,但经历了近百年的大一统,华夷之间的界限被打破和削弱,汉人儒生就更迫切地希望扩大"汉化"的范围,而强调宋与辽金的区别,进而将"宋元"结为一体,只是史学实践中"以夏变夷"的步骤。

二 义理思想在君主评价中的表现

参与"三史"修撰的史官,除欧阳玄外,揭傒斯、张起岩、嶷嶷等均是元末大儒,其对统治者的品评也具有明确的义理标准,这在对于宋太祖的评价上尤为明显。《宋史》之前对于赵匡胤就赞誉极多,但大都集中于其统一南北的功绩和"不嗜杀"的仁德,而《宋史》在此之上,还极力塑造了赵匡胤"孝友节俭,质任自然"的特征,并以其平吴越、南汉、后蜀时的一些细节②,强化赵匡胤仁德、节俭、崇文重儒的特性,与朱子理学认同的"内圣外王"的理想政治形象完全相符。在元代《宋史》勘定之前,对赵匡胤的评价还多为"勤劳定天下"③,"修明宪度,肃清寰宇"④,"英武大度"⑤,"聪明齐圣,由揖逊而有天下"⑥等语,但在元代之后,其评价就出现如"顺天应人,统一海宇,祚延三百,天下文明"⑦,"俭约是务,治定功成,制礼作乐,传之来裔,为万世法。其成功致治之盛,几乎唐太宗。而规模之正,则又过之矣"⑧等溢美之词,《宋史》对其事迹的记述和议论功不可没。

---

① (清)张廷玉:《明史》卷285《杨维桢传》,中华书局1974年版,第7308页。
② 如遣钱俶回吴越、赐酒刘鋹、碎孟昶宝装溺器等事迹。
③ 佚名撰,汪圣铎点校:《宋史全文》卷2,中华书局2016年版,第93页。
④ 佚名撰,汪圣铎点校:《宋史全文》卷2,中华书局2016年版,第66页。
⑤ (宋)叶梦得:《石林燕语》卷1,中华书局1984年版,第1页。
⑥ (宋)王称:《东都事略》卷2,齐鲁书社2000年版,第13页。
⑦ (明)胡广等:《大明太祖高皇帝实录》卷92,台湾"中研院"历史语言研究所1962年版,第1605页。
⑧ (清)乾隆:《宋太祖论》,《御制乐善堂文集定本》卷6,吉林出版集团2005年版,第94页。

第九章 "再造"大一统

与之形成鲜明对比的就是对海陵王完颜亮的纪事与评价,《荣斋续笔》曾记,洪迈使金归,宋高宗与之谈论完颜亮,称"亮去岁南牧,已而死归。人皆以为类苻坚,唯吾独云似隋炀帝"①,可见金世宗即位之初,宋金两朝对完颜亮的普遍评价还是前秦苻坚这种野心家的形象,刘祁作为金末士人,对其评价也是"英锐有大志,定官制、律令皆可观。擢用人才,将混一天下,功虽不成,其强至矣",对海陵功过的评价贴合对政治家的态度,也更符合史学"经世"的一面。至《金史·海陵本纪》,亦是编年之后对其政治活动细节有所记述,但凸显的都是完颜亮奢靡荒淫、虚伪狡诈的一面,论赞之中更是对其大加挞伐,称其为"戾气感召,身由恶终,使天下后世称无道主以海陵为首",《金史》之后对完颜亮的议论几乎都集中于他私生活的荒淫无道,对其行兵伐宋的草率与残暴反而甚少关注。《金史》取材自金"累朝实录",《海陵实录》对于完颜亮形象的"塑造"应在泰和年间,与刘祁《归潜志》著述时代大体相类。但从刘祁等人的评价看,至少在金末,海陵王依然是毁誉参半的野心家,其"渔色不休,贪淫无度,不惜廉耻,不论纲常"②的荒淫无道之君的形象,很有可能要归功于《金史》对他的记载与议论了。

"三史"不但塑造理想化的有德明主形象,对于那些功过兼有、毁誉参半的皇帝,其评价也明显表现出对义理标准下的道德维护,如宋仁宗在位多年,既有勤恳执政的辛劳,也有"庆历新政"的夭折,《宋史》评价仁宗及仁宗朝政治说,"国未尝无弊幸,而不足以累治世之体;朝未尝无小人,而不足以胜善类之气。君臣上下恻怛之心,忠厚之政,有以培壅宋三百余年之基"③,评价中肯,言辞恳切,而且对宋仁宗的"忠厚"是颇为推崇的。对于宋哲宗统治期间"元祐"到"绍圣"的转变,《宋史》极力批评,称其"务反前政,报复善

---

① (宋)洪迈:《容斋随笔》续笔卷6《炀王炀帝》,中华书局2005年版,第291页。
② (明)冯梦龙:《醒世恒言》卷23《金海陵纵欲亡身》,中华书局2009年版,第314页。
③ (元)脱脱等撰:《宋史》卷12《仁宗本纪》,中华书局1985年版,第251页。

良，驯致党籍祸兴，君子尽斥"①，此评价与北宋党争之中理学一派的"君子小人"批评极为近似。在义理标准之下，欧阳玄等颇为重视对忠义精神的赞颂，这在论述宋金之亡时尤为明显。金哀宗在位十年，"勤俭宽仁，图复旧业，有志未就"②，《金史》也称其"无足为"，元朝代金是"功德日盛，天人属心，日出爝息，理势必然"，但对于金哀宗的"图存于亡，力尽乃毙"，史官依然赞其"国君死社稷"③，视之为"无愧"的"礼"之典范。《宋史》记载南宋沦亡之际的历史，大力鼓吹元军"辄以宋祖戒曹彬勿杀之言训之"，称其为"宋之亡征，已非一日。历数有归，真主御世"④，但对于崖山三年苦战，也由衷感慨"人臣忠于所事而至于斯，其亦可悲也夫"⑤。对比之下，宋徽宗、宋钦宗父子在金人入侵之际还"不能同力协谋，以济斯难，惴惴然讲和之不暇"，其失国的原因被史官归咎于"巽懦而不知义"⑥。同属亡国之君，但这几番评判，就高下立见了。

"三史"从始撰到成书历时两年，"其时日较明初修《元史》更为迫促"⑦。赵翼考证辽宋金三史底本，认为俱有旧本，然"三史"修撰之时元代已到多事之秋，且兼时间紧迫，故差错疏漏极多，后人对此也颇有考证和批评。"三史"中的治国之论也算不得十分高明，但颇有历史传承与时代特色。尤其是对于两宋十八帝的议论，比之辽金诸帝，史官更注重以儒家礼法和义理观念对其执政能力和道德品行作出规范与约束，对宋代的内在认同与对中华文化的认同在某种程度上达成了一致性。

---

① （元）脱脱等撰：《宋史》卷18《哲宗纪》，中华书局1985年版，第354页。
② （清）毕沅：《续资治通鉴》卷167，中华书局1957年版，第4556页。
③ （元）脱脱等撰：《金史》卷19《哀宗纪》，中华书局1975年版，第403页。
④ 俱见脱脱等撰《宋史》卷47，《瀛国公二王附》，中华书局1985年版，第946页。
⑤ （元）脱脱等撰：《宋史》卷47《瀛国公二王附》，中华书局1985年版，第946页。
⑥ （元）脱脱等撰：《宋史》卷23《钦宗纪》，中华书局1985年版，第436页。
⑦ （清）赵翼：《廿二史札记》卷23"宋辽金三史"条，王树民校证本，中华书局2013年版，第519页。

下 篇
宋辽金元治国之论中的理想化人君形象再塑造

爱德华·霍列特·卡尔在他的《历史是什么》一书中,充满诗意地描摹了19世纪欧洲学者对历史的看法:"历史事实的本身就是一个至高无上的事实的明证,这就是朝更高的境界仁慈亲切地,而且显然是永无止境地向前迈进。这是天真无邪的时代,历史学家在伊甸园里走着,不用哲学来遮蔽身体,在历史这位上帝的跟前,一丝不挂,也没有感到害羞。从那以后,我们知道了什么是罪恶,同时体验到了堕落。"① 这几乎映射出古代中国对历史最主流的看法:历史是可知的,而且是必知的,"以铜为镜,可以正衣冠,以史为镜,可以知兴替"②,历史是审判官,又是启明星,既提供值得借鉴的教训,也塑造可供追随的典范。但历史真的如上帝般正直无邪吗?E.H.卡尔引用另一位卡尔(Carl·Becker)对历史的质疑:"在历史学家创造历史事

---

① [英]爱德华·霍列特·卡尔:《历史是什么》,吴柱存译,商务印书馆1980年版,第16页。
② (后晋)刘昫:《旧唐书》卷71《魏征传》,中华书局1975年版,第2561页。

实之前,历史事实对于任何历史学家而言都是不存在的"①,这种对历史和历史记录的质问开启了西方后现代史学的新纪元。而中国古代的史学家对于历史的再加工甚至是默认的,刘知幾在《史通·曲笔》的开篇明言:"肇有人伦,是称家国。父父子子,君君臣臣,亲疏既辨,等差有别。盖'子为父隐,直在其中',《论语》之顺也;略外别内,掩恶扬善,《春秋》之义也。自兹已降,率由旧章。史氏有事涉君亲,必言多隐讳,虽直道不足,而名教存焉。"② 在刘知幾看来,对于历史人物形象的再塑造的过程,就是将"名教"实体化的过程,这在逻辑上也不无道理:值得借鉴的负面教训必须是真实的,而需要铭记和学习的榜样则可以是有所加工的;史家们从不质疑尧舜的存在,因为这无需质疑:尧舜就算不存在,统治者一旦具备尧舜的特性,天下也必将"大治"和"大同"。然而现实是,不仅皇帝永远无法成为尧舜,"尧舜"也无法真正完成人君的责任,史学家通过历史撰述在"内圣外王"和"王霸道杂"中寻求平衡与支点,塑造出理想化的君主形象,也无非是试图找到更有助于国家制度运作和国家治理模式的君臣协作支点。作为本书的最后一部分内容,笔者试图探讨的是宋辽金元史学家基于政权特征、道德要求、华夷之辨等颇具时代特色的意识形态与价值观念之下对"人君"形象的再塑造,以及这种"再造"对于政治文化的影响。

---

① [英]爱德华·霍列特·卡尔:《历史是什么》,吴柱存译,商务印书馆1980年版,第18页。
② (唐)刘知幾撰:《史通》卷7《曲笔》,(清)浦起龙通释本,上海古籍出版社2009年版,第182—183页。

第十章　前代君主形象的变化
——以刘备为例

史论依托于史事而存在，《资治通鉴》论其著述之由，是希望"陛下（宋神宗）监前世之兴衰，考当今之得失，嘉善矜恶，取得舍非，足以懋稽古之盛德，跻无前之至治"①，宋神宗是司马光所认为的第一读者，《资治通鉴》共有史论一百一十八条，其中以君主，包括春秋战国的诸侯、秦以后的皇帝以及其他实际有统治权力但并没有皇帝之名的人物，如智伯、燕太子丹、曹操等为发论对象的议论有近七十条，占全部史论的百分之六十。通过对历史上的君主活动和君臣事迹对本朝的执政者进行规劝和警戒，是宋代修撰前朝史的主要目的，这一目的至朱熹编纂《资治通鉴纲目》、以"明正统"为主旨才有所变化，史书的警戒功能让步于道德教化功能，所面对的主要读者也扩展到整个读书阶层，义理史学对"内圣外王"的要求也促使统治者"榜样"的形象发生了变化。以下，笔者仅以辽金元史著中对汉昭烈帝刘备的记载与议论的变化为例，分析这种变化与政治活动、时代思潮、社会文化的联系，以及君主形象与国家治理之间的因果关系。

第一节　《三国志》中的刘备形象

借由《三国演义》的普及，刘备堪称中国历史上最具知名度的帝

---

① （宋）司马光编著：《资治通鉴》卷294，中华书局1956年版，第9608页。

王之一,他几乎是道德上的完人,因为过于凸显的高尚道德,甚至予人"长厚而似伪"①的印象。《三国演义》全名为《三国志通俗演义》,但至少对于刘备道德真君形象的塑造,与其说是对《三国志》的演义,反而更像宋辽金元史著中刘备形象的通俗化。陈寿《三国志·先主传》认可刘备作为"汉景帝子中山靖王胜之后"的身份,详载了刘备从起兵河北到称雄西南的过程,对他"弘雅有信义"的性格也有一定记述,并评价其为人是"弘毅宽厚,知人待士,盖有高祖之风,英雄之器焉。及其举国托孤于诸葛亮,而心神无贰,诚君臣之至公,一古今之盛轨也",但也对他在执政中失误都有所记载,认为其"机权干略,不逮魏武,是以基宇亦狭"②。其后习凿齿作《汉晋春秋》,以刘备为先主,曹操、孙权等为篡臣,并着力强化刘备"虽颠沛险难而信义愈明,势逼事危而言不失道"的品性。裴松之补充了大量刘备入蜀前的史料以及习凿齿等对他的评价,凸显其"终济大业,不亦宜乎",并认为蜀汉"英贤作辅,儒生在宫,宗庙制度,必有宪章"③,颇有反驳陈寿"基宇亦狭"论断的意味。南北朝时期是关于三国历史著述最盛的时期,刘备与汉室的关系以及宽宏有信义的道德品质都受到了史家的认可,但结合对其治国能力的论述,终不过是荀悦所谓"勤事守业,不敢怠荒,动以先公,不以先私"的"存主"④。在《三国志》影响之下,曹魏正统观念深入人心,但刘备以汉室宗亲的身份"纠合义兵,将以讨贼。贼疆祸大,主没国丧"⑤,依然博取了士人的同情,典型如杜甫《谒先主庙》诗,"惨淡风云会,乘时各有人。力侔分社稷,志屈偃经纶。复汉留长策,中原仗老臣。杂耕心未已,呕血事酸辛。霸气西南歇,雄图历数屯。锦江元过

---

① 鲁迅:《中国小说史略》,《鲁迅全集》第9卷,人民文学出版社1981年版,第129页。

② 以上数条俱见《三国志·先主传》。

③ (晋)陈寿撰,(南朝宋)裴松之注:《三国志》卷32《先主传》,中华书局1959年版,第890页。

④ (汉)荀悦撰,张烈点校:《两汉纪》卷16,中华书局2002年版,第288页。

⑤ (晋)陈寿撰,(南朝宋)裴松之注:《三国志》卷41,中华书局1959年版,第1017页。

楚，剑阁复通秦。旧俗存祠庙，空山立鬼神。虚檐交鸟道，枯木半龙鳞。竹送清溪月，苔移玉座春。闾阎儿女换，歌舞岁时新。绝域归舟远，荒城系马频。如何对摇落，况乃久风尘。孰与关张并，功临耿邓亲。应天才不小，得士契无邻。迟暮堪帷幄，飘零且钓缗。向来忧国泪，寂寞洒衣巾"，以极具天赋的语言概括了刘备的戎马一生，对他礼贤下士的态度和"复汉"理想都有所赞誉，又对其壮志未酬表达了同情，这首诗也基本奠定了唐宋三国题材咏史怀古诗的基调和世人对刘备的普遍印象。

第二节 从《资治通鉴》到《资治通鉴纲目》
——刘备形象的基调变迁

北宋关于三国历史的撰述并不突出，其中最全面也最重要的著作当属《资治通鉴》。司马光以曹魏为正，对三国事迹的记载也是曹操远多于刘备[1]，这一方面是因刘备入蜀之后的史料传世较少[2]，另一方面也与司马光的撰述主旨有关，既然是"鉴于往事，以资治道"，司马光又强调"王霸无异道"[3]，曹魏政权在历史上的战略地位要超越蜀汉，其政治斗争中的波澜诡谲也更胜一筹。《资治通鉴》第六十九卷有司马光对于三国正统的一段论述，尤其可见他对于曹刘的态度。他首先强调"王德既衰，强大之国能帅诸侯以尊天子者，则谓之霸"，认可曹操在汉末"挟天子以令诸侯"的行为，对于刘备汉室宗亲的身份，则认为"昭烈之汉，虽云中山靖王之后，而族属疏远，不能纪其世数名位"[4]而不予认可。司马光的这些论断和评判，与陈寿

---

[1] 以"刘备"为关键词在《资治通鉴》检索，共71条结果，以"曹操"检索有151条，"魏武"37条，"昭烈"14条，虽难以覆盖全部记录，但从检索结果也可见《资治通鉴》的记录重点与取向。

[2] （晋）陈寿撰，（南朝宋）裴松之注：《三国志》卷32《先主传》，中华书局1959年版，第890页。裴松就曾感慨说蜀国"载记阙略，良可恨哉"，《三国志·先主传》。

[3] （宋）司马光编著：《资治通鉴》卷27，中华书局1956年版，第891页。

[4] （宋）司马光编著：《资治通鉴》卷69，中华书局1956年版，第2262页。

在《三国志》中的态度其实一脉相承。不仅如此,《资治通鉴》对刘备的一些记载,也表现了司马光忠于历史的态度和对刘备"正统"身份的不信任,《三国志》记载刘备讨曹的重要原因是"先主未出时,献帝舅车骑将军董承辞受帝衣带中密诏,当诛曹公"①,但《资治通鉴》记载此事是"车骑将军董承称受帝衣带中密诏,与刘备谋诛曹操"②,加一"称"字,既加强了叙述的严谨度,也直接表达了对"衣带诏"的质疑。《资治通鉴》沿袭了《三国志》中关于刘备德行的记录,如其败走当阳之时,"众十余万人,辎重数千辆,日行十余里,别遣关羽乘船数百艘,使会江陵。或谓备曰:'宜速行保江陵,今虽拥大众,被甲者少,若曹公兵至,何以拒之!'备曰:'夫济大事必以人为本,今人归吾,吾何忍弃去!'"③,这是史书中对于刘备德行的最经典描述,习凿齿"颠沛险难而信义愈明,势逼事危而言不失道"的赞誉就由此而发。司马光对这段历史细节的复原,与他对君主所提出的"道有一德有三"④的期望是一致的。但是,对于《三国志》中袁绍称赞刘备"弘雅有信义"以及裴松之所补充的"的卢救主"情节,《资治通鉴》都予以删除,这与《资治通鉴》对历史真实性的关注有很大关系,也与司马光强调治国过程中的"王霸"兼备、讲究人事的态度有关,那些过于强调德行尤其是"以德配天"意味的情节,就显得无关紧要了。

作为帝王教科书强调治国中手段的多样化,是有其依据和现实意义的,但是随着宋代经济文教的发展,《资治通鉴》的传播领域越发广泛,南宋还出现过书商跨海贩卖《资治通鉴》至高丽之事⑤,可见

---

① (晋)陈寿撰,(南朝宋)裴松之注:《三国志》卷32《先主传》,中华书局1959年版,第875页。

② (宋)司马光编著:《资治通鉴》卷63,中华书局1956年版,第2023页。

③ (宋)司马光编著:《资治通鉴》卷65,中华书局1956年版,第2083页。原典出于《三国志·先主传》。

④ (宋)司马光:《稽古录》卷16,中国友谊出版公司1987年版,第649页。

⑤ [韩]李重宰:《高丽史》卷20,载高丽明宗二十二年(1192),"宋商来献《太平御览》,赐白金六十斤"。

流传范围之广。君主和士大夫可以仰赖"霸王道杂""外儒内法"的手段治理国家，但对于普通士人而言，史书的教化意义就显得更为重要。兼之"宋氏南渡，执政大臣忘仇忍辱，窃禄苟安。一时儒者，忠义感激，痛愤怨疾，既不果用，思见于言，此蜀汉统绪所由正也"①，士大夫的家国感慨之情与对为上位者的失落不满情绪相结合，史书的道德劝勉作用大兴，对蜀汉政权的认可和对刘备的遵奉成为史学的重要潮流。周密总结南宋史学发展，称"温公作《通鉴》，则朱晦庵作《纲目》以纠之。张敬夫亦著《经世纪年》，直以蜀先主上继汉献帝。其后庐陵萧常著《后汉书》，起昭烈章武元年辛丑，尽后主炎兴元年癸未，又为吴、魏《载记》。近世如郑雄飞亦著为《续后汉书》，不过踵常之故步。最后翁再又作《蜀汉书》，此又不过拾萧、郑弃之竹马耳，盖欲沽特见之名，而自附于朱、张也"②。周密思想中"经世"因素颇重，对于南宋诸家"三国史"的"大旨在书法不在事实"③之特征颇不以为然，但从他对于南宋三国史修撰的总结中可见，南宋三国史端明正统的原则是从张栻、朱熹而来，受其影响的萧常、郑雄飞、翁再又等人所撰史书则是对三国历史的再塑。朱熹非常重视史著的教化作用和对读史者智识的影响，他指责陈亮、吕祖谦"看史只如看人相打，相打有甚好看处"④ 即有此意，这也成为朱熹撰著《资治通鉴纲目》最主要的目的。《资治通鉴纲目》旨在阐明"主在正统"⑤之义，故而对刘备的身份和道德都大为凸显。"吕布救备之事，而纲目止书布攻备者，布反覆小人不予其救也。分注述备归曹操而纲目乃书归许者，言归许则见其归天子也。分注述操以备为豫州牧而纲目乃书诏以为豫州牧者，言诏则见出于朝廷而非操所得用也。惟昭烈有存

---

① （元）苏天爵：《滋溪文稿》卷29《题孙季昭上周益公请改修三国志书稿》，中华书局1997年版，第488页。
② （宋）周密：《癸辛杂识》后集《正闰》，中华书局1988年版，第97页。
③ （清）永瑢等：《四库全书总目》卷50《史部 别史类》，中华书局1965年版，第451页。
④ （宋）黎靖德编：《朱子语类》卷123《陈君举》，中华书局1986年版，第2965页。
⑤ （宋）黎靖德编：《朱子语类》卷105《通鉴纲目》，中华书局1986年版，第2637页。

汉之心，纲目有予昭烈之意，故其书法如此"①。朱熹对三国事迹的编辑和书写以《资治通鉴》为基准，在选材上有明显的义理教化倾向，对其后三国史书的撰写确有引领作用。但《资治通鉴纲目》虽强调"主在正统"，朱熹对三国形势的判断还是较为公允的，他说："曹操合下便知据河北可以为取天下之资。此着被袁绍先下了，后来崎岖万状，寻得个献帝来，为挟天下令诸侯之举，此亦是第二大者。若孙权据江南，刘备据蜀，皆非取天下之势，仅足自保耳"②，对于曹魏在三国政权中的位置以及曹操所行"挟天子令诸侯"之举在战略上的重要意义都有所肯定。且《资治通鉴纲目》是对《资治通鉴》的全面梳理，并没有全面突出三国内容，受其影响的南宋诸三国史著对刘备形象的再塑造具有更重要的普及性作用。

周密所列南宋末年的三国史著，今仅有萧常《续后汉书》传世，此书略早于前论郝经《续后汉书》，但内容颇接近，都受到朱熹《资治通鉴纲目》的影响。萧常自陈书成于宋孝宗淳熙十五年（1188），这是朱熹及义理史学初有影响之时，周必大为其书作序是在宋宁宗庆元六年（1200），庆元党禁刚刚开始松弛，理学的影响逐渐恢复和发展，萧常之书亦以"多言守之以中爱，痛辟于淫辞，庶少扶于名教"③为目的，有较为明确的以"书法"阐明"义理"、弘扬"名教"之目的。而郝经《续后汉书》作于他被拘留南宋之时，作者受南宋理学浸淫，"取《纲目》之义例"④，又有"辨奸邪表风节，甄义烈核正伪"⑤的气节精神蕴含其中，在坚持义理的同时亦不失"发愤"精神。两书作者国别和民族立场都有极大差异，著作缘由与著述目的也不尽相同，但对于刘备的撰述和议论却颇有近似处，对刘备历

---

① （宋）朱熹撰：《资治通鉴纲目》卷13，文渊阁《四库全书》第689册，台湾商务印书馆1983年版，第772页。
② （宋）黎靖德编：《朱子语类》卷136《历代三》，中华书局1986年版，第3234页。
③ （宋）萧常：《进〈续后汉书〉表》，《全宋文》第282册卷6392，安徽教育出版社2006年版，第87页。
④ （元）郝经：《续后汉书》原序，商务印书馆1958年版，第4页。
⑤ （元）郝经：《续后汉书》原序，商务印书馆1958年版，第4页。

史形象的变化具有重要的意义。

第三节 萧常《续后汉书·昭烈帝纪》中的刘备形象

萧常《续后汉书·昭烈帝纪》主要取材自《三国志·后主传》，但对史料有明显的加工痕迹，《三国志》记载刘备除安喜尉时，因不受重用而痛打督邮之事，"督邮以公事到县，先主求谒，不通，直入缚督邮，杖二百"，刘备"弃官亡命"，才成就其后事业。这番行为体现的性格特征与刘备少年时"吾必当乘此羽葆盖车"的豪言壮语是一致的，《三国志》的记载出自三国时曹魏郎中鱼豢所撰《典略》①，被裴松之收入注中，可信度较高。但这段文字对刘备的描摹，与其忠厚性格和仁爱风度显然不相匹配，故萧常将此段情节全篇删去，这一删改对后世极有影响，此事迹改头换面之后被收入《三国演义》，敷衍为"张飞鞭督邮"的故事。"衣带诏"情节既能彰显刘备"汉室宗亲"身份，也能表明其匡扶汉室的立场，故萧常对此段情节大加渲染，先是将衣带诏的知情者由董承扩展为"偏将军王服、吴子兰、越骑校尉种辑等"多人，以对抗司马光等史家对此事的质疑，又添加《三国志》裴松之注所增的刘备"谓事泄，方食失匕箸，时适雷震，因谓操曰：'圣人云迅雷风烈必变，良有以也，一震之威乃至是耶。'"之事迹，以凸显其智谋。刘备"毁帐钩铜以铸钱"的事迹仅见于《南齐书·崔祖思传》，本为崔祖思劝谏萧道成所举例证②，《三国志》、裴松之注《三国志·先主传》《华阳国志》等书典均不载，但因其能凸显刘备"性俭约"的品德，萧常依然将其收入书中。对于

---

① （晋）陈寿撰，（南朝宋）裴松之注：《三国志》卷32《先主传》，中华书局1959年版，第875页。

② 原文为"刘备取帐钩铜铸钱以充国用。魏武遗女，皂帐，婢十人；东阿妇以绣衣赐死，王景兴以渐米见诮"。（南朝齐）萧子显：《南齐书》卷28，中华书局1972年版，第518页。

《三国志》中所载能明确表现刘备高尚道德的记载，萧常也——收录，如刘备败走当阳之际也不忘携带乡老的仁义、因见"髀里肉生"而感慨"功业不建"的气概等情节，他都予以保留，对刘备的败绩有删节简写，如曹操败刘备于徐州，"尽收其众，虏先主妻、子，并禽关羽以归"①，《续后汉书》就只载关羽被俘，而略其妻子。萧常还在《昭烈帝纪》中添加了曹操"自以其女为天子皇后""自进号魏王""僭天子旌旗，出警入跸，冬操冕十有二旒，乘金银车，驾六马，设五时副车，又自以其子丕为魏太子"等情节，展示曹操篡汉的行径，对比之下更凸显刘备的忠诚和节气。

在萧常的笔下，刘备得以"以帝室支属，介在一隅，而正位号尚数十年，由先汉至是垂祀五百，三代以还，盖未之有人主之结人心其效乃尔"的形象出现，由中庸之主一转为"三代"之下的圣主。萧常在《进续后汉书表》中自陈对历史与史著的见解，说"名义至重，信古今之不渝，书法匪轻，虽毫厘之必计，理不可易，事固当然"，他以推崇《春秋》、重视"书法"为目的，对史事的取舍和加工反映出了义理史学的典型特点。对其撰述目的与书法特征，南宋理学家周必大在为《续后汉书》所撰序言中很是赞许，说"昔周东迁，浸以微弱，至春秋时仅为王城，而吴楚强大，绵地数千里，皆僭称王，圣人断然以夷狄子之。昭烈土地甲兵甚非周比，兴于汉中适与沛公始封国号同，天时人事绝非偶然，孔子复生必有以处，此乃为首探魏文当日之心，次举苏氏百世之说，以合习氏之论，而证旧志之非"，将《续后汉书》推举为"春秋笔法"的典范。萧常自陈"凡事之不系乎治乱，不关乎名教，与夫迹涉怪诞者，皆略而不书"②，他舍弃"的卢救主"情节，大抵也是因其"迹涉怪诞"之故。但萧常《续后汉书》对史事的剪裁和增删远非此一处，他对刘备早年行事的删改和对

---

① （晋）陈寿撰，（南朝宋）裴松之注：《三国志》卷32《先主传》，中华书局1959年版，第875页。
② （宋）萧常：《续后汉书》序，（元）郝经《续后汉书》，商务印书馆1958年版，第1页。

其败绩的掩盖,使其在"求实"方面丧失了史家传统,四库馆臣批论其"大旨在书法不在事实也""义例精审颇得史法",颇为中肯。

《续后汉书》流传甚广,至清代尤有全本传世,清人史梦兰撰《全史宫词》,其"不是军功休滥赏,铸钱方毁帐钩铜"之句就取自《续后汉书》的记载①。萧常所书刘备形象对后世尤具影响,如萧常对刘备礼贤下士之风颇为称赞,尤其是刘备与诸葛亮和关、张的关系,他保留了裴注《三国志·先主传》中裴松之注所引傅干"玄德宽仁有度能得人死力,诸葛亮达治知变,正而有谋,而为之相,关羽、张飞勇而有义,皆万人敌,而为之将,此三人者皆人杰也。以玄德之略,三杰佐之,何为不济"②的称赞,但将这段评论置于论赞之中加以强化,并进一步归纳三人关系为:刘备"待关羽张飞如亲父子,一见诸葛亮,违众用之,遂成帝业"③,成为后来《三国演义》铺陈蜀汉英雄传奇的源头。

第四节 郝经《续后汉书·昭烈帝纪》中的刘备形象

与萧常著作相比,郝经《续后汉书》流传颇有限,现存仅《永乐大典》辑本。陶宗仪《南村辍耕录》说:"中统改元,陵川郝伯常先生使宋,被留仪真,执不得还,就买书作《续后汉史》。至元丁亥,予分台江西,购得萧常《续汉书》全部,因喟然曰:'惜乎郝君不及见此。'"则萧常之书应一直限于南宋故地流传,郝经撰书时并没有见到。明人沈德符评价二书,称"前人识见,高出后学,遇事便出手做

---

① (清)史梦兰:《全史宫词》卷8《三国》,大众文艺出版社1999年版,第95页。
② (晋)陈寿撰,(南朝宋)裴松之注:《三国志》卷32《先主传》,中华书局1959年版,第883页。
③ (宋)萧常:《续后汉书》卷1《昭烈皇帝纪》,文渊阁《四库全书》第384册,台湾商务印书馆1983年版,第407页。

成"①，认为郝经之书在萧常之下。但如上一章所述，郝经撰述《续后汉书》的目的兼具求理与明志，其义理精神深受朱熹之学影响，以忠义为基础的"经世"态度也颇明确。

郝经《续后汉书》对刘备的记载几乎也是照搬《三国志》内容，但在选材和表述上又有不同于萧常的侧重。郝经《续后汉书·昭烈帝纪》在"义例"部分就归纳了刘备生平事迹："昭烈，景帝之子中山靖王之后，为左将军时受献帝衣带中密诏，诛曹操不克，出奔徐州，起兵讨操又不克，奔袁绍，与绍讨操又不克，遂依刘表，说表袭许以诛操，表不能用，及败操于赤壁，始有荆土。攻刘璋于成都，却操于汉中，遂有巴蜀。操既幽帝弑后，酖杀皇子，篡弑已成，昭烈以为高祖初封汉王，出定三秦以讨项羽，故即汉中王位，兴兵讨操。及操死丕篡，献帝降废，汉统中绝，遂即汉皇帝位以祀汉，汉统于是乎在矣。"②刘备早期的政治活动在三国之中最为艰辛，郝经毫不讳言刘备的失败，也是以之彰显其"崎岖百折愤而益坚"的道德品性。《续后汉书·昭烈帝纪》不仅详述刘备在战乱中的经历，还补充了若干史料，如记载刘备杀杨奉之事，《三国志·后主传》只略记"杨奉、韩暹寇徐、扬间，先主邀击，尽斩之"，郝经补充了《后汉书·董卓列传》所记载"奉、暹奔袁术，遂纵暴扬徐间。明年，左将军刘备诱奉斩之"③的事迹，并增添细节，铺陈为"韩暹、杨奉在下邳，寇掠徐扬间，军饥饿，辞吕布，欲诣荆州，布不听，奉乃私与昭烈相闻，欲共击布，昭烈阳许之，冬十一月，奉引军诣沛，昭烈请奉入城，饮食未半，于座上缚奉斩之，暹失奉，奔并州"的情节，以烘托刘备的智勇双全。对于刘备攻打刘璋的记载也是如此，《三国志》原文仅记载"十九年夏，雒城破，进围成都数十日，璋出降"④，《后汉书》记载"（成都）城中有精兵三万人，谷支一年，吏民咸欲拒战。璋言：'父

---

① （明）沈德符：《万历野获编》补卷4《季汉书》，中华书局1959年版，第905页。
② （元）郝经：《续后汉书》卷2《帝纪一》，商务印书馆1958年版，第3页。
③ （南朝宋）范晔：《后汉书》卷72，中华书局2000年版，第2342页。
④ （晋）陈寿撰，（南朝宋）裴松之注：《三国志》卷32《先主传》，中华书局1959年版，第882页。

子在州二十余岁，无恩德以加百姓，而攻战三载，肌膏草野者，以璋故也。何心能安！'遂开城出降，群下莫不流涕。"① 但郝经剪裁之后，记载为"进围成都，征西将军马超率众来归，屯于城北，城中震恐，后数十日，昭烈令从事简雍入说璋，璋从雍出降"②，刘璋之仁慈全然不见，反而更凸显了刘备的韬略。刘备"颠沛之际，信义愈明"③ 也是郝经着重刻画的道德品性，他对《三国志》中关于衣带诏、败走当阳等事迹的描写都原样抄录。对其礼贤下士、结交贤良的行为，郝经也在《续后汉书》中着力塑造强化，如记载刘备少年经历时，《三国志·先主传》只说他"好交结豪侠，年少争附之"，郝经增加了"河东关羽亡命来归，与同郡张飞兄事昭烈，誓以死从"的内容，不仅凸显了刘备待人之赤诚，刘关张的结义之情也由此而彰明较著。

郝经所增添的细节，有些出自野史笔记，有些则颇似其本人所自撰。在他笔下，刘备是"终系景命，信大义于天下，任贤使能，洒落诚尽"的正统化身，是"仁诚迪哲，弘我炎正，桓桓秉钺，纂高系公，讨贼立国，权竟请盟，丕岂其敌？燕南三士，隆中一贤，左提右挈，百折弥坚，崦嵫返照，腾辉揭天"④ 的圣贤化的帝王。对正统的关照和对忠义节气的塑造是郝经《续后汉书》的主要目的，也是其义理精神的集中体现。

郝经与萧常分处中国南北，一在南宋一在蒙古，两书之成书相差近百年，但所表现的对蜀汉的回护和对刘备的遵奉是一致的。在他们的叙述之下，刘备从仁爱但优柔寡断、谦逊却瞻前顾后的中庸之主一转为千载难逢的道德真君，成为"内圣外王"的化身。自宋至元，史学在发展过程中一直处于"经世"与"义理"的博弈之中，其对帝王的关照也从行政方针扩展至道德心性的建设，且在义理史学家的推

---

① （南朝宋）范晔：《后汉书》卷75，中华书局2000年版，第2435页。
② （元）郝经：《续后汉书》卷2《帝纪一》，商务印书馆1958年版，第15页。
③ （元）郝经：《续后汉书》卷2《帝纪一》，商务印书馆1958年版，第11页。
④ （元）郝经：《续后汉书》卷2《帝纪一》，商务印书馆1958年版，第24页。

崇之下，对后者的重视程度越来越大。作为"教导"本朝皇帝的榜样，前朝君主都具有了正反两方面的示范性作用。治国理政需要榜样，时代发展之下，对榜样的挖掘与构建也表现出了从"政治强人"到"道德完人"的转化。文教在宋辽金元的发展扩大了史学在民众中的影响力，而史著中对君主道德的强化又与大众朴实的道德观念相融合，进而影响了民间文化中君主形象的构建。"三国剧"是元杂剧中最丰富的剧种，其流行既有"俗讲—平话—杂剧"的通俗文化形式发展流变，也与历史普及化过程中刘备道德形象的建立密不可分。宋辽金元的史学直接影响了话本、杂剧等民间文学艺术，刘备的形象也随着史书的普及而扩散至民间文化之中，成为民众中心口相传的"明君"代言人。

第十一章　宋辽金元史著对本朝君主形象的塑造

历史是文明的纪念碑，史学家则是纪念碑的建造者。刘知幾在《史通》中说，"史之为用也，记功司过，彰善瘅恶，得失一朝，荣辱千载"①，以历史记载呈现道德批判是《春秋》以来的一贯传统。但"'子为父隐，直在其中'，《论语》之顺也；略外别内，掩恶扬善，《春秋》之义也。自兹已降，率由旧章。史氏有事涉君亲，必言多隐讳，虽直道不足，而名教存焉"②。正因为中国传统史学对历史"弘扬名教"功能的强调，在历史撰述过程中有意识地加工史料，为尊亲掩盖其缺点和谬误，就有了伦理上的立足点。如果说对前代君主形象塑造的主要目的是树立典型形象以供学习或借鉴，那么对本朝皇帝形象的塑造和改造，则带有更明确的维护皇权与正统的目的，也由此成为本朝史撰述中最重要也是最核心的问题。除了史学家之外，统治者自身亦参与了这种形象塑造，唐史中曾记载唐太宗诏观起居注之事，虽然朱子奢等人以"陛下所举无过事，虽见无嫌，然以此开后世史官之祸，可惧也。史官全身畏死，则悠悠千载，尚有闻乎"③加以拒绝，但在太宗再三要求之下，"房玄龄遂删略国史，表上"④。皇帝

---

① （唐）刘知幾撰：《史通》卷7《曲笔》，（清）浦起龙通释本，上海古籍出版社2009年版，第185页。

② （唐）刘知幾撰：《史通》卷7《曲笔》，（清）浦起龙通释本，上海古籍出版社2009年版，第182—183页。

③ （宋）欧阳修、宋祁：《新唐书》卷198《朱子奢传》，中华书局1975年版，第5648页。

④ （宋）王溥：《唐会要》卷63，中华书局1955年版，第1102页。

通过自身权力软硬兼施地胁迫史学家，得以直接参与本朝史的修撰，进而改造自身或者与自身相关的其他君主的形象，这一情况在宋金时期亦不少见。无论出于史家"尊君"的要求，还是帝王对自身的回护，其最终建构的理想形象往往与这一时期的历史理论有重要联系。本章笔者试图以宋太祖、海陵王、成吉思汗三人的历史形象建构为例，探讨在不同文化背景、民族构成和现实矛盾影响下，当政者和史学家是如何通过史著与史论建构或"明"或"昏"的形象，以实现其维系正统秩序、维护政权稳定和教化民众的目的。

另外需要说明的是，笔者以为，本朝君主最终的历史形象往往是通过后一政权所修官方正史所确立的。以元修"三史"为例，三史的基础是宋辽金三朝的国史①，故其对前代的记载主要依据本朝人的记录；况且修撰正史活动的目的就在于通过修史确立前代政权的正统属性，由此才能为本政权的传承奠定基础。故而对前朝皇帝形象的撰写，往往也是依循前代范例而来。辽宋金三史中的前朝君主形象，反映的实为前一政权的史学家对本朝君主形象构建的结果。

第一节　宋太祖历史形象的建构

强化正统是维系政权合法属性的基础，而对于统治者正统属性的确立是其中的关键，这在宋朝之前的史学中就已经得到了有效的确认，前述唐太宗观起居注事的根本目的也是确立玄武门之变类同"周

---

① 据赵翼考证："《辽史》在辽时已有耶律俨本，在金时又有陈大任本（说见《辽史》条内）。此《辽史》旧本也。金亡后，累朝实录在顺天张万户家，后据以修史（见《金史》条内）。此《金史》旧本也。宋亡后，董文炳在临安主留事，曰：'国可灭，史不可灭。'遂以宋史馆诸记注尽归于元都，贮国史院（见《元史·董文炳传》）。此《宋史》旧本也。元世祖中统二年，王鹗请修辽金二史，诏左丞相耶律铸、平章政事王文统监修，寻又诏史天泽亦监修。其金朝卫绍王记注已亡失，则王鹗采当时诏令及杨云翼等所记足成之（亦见《金史》条内）。及宋亡，又命史臣通修三史（事见《元史·托克托传》）。此元世祖时纂修三史之本也。"赵翼之外也有多位学者对此作出考证，结果大同小异。见（清）赵翼《廿二史札记》卷23"宋辽金三史"条，中华书局2013年版，第519页。

公诛管蔡而周室安,季友鸩叔牙而鲁国宁"的正义属性,进而强化李世民继承君权的合法属性。其构建的方式是弱化或改造权力获取过程中的违背纲常伦理的环节,将其美化为合乎"君德"的正确途径,这一点在赵匡胤的历史形象的树立过程中也非常突出。

一 "居功至伟"的太祖初相

作为窃取后周政权建立宋朝的开国之君,其宋初的形象建立主要围绕对"陈桥兵变"事件的改造而来。赵匡胤称帝后,连下《封周帝为郑王诏》和《即位谕郡国诏》,将"陈桥兵变"定性为"六师方次于近郊,一夕遽生于大变,告予以丹商之事,谓予有舜禹之功,注矢横戈,势不可遏,遁逃无地,逼迫归朝。辅臣共述于讴谣,少主自知于运命。虽惭二帝之揖让,且殊三代之干戈,勉询乐推,已升大位",强调登基是天命所归和人心所向,新政权的建立是为了"造我新邦,攒周旧服"①,在即位之后,他"封周帝为郑王,以奉周嗣,正朔服色,一如旧制,务遵典礼,称朕意焉"②,将后周恭帝柴宗训封为郑王,使居房州,并在开宝六年(973)柴宗训逝世之后"发哀成服于便殿,百僚进名奉慰,寻遣中使监护其丧。以其年十月,归葬于世宗庆陵之侧。诏有司定谥曰恭皇帝,陵曰顺陵"③。赵匡胤以"周德下衰"④作为代周称帝的理由,以"正朔服色,一如旧制"和"发哀成服于便殿……定谥曰恭皇帝"等行为表明北宋与后周在法统传承上的合理性,北宋本身就是后周统治的延续。

对于宋太祖的做法,北宋史学家用修史予以了支持。《旧五代史》记录了大量赵匡胤后周时期的事迹,如周世宗征刘崇,"今上驰骑于阵前,先犯其锋,战士皆奋命争先,贼军大败"⑤,征淮南,"今上率

---

① 佚名:《宋大诏令集》卷187,中华书局1962年版,第682页。
② 佚名:《宋大诏令集》卷156,中华书局1962年版,第588页。
③ (宋)薛居正:《旧五代史》卷120《周书·恭帝纪》,中华书局1976年版,第1596页。
④ 佚名:《宋大诏令集》卷187,中华书局1962年版。
⑤ (宋)薛居正:《旧五代史》卷120《周书·世宗纪》,中华书局1976年版,第1512页。

亲军登山击贼,连破数寨,斩获数千,断其来路"①,并借柴荣之口,称"淮南之役,今上之功居最,及是命之降,虽云酬勋,止于移镇而已"②,着力塑造宋太祖对后周和周世宗的忠诚。对于"陈桥兵变"的叙述,《旧五代史》也全采赵匡胤之说,"未曙,军变,将士大噪呼万岁,擐甲将刃,推戴今上升大位,扶策升马,拥迫南行……今上于是诣崇元殿受命,百官朝贺而退"③。《旧五代史》修撰于北宋开宝七年(974),其时距陈桥兵变仅十余年,这段记录也成为后世描述这段历史的样本,李焘撰《续资治通鉴长编》补充了大量细节,如周恭帝即位之初,"主少国疑,中外始有推戴之议",事发前夕"次陈桥驿,将士相与聚谋",当晚"太祖醉卧,初不省",即日"太祖固拒之,众不可,遂相与扶太祖上马,拥逼南行"④,以证实赵匡胤之即位是部下推举,众望所归。《续资治通鉴长编》中的论述成为"陈桥兵变"一事的最终版本,并为《宋史》所参考吸纳。

二 淡化"夺权",强化执政

但无论怎样美化,"陈桥兵变"事件的"僭越"性质终不能免,这一点不仅宋人心知肚明,北方的辽国也颇为清楚。寿隆二年(1096),因欧阳修在《新五代史》中将契丹列入"四夷传",引起辽国上下不满,史官刘辉上书辽道宗,请求将宋太祖"陈桥兵变"一事记入辽朝国史⑤,以削弱宋政权的"正统"属性。刘辉的建议很有可能并没有得到辽道宗的许可,故而"陈桥兵变"的另一种叙述不见于《辽史》,但对他的提议,辽道宗"嘉其言"⑥,也颇见辽朝官方对此事

---

① (宋)薛居正:《旧五代史》卷117《周书·世宗纪》,中华书局1976年版,第1555页。
② (宋)薛居正:《旧五代史》卷118《周书·世宗纪》,中华书局1976年版,第1572页。
③ (宋)薛居正:《旧五代史》卷120《周书·世宗纪》,中华书局1976年版,第1572页。
④ 以上数条俱见(宋)李焘《续资治通鉴长编》卷1,中华书局2004年版,第3页。
⑤ (元)脱脱等撰:《辽史》卷104《刘辉传》,中华书局1974年版,第1455页。
⑥ (元)脱脱等撰:《辽史》卷104《刘辉传》,中华书局1974年版,第1455页。

的立场。对此宋人不能不加以关注,而实际上解决方案在欧阳修撰《新五代史》之时就已经反映出来:《新五代史》对于"陈桥兵变"一事仅有"(显德)七年春正月甲辰,(恭帝)逊于位。宋兴"十二字记载,对赵匡胤、赵普等人在五代时期的事迹一字不载,极力淡化此事的痕迹,《新五代史》还着力刻画五代"不仁之极也,其祸败之复,殄灭剥丧之威,亦其效耳"的局面,强化宋朝建立是"皇天悔祸,真人出宁,易暴以仁,转祸以德"①,割裂宋朝与五代的联系。欧阳修还撰写了《正统论》系列文章,以"五代之所以得国者虽异,然同归于贼乱也"②,将五代整个摒除于中国正统政权的序列,又摒弃"五德终始"之说,阐明"天子大居正,王者大一统"的道理,将道德功业作为评价其合法性的标准,为构筑赵匡胤"德君"的形象奠定了基础。

欧阳修的做法产生了很大影响,《正统论》作于康定元年(1040),次年范仲淹对宋代后周的描述就成为"皇天震怒,罚其不仁,五代王侯,覆亡相续。我太祖皇帝应天顺人,受禅于周,广南、江南、荆湖、西川,一举而下,罢诸侯之兵,革五代之暴,垂八十年,天下无祸乱之忧"③,"陈桥兵变"的细节被省略,赵匡胤成为消灭五代兵祸的救世者。其后苏轼称,汉高祖、光武、唐太宗及"我太祖皇帝,能一天下者,四君皆以不嗜杀人者致之"④,程颐说"我太祖之有天下,救五代之乱,不戮一人"⑤,塑造赵匡胤的仁慈爱民;富弼赞其"一岁之内,下泽潞,平扬州,威令之行,如破竹之势,则其余藩镇,自是束手而听命矣"⑥,司马光也说他"躬擐甲胄,栉风沐雨,东征西伐,扫除海内……战士不过数万,北御契丹,西捍河东;以其余威,开荆楚,包湖湘,卷五岭,吞巴蜀,扫江南,服吴越"⑦,

---

① (宋)陈师锡:《〈五代史记〉序》,曾枣庄主编《宋代序跋全编》卷14,齐鲁书社2015年版,第371页。
② (宋)欧阳修:《欧阳修全集》卷16《正统论上》,中华书局2001年版,第268页。
③ (宋)李焘:《续资治通鉴长编》卷1,中华书局2004年版,第5页。
④ 佚名撰,汪圣铎点校:《宋史全文》卷1,黑龙江人民出版社2005年版,第6页。
⑤ (宋)程颢、程颐:《二程文集》卷5,《二程集》,中华书局2004年版,第512页。
⑥ 佚名撰,汪圣铎点校:《宋史全文》卷2,中华书局2016年版,第66页。
⑦ (宋)李焘:《续资治通鉴长编》卷194,中华书局2004年版,第4696页。

凸显赵匡胤的军事能力。北宋士人还通过历史笔记着力记录赵匡胤执政中的细节,范镇《东斋记事》载"太祖一日御后殿虑囚,内有一囚告念:'臣是官家邻人',太祖以为燕蓟邻人,遣问之,乃云:'臣住东华门外。'太祖笑而宥之"①,可见宋太祖之宽仁大度;司马光《涑水纪闻》记载宋太祖"平蜀,孟昶宫中物有宝装溺器,遽命碎之,曰:'自奉如此,欲求无亡得乎?'见诸侯大臣侈靡之物,皆遣焚之"②,以显示其简朴自律;王辟之《渑水燕谈录》载南汉后主刘铱设"媚川都"采珠,"溺而死者相属也",宋太祖灭南汉后,"废媚川都,黥其壮者为军,老者放归田里,仍诏百姓不得以采珠为业,于是俗知务农矣"③,体恤民众、培基固本;赵匡胤是武将出身,不谙文学,但他立国后重视儒学、尊敬文生,范祖禹《帝学》载,"帝自开宝以后好读书,尝叹曰:'宰相需用读书人。'赵普为相,帝尝劝以读书"④,其崇文重教的态度也可见一斑了。

三 "道德真君"形象的建立

经过北宋前期和中期士人的描述,至北宋中期,赵匡胤文武全才的明主形象俨然成型,并同时也兼备了道德真君的种种属性。北宋后期到南宋,对宋太祖的描述依然延续了这一路线,但在情节上的描述及对细节的充实,也显得越发夸张而戏剧化。赵匡胤在宋初的功绩被吕祖谦总结为"一举而平荆湖,再举而平蜀汉,三举而平刘铱,四举而平李煜。兵锋所向,如雷如霆,如摧枯,如破竹,无不陨灭者"⑤,他的作战细节在蔡绦笔下是"艺祖露臂跣足,亦不裹头,手自持刀坐黄盖下,督兵吏运土筑堤以堰汾河,城上望见矢石雨坌,不避也"⑥,

---

① (宋)范镇:《东斋记事》卷1,中华书局1980年版,第2页。
② (宋)司马光:《涑水纪闻》卷1,中华书局1989年版,第6页。
③ (宋)王辟之:《渑水燕谈录》卷9《杂录》,中华书局1981年版,第111页。
④ (宋)范祖禹:《帝学》卷3,陈晔校释本,华东师范大学出版社2015年版,第73页。
⑤ (宋)吕祖谦:《东莱吕太史集》外集卷4,浙江古籍出版社2017年版,第624页。
⑥ (宋)蔡绦:《铁围山丛谈》卷2,中华书局1983年版,第31页。

第十一章 宋辽金元史著对本朝君主形象的塑造

其英雄果敢在宋代诸帝中一般无二；至于宋太祖的君德更是万中无一："太祖皇帝聪明齐圣，由揖逊而有天下，如尧与舜。至于天禄之传，不归之子而归之弟，则贤于禹远矣，况汤武乎"①，连宋太宗之篡都成为太祖超越大禹汤武的功绩。宋太祖逐渐成为"内圣外王"之典范，其政治功绩也成为堪称样本的典故，甚至朱熹给弟子讲读《论语》之理都要以此为例，"天下分裂之时，东边称王，西边称帝，似若不复可一。若有个真主出来，一齐即见退听，不朝者来朝，不服者归服，不贡者入贡。如太祖之兴，所谓刘李孟钱，终皆受并，天下混一"②，宋太祖真正成为世人所公论的圣贤。

至元代修撰《宋史》，不但详细记载宋太祖执政期间的军国要事③，还将宋代士人在笔记中记载的能彰显其"孝友节俭，质任自然，不事矫饰"④的细节也一一记录在册，在评论中更是极力褒奖，认为赵匡胤的功德超越汉唐诸帝，直追上古圣王，"遂使三代而降，考论声明文物之治，道德仁义之风，宋于汉、唐，盖无让焉。乌呼，创业垂统之君，规模若是，亦可谓远也已矣"⑤，这种程度的称赞，在历代正史中都不多见。相比于前代开国之君，宋太祖既有篡位之嫌疑，又无"统一"之实证，在树立继承人方面的不妥当几乎引发宋初政治的危机，相比于宋人所敬仰的唐太宗⑥，颇有不如。然而欧阳修在《新唐书》中称赞李世民"除隋之乱，比迹汤、武；致治之美，庶几成、康。自古功德兼隆，由汉以来未之有也"⑦，但也对他"牵于多爱，复立浮图，好大喜功，勤兵于远"⑧提出了批评。对比之下，《宋史》

---

① （宋）王称：《东都事略》卷2，齐鲁书社2000年版，第13页。
② （宋）黎靖德编：《朱子语类》卷30，中华书局1986年版，第770页。
③ 《宋史》诸帝本纪中，篇幅在三卷以上的有太祖、真宗、仁宗、神宗、徽宗、高宗、孝宗、宁宗、理宗九朝，以太祖赵匡胤执政时间最短，《辽史·太祖纪》和《金史·太祖纪》的篇幅内容更是远逊《宋史·太祖纪》，就其篇幅也可略窥史官对他的看重。
④ （元）脱脱等撰：《宋史》卷3《太祖三》，中华书局1985年版，第49页。
⑤ （元）脱脱等撰：《宋史》卷3《太祖三》，中华书局1985年版，第51页。
⑥ 唐太宗是宋人肯定程度最高的君主，即使如范祖禹等对他夺嫡之举颇为批评的史学家，对贞观一朝的政风也是极为称道的。
⑦ （宋）欧阳修、宋祁：《新唐书》卷2《太宗皇帝纪》，中华书局1975年版，第48页。
⑧ （宋）欧阳修、宋祁：《新唐书》卷2《太宗皇帝纪》，中华书局1975年版，第48页。

对宋太祖不仅没有负面记载，且无一字批评，其中固然有元代史官对宋代历史的追慕之情，但更多的依然是得益于两宋士人和史学家对其形象的塑造。

宋太祖"内圣外王"的形象塑造也被后来人所认可，其中尤为值得注意的是清代乾隆帝的极力褒奖："吾于开创之君，独以唐太宗、宋太祖为不可及焉。二君者，皆以不世之才平一天下，而以仁爱之心、宽平之政保养百姓，治功灿然，昭于千古。然家门之政，兄弟之友，则唐弗及也。太祖继周世宗之后据有河洛，即位之初，首以安内为本，兴学校，褒忠良，度民田，开言路，惩节镇之祸，命文臣知州，又以常参官知县事。国内既定，然后兴师出兵，伐南汉，克西蜀，无不望风披靡，稽首来廷。偏师北指，刘钧丧胆，舟师南下，李煜归命。虽诸将效力之功，亦由太祖处之有道也。夫五代之君既得天下，外则猜忌诸镇，内则溺于声色，太祖退藩镇之兵只在杯酒片言之间，君臣之分，情义兼隆，而俭约是务，治定功成，制礼作乐，传之来裔，为万世法。其成功致治之盛几乎唐太宗，而规模之正则又过之矣。"① 乾隆将宋太祖视为历代明君之首，这不仅是因为其文治武功的卓绝，更因其道德心性之高尚，乾隆尤其看重赵匡胤的"治家之法"，以为在李世民之上，这与宋代理学所传递的"齐家治国平天下"也取得了一致。乾隆对宋太祖的推崇，是官方对"明君"形象的认可与确立，表现出的是儒家观念深入之下宋太祖作为圣贤典范的最终成型。

第二节 从"枭雄"到"昏君"的海陵王

相较于宋太祖从武将开国到有德明君形象的转化，金海陵王完颜亮的形象则是从枭雄而最终定格为前无古人的昏君。完颜亮是金初权臣完颜宗干的庶子，金皇统九年（1149）杀金熙宗完颜亶即位，正隆

---

① （清）乾隆：《宋太祖论》，《御制乐善堂全集定本》卷6，吉林出版集团2005年版，第94页。

六年（1161）完颜亮仓促伐宋，被手下耶律元宜等所杀，金世宗完颜雍即位后降封其为海陵郡王，大定二十一年（1181）正月又再降为海陵庶人。《金史》详细记录了海陵王暴戾滥杀、残忍好色的行为，并给予他"戾气感召，身由恶终，使天下后世称无道主以海陵为首"的评价①，后世之人对他的评价也多集中于"违悖天常，荒淫不道"②方面，在中国古代华夷观念主导之下，其南侵宋朝之举往往也被史学家视为"以极无道之主，行大肆虐之事"而加以挞伐。《金史·海陵本纪》将其事迹"一一书之，所以垂戒千载"③，完颜亮荒淫无道的历史形象而衍生出的诸如《金海陵纵欲亡身》④等传奇故事又再次加深了世人对他的认知，成为后世昏君的代名词。但海陵王历史形象的形成也是有一过程的，相比于赵匡胤，完颜亮的历史记录要稀缺得多，但结合宋金两朝史著和笔记中对他的记述和议论，依然可以看到其形象发展的过程与特点。

一 海陵王事迹源流

海陵王事迹最集中的记载见于《金史》，而《金史》撰述材料主要依托于金朝撰修的国史与实录，据《进金史表》载，金朝灭亡后，"张柔归金史于其先，王鹗辑金事于其后"⑤，《金史·元好问传》也记载，元好问曾经在顺天张万户家见到"金国实录"，并将其内容录入《中州集》与《壬辰杂编》中，"纂修《金史》，多本其所著云"⑥，都可见金朝实录与《金史》的关系。而《海陵庶人实录》的修撰实有一番过程，金熙宗皇统七年（1147），完颜宗弼呈进《太祖

---

① （元）脱脱等撰：《金史》卷5《礼志一》，中华书局1975年版，第118页。
② （清）希福、鄂尔泰等：《太祖高皇帝实录》卷10，《清实录》第1册，中华书局1986年版，第133页。
③ （清）赵翼：《廿二史札记》卷28，王树民校证本，中华书局2013年版，第670页。
④ （明）冯梦龙：《醒世恒言》卷23，人民文学出版社1994年版。
⑤ （元）脱脱等撰：《金史》附录《进金史表》，中华书局1975年版，第2900页。
⑥ （元）脱脱等撰：《金史》卷126《礼志一》，中华书局1975年版，第691页。

实录》①，这是金朝实录修撰之始，此后直至金世宗大定六年（1166），才由纥石烈良弼撰成《太宗实录》②，大定二十年（1180），完颜守道进《熙宗实录》③，至世宗朝始修太宗、熙宗朝实录的原因，据《金史》卷八十八载，金世宗曾对纥石烈良弼言："海陵时，记注皆不完。人君善恶，为万世劝戒，记注遗逸，后世何观？其令史官旁求书之。"④但《金史》卷八十九，世宗对孟浩的说辞又转为"海陵以近习掌记注，记注不明，当时行事，实录不载，众人共知之者求访书之"⑤，那么完颜亮一朝究竟是没有设记注官员，还是以"近习"为记注官就成了悬案。孟浩对金世宗的回应也颇有意味："浩对曰：'良史直笔，君举必书。帝王不自观史，记注之臣乃得尽其直笔。'浩复奏曰：'历古以来，不明赏罚而能治者，未之闻也。国家赏善罚恶，盖亦多矣，而天下莫能知。乞自今凡赏功罚罪，皆具事状颁告之，使君子知劝以迁善，小人知惧以自警。'"⑥孟浩对金世宗的这番回应，既有对修撰实录的看重，也有对为上位者操纵修史行为的劝诫，而金世宗亦没有将修撰《海陵实录》一事委任三朝老臣孟浩，而是以"修《海陵实录》，知其详无如子聃者"⑦为由，交付于正隆二年（1157）才以科举入仕的郑子聃。而关于《海陵实录》是否直书，最重要的一番议论来自曾在卫绍王朝担任御史中丞的贾益谦：金宣宗兴定五年（1221）修撰《卫绍王实录》，"卫王事迹亦宜依《海陵庶人实录》，纂集成书，以示后世"⑧。贾益谦对所录内容颇为不满，说："我闻海陵被弑而世宗立，大定三十年，禁近能暴海陵蛰恶者，辄得美仕，故当时史官修实录多所附会。卫王为人勤俭，慎惜名器，较其行事，中材不及者多矣。吾知此而已，设欲饰吾言以实其罪，吾亦何

---

① （元）脱脱等撰：《金史》卷4《熙宗纪》，中华书局1975年版，第84页。
② （元）脱脱等撰：《金史》卷88《纥石烈良弼传》，中华书局1975年版，第1951页。
③ （元）脱脱等撰：《金史》卷88《纥石烈良弼传》，中华书局1975年版，第691页。
④ （元）脱脱等撰：《金史》卷88《纥石烈良弼传》，中华书局1975年版，第691页。
⑤ （元）脱脱等撰：《金史》卷89《田珏传》，中华书局1975年版，第1980页。
⑥ （元）脱脱等撰：《金史》卷89《田珏传》，中华书局1975年版，第1981页。
⑦ （元）脱脱等撰：《金史》卷125《文艺传上》，中华书局1975年版，第2726页。
⑧ （元）脱脱等撰：《金史》卷106《贾益谦传》，中华书局1975年版，第2336页。

惜余年？"① 对贾益谦的这番议论，"时人伟之"，对他所言《海陵实录》"多所附会"的指控予以了默认。《金史》修撰者认为"正隆之为恶，暴其大者斯亦足矣。中壸之丑，史不绝书，诚如益谦所言，则史亦可为取富贵之道乎"②，从"史德"的角度否认了贾益谦的指控。但此事在元好问《中州集》中亦有记录，原文为："我闻海陵被弑而世宗皇帝立，大定三十年，禁近能暴海陵蛰恶者，辄得美仕，史官修实录诬其淫毒狠骜，遗臭无穷，自今观之，百可一信耶？卫王为人勤俭，慎惜名器，较其行事，中材不能及者多矣。吾知此而已，设欲饰吾言以实吾罪，吾亦何惜余年？"③ 与《金史》不同者唯有"史官修实录诬其淫毒狠骜，遗臭无穷，自今观之，百可一信耶"一句。元好问是见过金朝实录的人，"凡金源君臣遗言往行，采摭所闻，有所得辄以寸纸细字为记录"④，他所记当更接近于贾益谦的原话。"淫毒狠骜，遗臭无穷"确为《金史》中所载海陵王形象的准确概括，但从贾益谦的言辞看，这也成为海陵王形象中最具疑点的部分。

二 "好色"？"好杀"？

《金史》中所载的完颜亮形象有两个显著特征，其一是贪淫好色，其二是残暴不仁。前者主要见于《海陵本纪》和《后妃传》之记载，因其情节丰富描摹细致，也成为后世对海陵王最津津乐道的情节。《海陵本纪》中诸如"前所诛党人诸妇人中多朕中表亲，欲纳之官中""命诸从姊妹皆分属诸妃，出入禁中，与为淫乱，卧内遍设地衣，裸逐为戏"⑤ 等条目已经与"帝王书称纪者，言为后代纲纪也"的史家传统相左⑥，《后妃传》中更是以几近四分之一的篇幅详细描摹海陵宫廷的荒淫无度，其叙事之精雕细刻、语言之烦琐粗鄙都颇为后世

---

① （元）脱脱等撰：《金史》卷106《贾益谦传》，中华书局1975年版，第2336页。
② （元）脱脱等撰：《金史》卷106《贾益谦传》，中华书局1975年版，第2336页。
③ （元）元好问：《中州集》卷9《贾左丞益谦》，中华书局1959年版，第460页。
④ （元）脱脱等撰：《金史》卷126《文艺传下》，中华书局1975年版，第2743页。
⑤ （元）脱脱等撰：《金史》卷5《海陵亮纪》，中华书局1975年版，第103页。
⑥ （明）冯梦龙：《文心雕龙译注》卷4《史传》，齐鲁出版社2009年版，第251页。

小说野史作者所喜。《海陵本纪》与《后妃传》中的记述不仅与上下文都不甚相和，其对床笫之事的关注与"三史"所传达之义理精神也有所违背，况周颐《眉庐丛话》批评其"猥亵不堪，不当载之史册"即就此而言。宋金其他笔记和野史中，对完颜亮残暴好杀的史事多有记述，但如《金史》所详载的完颜亮宫廷秽事并无记载。结合《金史》对贾益谦"史官修实录诬其淫毒狠骜，遗臭无穷"之语的删除，则《后妃传》中诸多秽语很有可能录自《海陵实录》，《金史》作者为凸显海陵行事之荒淫无度，不仅原文抄录了《海陵实录》关于完颜亮的叙写，为避免后人质疑，还删除了贾益谦之语。推论之下，《海陵本纪》和《后妃传》所载海陵王荒淫私生活的细节，可信度就颇值得商榷了。

相比较而言，关于海陵王残暴不仁的记录就要可信得多，典型事例如对宗室和大臣的屠戮，记载散列于《金史·海陵本纪》和诸列传之中，可互为参照，但其中有一条记载亦颇见疑，即海陵王对施宜生的处置。施宜生是正隆年间宋金交战中的关键人物，他本是宋人，后降入刘豫之伪齐，进而入金，正隆四年（1159）冬出使南宋，以"北风""笔来"为隐语向宋人传递海陵王南侵之信息。《金史·施宜生传》载，"其副使耶律辟离剌使还以闻，坐是烹死"①，成为其死因定论。但据苏天爵考证："正隆四年冬，（施宜生）偕伊喇必埒哩使宋，宜生自陈昔逃难脱死江表，义难复往，力辞，不许。盖是时，海陵谋伐宋，故以宜生往使，以系南士之心，与用蔡松年为相之意同。宜生既归，以必埒哩至宋不逊，不即以闻，被杖。五年，除翰林学士，次年中风疾，大定二年致仕，三年六月卒，年七十三。此见于《世宗实录》及蔡珪所述《宜生行状》可考。岳珂作《桯史》，乃云宜生使宋，漏言将用兵意，曰：'近日北风甚劲。'又曰：'笔来，笔来。'归则被诛。又云，海陵既死后，图克坦氏被杀，按《世宗实录》图克坦氏至大定十年方死，是皆小说传闻，修史者可尽信之

---

① （元）脱脱等撰：《金史》卷79《施宜生传》，中华书局1975年版，第1787页。

第十一章　宋辽金元史著对本朝君主形象的塑造　　251

乎？"① 苏天爵在元文宗、元顺帝朝均担任过史官，对施宜生事真伪的判断理应可信。他认为施宜生之死的传闻是自岳珂《桯史》而起。《桯史》撰于南宋嘉定年间，卷一载施宜生事迹，说"宜生顾其介不在旁，忽廋语曰：'今日北风甚劲。'又取几间笔，扣之曰：'笔来，笔来。'于是始大警，及高景山告衅，而我粗有备矣。宜生实先漏师焉，归为介所告，烹而死"②。但岳珂也承认，施宜生之死是"闻之淮士臧子西如此"，此事很有可能是岳珂根据传闻敷衍而来。著述时代与《桯史》近似的《大金国志》③也采用此说，称"宜生使宋，泄国谋，归为介所告，烹死"④，则在宋元交替之际，施宜生被完颜亮"烹死"之事就已广为流传，并被士人收入笔记野史之中。而《金史》作者宁用野史也不取《世宗实录》的原因，很可能也是出自对施宜生和海陵王的反感。岳珂评论海陵烹施宜生事，"逆而显顺而戮，岂非其相然耶？椎埋于先，一折枝而赎其恶，固神理之所不容也"⑤，认为施宜生反复无常，海陵王又是残暴之人，故有此结果是理所当然的，这段议论与《金史》评价施宜生"反覆壬人，自绝人类，又何责也"⑥的态度颇相类。从《桯史》到《大金国志》到《金史》，对此事的记载都出于对贰臣的痛恨和对暴君的批判精神。

　　海陵王之残忍滥杀、喜好渔色的记载并非空穴来风，在宋金史书

---

① （元）苏天爵：《滋溪文稿》卷25，中华书局1997年版。
② （宋）岳珂：《桯史》卷1，中华书局1981年版，第11页。
③ （宋）宇文懋昭：《大金国志》所附《经进大金国志表》载，"宋端平元年（1234）正月十五日，淮西归正人改授承事郎、工部架阁宇文懋昭上表"之语，四库馆臣考证认为"《进书表》题端平元年正月十五日，而金亡即在是月十日，相距仅五日，岂遽能成书进献。又纪录蔡州破事如是之详，于情理颇不可信。又端平正当理宗时，而此书大书宋宁宗太子不得立，立其侄为理宗，于济邸废立，略无忌讳。又生而称谥，舛谬显然。又懋昭以金人归宋，乃于两国俱直斥其号，而独称元兵为大军。又称元为大朝。转似出自元人之辞，尤不可解"。见（清）永瑢等《四库全书总目》卷50《史部　别史类》，中华书局1965年版，第450页。
④ （宋）宇文懋昭：《大金国志》卷28，崔文印校证本，中华书局1986年版，第401页。
⑤ （宋）岳珂：《桯史》卷1，中华书局1981年版，第11页。
⑥ （元）脱脱等撰：《金史》卷79《施宜生传》，中华书局1975年版，第1791页。

中多有呈现,如《建炎以来朝野杂记》记载海陵王南侵前之狂征暴敛,"计女真契丹奚三部之众,不限丁数,悉签起之,凡二十四万,以其半壮者为正军,弱者为阿里喜,又签中原渤海汉儿十五道,中都南京两道,每道各万人,合蕃汉兵为二十七万"①,《大金国志》也记载其"弑其嫡母皇太后图克坦氏"②、"纳其诸从姊妹于宫"③诸违背人伦之事。金世宗即位后废完颜亮帝位,降为海陵王,谥号"炀",宋高宗听闻后说,"亮去岁南牧,已而死归。人皆以为类苻坚,唯吾独云似隋炀帝,其死处既同,今得谥又如此,岂非天乎"④,将海陵王比作隋炀帝,可见他的残暴作风在其在位之际就已然传遍南北;金末士人刘祁评价完颜亮,说他"虽淫暴自强,然英锐有大志,定官制、律令皆可观。擢用人才,将混一天下,功虽不成,其强至矣"⑤,亦可见即使经历了金世宗的污名化,至金末,完颜亮的功业依然卓然可见。《大金国志》成书于宋末元初,作者托名宇文懋昭⑥,邓广铭在《〈大金国志〉与〈金人南迁录〉的真伪问题两论》中推论《大金国志》与《契丹国志》"为当时坊肆书贾同时所编撰"⑦,刘浦江进一步推断"成书当在元成宗大德十年(1306)之前,而到元中叶以后,它们都相当流行并已广为人知"⑧。书中评价完颜亮,说他"少而知书,既长,弥自矫饰,府库资财无所爱,当世称贤,诸王之诛,预有力焉,而窥觎非望,熙宗莫之觉也。一吟一咏,冠绝当时,深沉严重,莫测其志。及登极之后,以法驭下,勇于诛杀,以防宁僻陋。迁

---

① (宋)李心传:《建炎以来朝野杂记》卷20,中华书局2000年版,第457页。
② (宋)宇文懋昭:《大金国志》卷15,崔文印校证本,中华书局1986年版,第206页。
③ (明)陈邦瞻:《宋史纪事本末》卷73,中华书局2015年版,第769页。
④ (宋)洪迈:《容斋随笔》卷6,中华书局2005年版,第291页。
⑤ (元)刘祁:《归潜志》卷12《录大梁事》,中华书局1983年版,第133页。
⑥ 余嘉锡认为"懋昭始末虽不可考,亦必实有其人",《四库提要辩正》,中华书局1985年版,第273页。
⑦ 邓广铭:《〈大金国志〉与〈金人南迁录〉的真伪问题两论》,《纪念顾颉刚学术论文集》,巴蜀书社1990年版。
⑧ 刘浦江:《〈契丹国志〉与〈大金国志〉关系试探》,《中国典籍与文化论丛》第1辑,中华书局1993年版。

都燕京，相宅未防，复营汴邑。初而篡君，继而杀母，背盟兴兵，构祸累年，自采石与海道败后，不胜其忿而身亦亡矣"①，结合上文推论，则《大金国志》对海陵王的记载和评价，当属宋元之际的士人在未能见到金代实录和国史的情况下，根据广泛流传于宋金两地的史料和史论所撰写，符合海陵王作为乱世枭雄的形象。而《金史》中的海陵王则更像是元代史学家在实录基础之上所着力塑造的昏君，他出于金世宗从政治目的出发的污名化，也与元代史家"尊宋"的心理暗合，进而随着通俗文化的传播，"历代无道之主之首"②的形象深入人心。

第三节 汉蒙史料中铁木真形象记载的异同

与赵匡胤和完颜亮不同，成吉思汗形象的发展过程中表现出了明显的文化认知上的差异，是草原文化所歌颂的草原战神和中华文化认同下的正统政权缔造者之间的差异，这种形象上的差异又随着史学发展互相影响和吸纳，直至以"一代天骄"的形象为世人所熟悉。蒙古帝国地跨欧亚，对13—15世纪的世界文明都产生了深远影响，对蒙古帝国和成吉思汗的历史著述也极为丰富，以下笔者仅以《元朝秘史》《圣武亲征录》《元史》以及宋金史著、笔记等汉文史料中关于铁木真的记载，对其历史形象在元时期的发展作一简单论述，并分析民族领袖形象在民族政权中华文化认同发展过程中的趋向。

一 铁木真诞生的不同记录

在元朝建立之前，铁木真的形象在蒙古草原就已经广为人知。《元朝秘史》原名《脱卜赤颜》，以畏兀儿体蒙古文书写，成书于十

---

① （宋）宇文懋昭：《大金国志》卷15，崔文印校证本，中华书局1986年版，第212页。

② 蔡东藩：《宋史演义》下册第78回，中央编译出版社2010年版，第66页。

三四世纪，全书十二卷，以近似于口头文学的形式对蒙古的起源、成吉思汗家族的发展史、成吉思汗征战史等情节作了详细的描摹。是元朝秘而不宣的"圣经"，仅在元朝的蒙古贵族和四大汗国间流传。虞集修撰《经世大典》之时曾"请以国书《脱卜赤颜》增修太祖以来事迹"，被元文宗以"《脱卜赤颜》非可令外人传者"① 为理由拒绝。元朝灭亡后《脱卜赤颜》流入明朝廷，经由学者火原洁、马沙赤黑等"以华言译其语……参考纽切其字，以谐其声音"② 译出，才传播后世。而《圣武亲征录》"首载元太祖初起，及太宗时事。自金章宗泰和三年壬戌，始纪甲子，迄于辛丑，凡四十年"③，至元元年（1264），王鹗曾奏请修太祖至宪宗朝实录，"自古帝王得失兴废可考者，以有史在也。我国家以神武定四方，天戈所临，无不臣服者，皆出太祖皇帝庙谟雄断所致，若不乘时纪录，窃恐久而遗亡，宜置局纂就实录"④，四库馆臣据此认为此书作于至元初，是脱胎于元太祖实录而成。但元太祖至宪宗四朝实录最终成书于元成宗大德七年（1303）十月，而王国维根据此书内容及《说郛》中所录版本考证，认为《圣武亲征录》成书年代当在至元年间，早于《太祖实录》的编纂。故此王国维推断《圣武亲征录》应是直接翻译、整理自《元朝秘史》，但"作者于蒙古文字未能深造，证以《秘史》，踳驳不一而足"⑤。结合虞集求看《脱卜赤颜》被拒事，王鹗等人也未必可以看到《元朝秘史》全貌，《圣武亲征记》不一定直译自《秘史》，但当较《太祖实录》更接近于《元朝秘史》。《元史》是明初宋濂、王祎等人根据元大都所存元代十三朝实录修撰，但《元史·太祖本纪》中

---

① （元）脱脱等撰：《元史》卷181《虞集传》，中华书局1976年版，第4179页。
② （清）夏燮：《明通鉴》卷7，中华书局1959年版，第358页。
③ （清）永瑢等：《四库全书总目》卷52《史部 杂史类存目》，中华书局1965年版，第474页。
④ （元）脱脱等撰：《元史·王鹗传》："（王鹗）上奏：'自古帝王得失兴废可考者，以有史在也。我国家以神武定四方，天戈所临，无不臣服者，皆出太祖皇帝庙谟雄断所致，若不乘时纪录，窃恐久而遗亡，宜置局纂就实录。'"（明）宋濂等撰：《元史》卷160《王鹗传》，中华书局1976年版，第3757页。
⑤ （清）昭梿：《啸亭续录》卷2，中华书局1980年版，第428页。

的情节也有对《圣武亲征录》的抄录。自《元朝秘史》至《圣武亲征录》至《元史》，铁木真的主要事迹并无太多变化，但对事件叙述的方式和细节的取舍却颇有不同，具有神话色彩的蒙古传奇英雄终于演化成符合儒家伦理的开国之君。

在《元朝秘史》中，铁木真的出生就不同凡人："与塔塔儿厮杀时，也速该把阿秃儿将他帖木真兀格、豁里不花等掳来。那时也速该把阿秃儿的妻诃额仑正怀孕，于斡难河边迭里温孛勒答黑山下，生了太祖。太祖生时，右手握着髀石般一块血生了，因掳将帖木真兀格来时生，故就名帖木真。"①《圣武亲征录》记载为"右手握凝血。长而神异，以获帖木真，故命为上名"②，《元史》记为"烈祖征塔塔儿部，获其部长铁木真。宣懿太后月伦适生帝，手握凝血如赤石。烈祖异之，因以所获铁木真名之，志武功也"，其记载基本相同，都是凸显铁木真名字的来历及手握血块的异兆，以强调其身份的不凡。这种对领袖降生"神迹"的记载在民族起源神话中都不少见，如"天命玄鸟，降而生商"③ 的商祖契，"履帝武敏，歆，攸介攸止"④ 的周祖后稷，这类民族起源神话被董仲舒等儒学家所整理和升华，成为"君权神授"之说的有力证明。铁木真诞生的传说就因为符合"天命论"的观念，在《元史》中也得到了有效的传达与表现。

二 铁木真与扎木和合战事迹

《元朝秘史》中记载了铁木真成长过程中有一个重要情节，颇可见其行事果断和冷酷的一面：铁木真的父亲也速该死后，他的异母兄弟别克帖儿、别勒古台抢走了他钓的鱼，他就与自己的亲弟弟合撒儿联手射杀了别克贴儿，又依从别克贴儿的遗愿没有杀死别勒古台，后者与合撒儿一起成为铁木真忠实的追随者。这种残忍与果敢并存的性

---

① 佚名：《元朝秘史》卷1，齐鲁书社2005年版，第26页。
② 佚名：《圣武亲征录》，贾敬颜校注本，上海书店1956年版，第172页。
③ （清）方玉润：《诗经原始》卷18《商颂·玄鸟》，中华书局1986年版，第647页。
④ （清）皮瑞锡：《经学历史》卷5，中华书局1959年版，第157页。

格特征成为铁木真性格的主调,他对别勒古台的信任和重用也是其用人智慧的重要表现。铁木真杀别克贴儿一事,《圣武亲征录》和《元史》都没有记载。别勒古台①是铁木真的左膀右臂,《元朝秘史》中关于他的记录有二十余条,但《圣武亲征录》仅保留了四条,《元史》有《别里古台传》,称其为人"天性纯厚,明敏多智略,不喜华饰,躯干魁伟,勇力绝人"②,对他作为铁木真兄弟与近卫所立下的功勋都有所记录,但其早年与铁木真的矛盾以及别克贴儿事都不着于史了。屠杀手足是对人伦的巨大破坏,《圣武亲征录》和《元史·太祖本纪》的处理方式掩盖了铁木真残酷无情的一面,为人物正面形象的塑立提供了参照。

这种处理更明确地表现于对铁木真和札木合关系的记述,札木合是札答兰部的首领,是铁木真青年时期最得力的伙伴和实力壮大之后最有威胁性的敌人。二人少年就结为"安答",铁木真早期的军事活动,如对篾儿乞惕部、塔塔尔部的战争,都有札木合的帮助与参与。消灭篾儿乞惕部之后,他们再次结义,"便是一个性命般,不相舍弃,做性命的救护么道。相亲爱的道理是那般。如今再重新契合,相亲爱者"③。但随着铁木真势力的扩张,二人渐生矛盾,铁木真成为乞颜部首领后势力迅速壮大,二人矛盾到达顶点,札木合的弟弟给察儿为铁木真部将所杀,札木合联合其他部落发动了"十三翼之战"④,成为铁木真生平唯一败绩。其后双方几番交战,直至1204年铁木真征服乃蛮部,俘虏了投奔乃蛮太阳汗的札木合并将其杀死,才最终统一了草原各部。他二人的恩怨是《元朝秘史》的重要情节,相关记录有四十余条,其中的忠义与欺诈、友情与背叛真实再现了草原争夺战中的尔虞我诈与壮怀激烈。《圣武亲征录》与札木合有关的事迹有十五条,删减了铁木真早年与札木合结义的过程,只保留了"十三翼之战"及

---

① 《圣武亲征录》与《元史》称"别里古台"。
② (明)宋濂等撰:《元史》卷117《别里古台传》,中华书局1976年版,第2905页。
③ 佚名:《元朝秘史》卷3,齐鲁书社2005年版,第55页。
④ 蒙古草原之上每一部称为以翼,札木合联合了塔塔尔部等十三部,共三万人。

其后的交战情节，其叙述二人结怨过程是："上麾下搠只塔儿马剌别居萨里河，札答兰氏札木合部人秃台察儿居玉律哥泉，举众来萨里河掠搠只牧马。搠只麾左右匿马群中，射杀之。札木合以是为隙"①，将冲突之起因归于部落之间的冲突。《元史》载札木合事迹仅六条，除"十三翼之战"外仅有其投靠王罕和乃蛮太阳汗之事，对他与铁木真的结怨叙述为："时帝麾下搠只别居萨里河，札木合部人秃台察儿居玉律哥泉，时欲相侵凌，掠萨里河牧马以去。搠只麾左右匿群马中，射杀之。札木合以为怨"②，从语言看，《元史》有很明显的参考《圣武亲征录》的痕迹，但更着力凸显札木合部众的主动挑衅。对札木合的结局，《蒙古秘史》记铁木真赐札木合"不出血死了，仍以礼厚葬了"，《圣武亲征录》记录铁木真征服乃蛮部杀死太阳汗后，"尽杀诸部众，聚其尸焉"③，没有单独论述札木合结局。而《元史》仅记"禽杀太阳罕"④，札木合无所终。相较于血缘淡泊的异母弟弟别克贴儿，《元朝秘史》铁木真与札木合的关系更亲厚也更复杂，而到了《圣武亲征录》，札木合就仅是作为敌人出现了，《元史·太祖本纪》更是进一步弱化了札木合与铁木真的亲密关系以及他对铁木真的威胁性，也一并删去了铁木真对他的杀戮，这种淡化与"隐藏"模糊了札木合的面目，也一并削弱了铁木真性格中的冷酷与嗜杀。而《元史·太祖本纪》将矛盾起因归于札木合的做法，也使得铁木真对草原诸部的征服比之于弱肉强食的丛林生态，更具有了一种道义上的正义性质。

三 铁木真形象变迁背后的隔阂与接纳

《元史》对成吉思汗形象的改造，也可见汉人儒生对于异族统治者的接纳。汉文史料中并非没有关于成吉思汗暴虐、贪婪一面的记录。铁木真是草原帝国的铁血帝王，他在征服西夏和金朝过程中的残

---

① 佚名：《圣武亲征录》，贾敬颜校注本，上海书店1956年版，第172页。
② (明) 宋濂等撰：《元史》卷1《太祖纪》，中华书局1976年版，第13页。
③ 佚名：《圣武亲征录》，贾敬颜校注本，上海书店1956年版，第172页，
④ (明) 宋濂等撰：《元史》卷1《太祖纪》，中华书局1976年版，第13页。

忍曾一度让地处江南的南宋士人都为之震撼,《宋史全文》记载了蒙古军队攻城伐地之时的屠戮之举:"鞑人尽驱其家属来攻,父子兄弟往往遥相呼认,由是人无固志,所至郡邑皆一鼓而下,自冬徂春,凡破九十余郡,所过无不残灭,两河、山东数千里之地,城郭尽为丘墟"①。铁木真的好色贪婪也为宋人所注意,《建炎以来朝野杂记》详细记录了他迎娶金国公主的过程。"金主珣遣人议和,忒没贞欲得其公主,及护驾将军十人、细军百人从公主,童男女各五百,彩绣衣三千件,御马三千匹,金银珠玉等甚众……忒没贞遣人来选女时,公主见在者七人,惟允济少女小姐姐最秀慧,遂以予之"②,《朝野杂记》将铁木真的作为归因于"鞑人贪婪",这与施拉特在《史集》中所记录的铁木真名言"人生最大之乐,即在胜敌、逐敌、夺其所有,见其最亲之人以泪洗面,乘其马,纳其妻女也"颇有相通之处。残忍与好色,都是中原传统文化中对"暴君"的注脚。但对于铁木真的诸般行径,南宋士人并无一字批评,这种态度固然是因为对铁木真的了解与记录较少,但或也与宋人对蒙古人的偏见有关。涉及蒙古人性格,所描述均为"人皆狡狯,坚忍嗜杀"③、"鞑人贪婪,初无远略"④、"甚贫且拙,且无能为,但知乘马随众而已"⑤,这些带着刻板印象的描述,与宋人一直以来的"华夷有别"观念有很大关系。胡安国在《春秋胡氏传》中说:"《春秋》固天子之事也,而尤谨于华夷之辨。中国之所以为中国,以礼义也,一失则为夷狄,再失则为禽兽,人类灭矣"⑥。这代表了宋人对待其他民族人民和民族政权的一贯态度。同样的事情,"中国"的君主为之是亡国之兆,而"夷狄"的领袖做出来,似乎并不值得如何批评。然而,一旦元朝被视为中华正统的一部

---

① 佚名撰,汪圣铎点校:《宋史全文》卷30,中华书局2016年版,第2566页。
② (宋)李心传:《建炎以来朝野杂记》卷19,中华书局2000年版,第850页。
③ (宋)李心传:《建炎以来朝野杂记》卷19,中华书局2000年版,第849页。
④ (宋)李心传:《建炎以来朝野杂记》卷20,中华书局2000年版,第852页。
⑤ (宋)赵珙:《蒙鞑备录》,《全宋笔记》第七编第二册,大象出版社2015年版,第102页。
⑥ (宋)胡安国:《春秋胡氏传》卷12《僖公二十三年》,浙江古籍出版社2010年版,第181页。

分而被接纳，也意味着作为开创者的铁木真也要被"正统"观念为核心的标准所衡量和制约。成吉思汗统一了蒙古，对于蒙古民族与文化的发展意义重大，《元朝秘史》称赞他的功勋："艰难创立国家。如今教百姓每安宁快活，休教他辛苦"[①]，最为看重的是他对于民族发展的贡献。但对于视成吉思汗为元朝创立者的《元史》作者和元朝统治者而言，他"开国之君"的身份更为突出，因此其所作所为在道义上的正义性就也不容忽视了。

---

① 佚名:《元朝秘史》卷15，齐鲁书社2005年版，第212页。

第十二章　宋辽金元民间文艺中君主形象的范式与演化特征

如前所论，从北宋立国至元代中后期，史学家对于为政者个体道德形象的强化和对其治国理政能力的推崇是同步发展的，这也使得史著中的君主形象发生了微妙的转变：君权神授观念之下皇帝的"神性"逐渐被剥离，但对"道德完人"的塑造也使其对于普罗大众的示范性作用愈发明确。同时，伴随着通俗文化的流行，君主开始作为"人物"出现于各种文艺创作之中。作为中国古代政治的核心，皇帝的形象在多数正史中都带有某种凛然而不可侵的气质，即使是如隋炀帝之流的所谓千古昏君，史官对他的批评依然是谨慎而克制的。士大夫所著野史、笔记中的帝王形象，一般与正史中的记载和立论相去不远，但在细节的刻画上要丰富得多，反映的是君主专制之下士大夫与皇帝之间的制衡和互动。相映成趣的是，小说逸闻、戏曲唱段中的帝王形象，既有程式化的一面，又有个性化的一面，既是鲜活的民间想象，又在某种程度上反映了传统史学观念对君主形象的塑造。

郑振铎在《中国俗文学史》中，将"俗文学"定义为"通俗的文学，民间的文学，大众的文学"，将其范围划定为"除诗与散文之外，凡重要的文体，像小说、戏曲、变文、弹词之类"[①]，以上文体形式中的君主形象是本章所论重点。值得注意的是笔记这一文体，自汉代《西京杂记》始，其后《汉武帝故事》《世说新语》《大唐新语》

---

① 郑振铎：《中国俗文学史》第一章"何谓俗文学"，东方出版社1996年版，第1页。

第十二章 宋辽金元民间文艺中君主形象的范式与演化特征　　*261*

直至宋元笔记流行，其作者多为士大夫，内容以宫闱秘闻、朝野事迹等为主，《四库全书》将其归于"子部·小说家"，认为其"中间诬谩失真，妖妄荧听者固为不少，然寓劝戒，广见闻，资考证者亦错出其中"①，是稗官野史之言。笔记内容虽良莠不齐，但表现出的是士大夫视野下的政治活动与生活雅趣，与神话、民歌、传奇、话本、曲词等作品的民间形态和大众趣味不尽相同，故而除少量作品外，并不在本章研究范围之内。

第一节　宋以前文艺作品中的君主形象与事迹

中国古代史著严整而丰富，历史教育也较为普及，民众对历史也表现出了高度的兴趣，而民间传说中的皇帝们，其形象与史书则既有联系又有很大的区别，这种联系与区别随着时代的发展也自有变化。民间传说中的皇帝形象广泛存在于通俗文学作品中，历代以来的民歌、小说、传奇、曲词中都不乏对君主形象和故事的记述，所表现的是民间对君主形象与君主生活的想象与塑造，其中既有文学的虚构与浪漫，也有基于史学发展基础上的历史通俗化演绎。宋朝之前，通俗文学的表现形式主要是民歌与小说，君主在其中的形象和事迹主要有两个类型，其一为天授王权之下的"神迹"显现，其二为君主的政治活动与日常生活，对两者的记述又有所交织。

一　先秦歌诗中的君主记忆

君权神授概念之下的"天命论"是中国古代君主制度的重要理论，鲁迅在《中国小说史略》中论及神话产生之根源，认为："昔者初民，见天地万物，变异不常，其诸现象，又出于人力所能以上，则自造众说以解释之：凡所解释，今谓之神话。神话大抵以一'神格'

---

①　（清）永瑢等：《四库全书总目》卷140《子部 小说家类一》，中华书局1965年版，第1182页。

为中枢，又推演为叙说，而于所叙说之神、之事，又从而信仰敬畏之，于是歌颂其威灵，致美于坛庙"①，这种被夸张和虚构的人间之"神"就成为最早的统治者形象，这在先秦小说和民歌中都有所表现。《山海经》《诗经》和先秦诸子著作中都存有大量神话故事，其中不乏神化的上古事迹，这些故事亦成为后世帝王"天命"的源头，"迨神话演进，则为中枢者渐近于人性，凡所叙述，今谓之传说。传说之所道，或为神性之人，或为古英雄，其奇才异能神勇为凡人所不及，而由于天授，或有天相者，简狄吞燕卵而生商，刘媪得交龙而孕季，皆其例也"②。从三皇五帝到夏商西周，政治领袖多有不同凡人的神迹，以作为其权力的佐证。这类故事从内容看亦可分为三类，一为降生之时的神迹，这是最主要的类型，商祖契、周祖后稷等的诞生都是这一类型，这也成为后世史著对"君权神授"书写最广泛的例证；二为其本身行事所带有的神力，后羿射日就属于此，《史记》所载刘邦"斩白蛇"之事迹也有这种象征；三为君主的神遇，典型事迹就是《穆天子传》所载周穆王遇西王母事。

强调"神迹"之外，领袖的政治活动和政治功勋在这些诗歌小说中也时有表现。《诗经·大雅》中的《生民》《公刘》《绵》三篇，记载了周人领袖后稷、公刘、古公亶父的事迹，生动再现了周族早期生活痕迹，后稷"荓厥丰草，种之黄茂。实方实苞，实种实褎。实发实秀，实坚实好。实颖实粟，即有邰家室"③，带领民众建立了以农业为基础的定居型社会组织；公刘"乃场乃疆，乃积乃仓；乃裹糇粮，于橐于囊。思辑用光，弓矢斯张；干戈戚扬，爰方启行"④，领导族民抗击外敌，迁移至更适宜居住和发展的场所；古公亶父"来朝走马。率西水浒，至于岐下""曰止曰时，筑室于兹""乃召司空，乃召司徒，

---

① 鲁迅：《中国小说史略》第二篇《神话与传说》，人民文学出版社1981年版，第17页。
② 鲁迅：《中国小说史略》第二篇《神话与传说》，人民文学出版社1981年版，第18页。
③（清）方玉润：《诗经原始》卷14，中华书局1986年版，第503页。
④（清）方玉润：《诗经原始》卷14，中华书局1986年版，第514—515页。

俾立室家。其绳则直，缩版以载，作庙翼翼"，带领周人营造都城、设置官职，完成了对国家的基本构建。虚构的神迹背后，是部落的早期领导者从原始形态的部落首领向国家政权的领袖发展的过程，这些先秦诗歌、小说中的故事，构成了世人对君主的最初想象与历史记忆。

二 汉魏乐府诗与小说中的君主形象

两汉所盛行的乐府民歌内容题材广泛，但对于统治者的记录并不多见。汉乐府诗中比较值得注意的是刘邦所作《大风歌》，按《史记·高祖本纪》载，汉高祖十二年（前196）秋，英布起兵反汉，刘邦领兵亲征讨伐，得胜后他借路还乡，将昔日好友、尊长齐聚一堂，把酒言欢。酒酣后刘邦击筑而歌："大风起兮云飞扬，威加海内兮归故乡，安得猛士兮守四方？"[①] 歌词虽短，但帝王踌躇满志的心态、远大的政治抱负和对未来政治走向的忧虑浑然一体。相较之下《战城南》作为《铙歌十八首》之一，是为阵亡烈士所作的哀词，其中"梁筑室，何以南？何以北？禾黍不获君何食？愿为忠臣安可得？"的连环问句，则表明了战士对其效忠的执政者的不信任。这种质疑又与刘邦《大风歌》中的隐忧暗合。《战城南》作于西汉，其时汉朝内乱频仍，与匈奴又长年交战，国势的不稳定直接影响到了时人对皇帝的态度。另外，两首民歌的诗意也表明，这一时期无论是人君还是受其统治的子民，对皇帝的第一期望都是能够保证国家稳定的强势领袖。六朝民歌中君主形象更少，《木兰辞》中有"归来见天子，天子坐明堂，策勋十二转，赏赐百千强，可汗问所欲，木兰不用尚书郎"的诗句，内容虽短，但也表现了北朝统治者的日常礼仪与政治活动形态。《木兰辞》中的"天子"，已经表现出了对人才的重视和信任，相较于前文所论先秦两汉民歌集中于对其建立政权、平定战乱等活动的记述，《木兰辞》中表现出的君主领导能力有了更复杂深入的发展。从

---

① （汉）司马迁撰：《史记》卷8《高祖本纪》，中华书局1959年版，第389页。

《诗经》到《木兰辞》，君主形象的写实化愈强，对其行政活动和行政能力的描述也更为细致多样。

魏晋以来小说盛行，尤其是玄怪题材大盛，鲁迅将其归因于中国传统的巫鬼信仰与西来佛教故事的结合①，此类小说中尤为值得注意的是宗教特别是佛教题材的故事，这类故事集如《灵鬼志》《冥祥记》等虽然也多为高门显贵之流所作，但因其带有向普罗大众弘扬佛法的精神，故而也表现出了通俗化和戏剧化的旨趣，带有民间文化的性质，如《冥祥记》中所载佛教传入中国的过程，说"汉明帝梦见神人，形垂二丈，身黄金色，项佩日光。以问群臣，或对曰：'西方有神，其号曰佛，形如陛下所梦，得无是乎？'于是发使天竺，写致经像。表之中夏，自天子王侯，咸敬事之，闻人死精神不灭，莫不惧然自失。初，使者蔡愔将西域沙门迦叶摩腾等赍优填王画释迦佛像，帝重之，如梦所见也，乃遣画工图之数本，于南宫清凉台及高阳门显节寿陵上供养。又于白马寺壁画千乘万骑绕塔三匝之像，如诸传备载"②，这则故事是"白马驮经入洛阳"传说之源，被作为信史收入《后汉书》中。新兴的宗教借助于皇帝"通神"的能力而得以进入中原，又通过对君主的护佑来彰明其"法力"。在皇权的扶持与推动下，佛教顺利进入中国并在南北朝时期达到高峰，神化的帝王不仅是政治领袖，在某种程度上也成了宗教领袖，以北魏五帝形象为核心的云冈"昙曜五窟"，其排布次序"按世俗昭穆制度排布"，表现出的是"北魏佛教与世俗政治结合紧密，沙门宣称'能鸿道者人主也，我非拜天子，乃是礼佛耳'，利用君权来扩大佛教的影响。而北魏统治者则'令沙门敷导民俗'，利用佛教来'助王政之禁律，益仁智之善性'，因此，北魏佛教与世俗皇权带有明显的相互利用的功利主义色彩"③。

---

① 《中国小说史略》第三篇《六朝之鬼神志怪书》，原文为："中国本信巫，秦汉以来，神仙之说盛行，汉末又大畅巫风，而鬼道愈炽；会小乘佛教亦入中土，渐见流传。凡此，皆张皇鬼神，称道灵异，故自晋讫隋，特多鬼神志怪之书。"

② （晋）袁宏：《后汉纪》，中华书局2010年版，第5页。

③ 杭侃：《云冈第20窟坍塌的时间与昙曜五窟最初的布局设计》，《文物》1994年第10期。

这种互利在君权神化和世俗化两方面都对后世有深远影响，且在官方文献和民间文学艺术中都有所反映，一方面皇帝崇佛、敬佛、佞佛、灭佛的记录不绝于史；另一方面，在民间不仅以君主或者神化的君主（如玉皇大帝）为宗教领袖的故事多有所见，更有关公作帝，禹王称神，圣贤—君主—宗教偶像的界限在人世间被打破和混淆，统治者作为世俗层面的道德领袖和宗教层面的神化偶像，都得到了认可。

三　唐代君主隐秘的宫廷生活

入唐之后，通俗文化有了很大发展，经济的发展带动了城市文化的繁荣，科举的兴起促进了文化在不同社会阶层的普及，印刷术的出现也推动了文化的传递与扩散，俗讲、说话、传奇等通俗文艺形式迅速发展，其中不少作品对宋辽金元及之后的戏曲、戏剧和通俗文学都有很大影响。而唐代前中期的宫廷斗争激烈，其中多有破坏正统、违背伦理之事，因执政者讳忌，国史对此记载颇有隐晦处，但在民间文学中，这些事迹反而多有传播，成为民众喜闻乐见的市井传奇，并对后世的通俗文化产生了深远影响。其中最重要的作品，当属《长恨歌》传并诗以及敦煌藏经洞所藏唐代变文《唐太宗入冥记》。

白居易所作长诗《长恨歌》和陈鸿脱胎于诗的传奇《长恨歌传》，诗传并行流传颇广，宋人乐史所作《杨太真外传》及金王伯成《天宝遗事诸宫调》、元白朴《梧桐雨》、明吴世美《惊鸿记》、清洪昇《长生殿》均脱胎于此。《长恨歌》诗并传细致描摹了杨贵妃进宫经历、她与玄宗的爱情生活以及安史之乱后惨死马嵬坡的过程，对于唐玄宗与杨贵妃的爱情，诗、传都予以了肯定和提升，长生殿乞巧的情节尤其动人心魄，成为后世爱情文学典范。但对于唐玄宗治国的失误，诗与传都有所揭露与批评，《长恨歌传》开篇即说玄宗"在位岁久，倦于旰食宵衣，政无小大，始委于丞相，稍深居游宴，以声色自娱"①，《长恨歌》述及玄宗对杨妃的宠爱，是"春宵苦短日高起，君王从此

---

① （唐）陈鸿：《长恨歌传》，（唐）白居易《白居易诗集校注》卷12，中华书局2006年版，第930页。

不早朝"①，讲到杨氏家族因杨贵妃受宠而满门俱贵，《长恨歌传》说"叔父昆弟皆列在清贵，爵为通侯，姊妹封国夫人，富埒王室。车服邸第，与大长公主侔，而恩泽势力，则又过之"②，《长恨歌传》亦说是"姊妹弟兄皆列土，可怜光彩生门户；遂令天下父母心，不重生男重生女"③。对于唐玄宗执政后期的昏聩和怠慢，《长恨歌》诗并传都予以了直截了当的批评。陈鸿述及《长恨歌》诗并传的创作缘由，说"乐天因为《长恨歌》，意者不但感其事，亦欲惩尤物，窒乱阶，垂于将来者也"④，以"女祸论"作为创作缘由，但是纵观诗、传文字，对于杨贵妃的整个基调都是同情的。陈鸿之传虽有"天宝末，兄国忠盗丞相位，愚弄国柄。及安禄山引兵向阙，以讨杨氏为辞"的记述，但依然认为杨妃之死是"左右之意未决，上问之，当时敢言者，请以贵妃塞天下之怒"⑤，女性只不过是男性政治权力之争的牺牲品。白居易之诗说"六军不发无奈何，宛转蛾眉马前死。君王掩面救不得，回看血泪相和流"⑥，只言片语间就写明了杨妃之无助与玄宗的懦弱，这种对爱情的颂扬和对"女祸"的弱化，暗合了民间文化的价值取向，故而在后世的文艺创作中得到了更好的传达。

另一段影响颇广的帝王传奇就是出自敦煌写本的《唐太宗入冥记》变文。"变文"兴起于唐代，由散文及韵文交替组成，早期变文以解读佛经、演绎佛法故事（如目莲变文、维摩诘经讲经文）为主，后逐渐加入历史故事和民间传奇，堪称民间说话艺术之祖。《唐太宗

---

① （唐）白居易：《白居易诗集校注》卷12《长恨歌》，中华书局2006年版，第943页。
② （唐）陈鸿：《长恨歌传》，（唐）白居易《白居易诗集校注》卷12，中华书局2006年版，第931页。
③ （唐）白居易：《白居易诗集校注》卷12《长恨歌》，中华书局2006年版，第943页。
④ （唐）陈鸿：《长恨歌传》，（唐）白居易《白居易诗集校注》卷12，中华书局2006年版，第933页。
⑤ （唐）陈鸿：《长恨歌传》，（唐）白居易《白居易诗集校注》卷12，中华书局2006年版，第932页。
⑥ （唐）白居易：《白居易诗集校注》卷12《长恨歌》，中华书局2006年版，第943页。

第十二章 宋辽金元民间文艺中君主形象的范式与演化特征　　*267*

入冥记》以唐太宗李世民游历地府为主要情节,内容多关联贞观年间政史,因涉及玄武门之变的往事,故为唐史研究者所看重,而李世民游历地府的离奇情节,也被后世通俗小说家吸纳演化,成为《西游记》中的重要情节。"唐太宗入冥"的故事首出于张鷟《朝野佥载》,原文颇简略,只云:"太宗极康豫,太史令李淳风见上,流泪无言。上问之,对曰:'陛下夕当晏驾。'太宗曰:'人生有命,亦何忧也。'留淳风宿。太宗至夜半,奄然入定,见一人云:'陛下暂合来,还即去也。'帝问:'君是何人?'对曰:'臣是生人判冥事。'太宗入见,冥官问六月四日事,即令还"。① 篇幅虽短,但俨然点明了"六月四日事"这一敏感主题,成为"变文"的重要题材。相比《朝野佥载》,敦煌变文《唐太宗入冥记》的内容丰富得多,语言也更通俗,颇近于唐代白话,它所演绎的李世民形象,是最具典型意义的唐代民间文化中的宫廷生活映像。这段故事中的唐太宗入冥之后便即求生,称:"忆德(得)武德三年至五年收六十四头□□日,朕自亲征,无阵不经,无阵不历,杀人数广。昔日□□,今受罪由(犹)自未了,朕即如何归得生路?"② 在说话者看来,李世民"无阵不历,杀人数广"的经历,既是他的功绩,也是他的罪孽,但并非其"入冥"的主要原因,在其后与判官崔子玉的对话中,"(皇帝)问从者,第六曹司内有两人哭为何事,得尔许哀。□□崔子(玉)奏曰:'不是余人,建成元吉二太子。'皇帝闻之,□□语崔子玉曰:'朕不因卿追来到此,凭何得见兄弟□?'□(崔)子玉奏曰:'二太子在来多时,频通款状,苦请追取陛下。□□称诉冤屈,词状颇切,所以追到陛下对直。'"③ 无论李世民和后世史书如何辩白,兄弟相残实为唐人对玄武门之变的判断。而最终的解决方案也颇值得咀摸,李世民许诺给崔子玉"还阳"之后的官职,换取"十年天子,再归阳道"。这一传奇故事中的李世民一反史书中温柔敦厚、礼贤下士的明君形象,而是杀

---

① (唐)张鷟:《朝野佥载》卷6,中华书局1979年版,第148—149页。
② 李时人:《全唐五代小说》卷90,中华书局2014年版,第3129页。
③ 李时人:《全唐五代小说》卷90,中华书局2014年版,第3132页。

伐果断、计谋深沉的枭雄,这样的形象更合于民间对开国之君的看法。

《长恨歌》和《唐太宗入冥记》是唐代民间文化的代表,这两则唐人传奇中的皇帝形象较汉魏乐府和民间故事中的形象更饱满也更生动:作为"天授君权"象征的种种"神迹"在民间文学中逐渐淡化①,但其政治活动、家庭冲突和爱情生活得到了更多的关注,这种关注既反映了"君德"之论在民间的传递,如对唐玄宗执政能力的质疑和劝诫,也反映了民间对皇帝"人性"的判定。

第二节 宋元民间文艺中君主形象的范式与演化特征

宋辽金时期市民文化兴起,商业性质浓郁的表演类活动由此大兴。所谓"勾栏不闲,终日团圆",说话、诸宫调、杂剧、唱曲等通俗文艺形式流遍大江南北。作为表演活动的重要底本,话本、拟话本和曲词的通俗文学形式也影响日广。南宋之后刻书经济发展,浙江、福建等地书坊林立,都为通俗文学的传播和扩散提供了支持。通俗文学创作过程中受到的各方面文化的影响较士大夫趣味主导的诗词歌赋更为多元,既要考虑来自商业化的趣味性,也不能忽视儒学、理学、史学、宗教等社会文化的影响。具体到民间文化中的皇帝形象而言,这一时期民间文化对道德与人性两方面的关注都得到了强化,"明君"与"昏君"的判定更为明晰和符号化,但从另一角度看,君主的"个性"塑造在文艺作品,尤其是以其为主角的文艺作中也得到了弘扬。前者所表现的是通俗文化中道德一元论的教化主张,后者则是强调戏剧冲突和人物塑造的通俗文化的基本要求,与市民文化趣味息息相关。宋辽金元时期文化的多元化发展促进了二者的交融,所建构的

---

① 《长恨歌》诗并传中,成仙的是杨贵妃而非唐玄宗,尤见民众对君主"神性"的不信任。

君主形象影响深远。

胡士莹《话本小说概论》一书中，以《京本通俗小说》、冯梦龙"三言"等为底本，考证流传至今的宋元话本共五十四种，其中涉及帝王题材的有《拗相公》①、《赵伯升茶肆遇仁宗》②、《史弘肇龙虎君臣会》③、《杨思温燕山逢故人》④、《皂角林大王假形》⑤、《汪信之一死救全家》⑥、《金海陵纵欲亡身》⑦ 和讲史话本《五代史平话》等，此外杂剧如纪君祥《冤报冤赵氏孤儿》、关汉卿《关张双赴西蜀梦》、高文秀《好酒赵元遇上皇》和《刘玄德独赴襄阳会》、郑廷玉《楚昭王疏者下传》、白朴《唐明皇秋夜梧桐雨》、尚仲贤《汉高皇濯足气英布》、狄君厚《晋文公火烧介子推》、郑光祖《辅成王周公摄政》和《立成汤伊尹耕莘》等故事或以历史上的皇帝为主角，或与古代君主政治息息相关，其文本是本节内容主要的研究对象。

一 "皇权至上"思想的强化

对于通俗文学的作用与局限，美国文学评论家、法兰克福学派的代表人物洛文塔尔在所著《文学、通俗文化及社会》中有一个判断："（通俗文化）一方面是对促进个人社会化的任何工具所持的积极态度，另一方面是对艰难地生存在闲暇活动巨大惯例形式压力之下的个

---

① 《京本通俗小说》题为"拗相公"，冯梦龙《警世通言》卷4收入，题为"拗相公饮恨半山堂"。
② （明）冯梦龙：《醒世恒言》卷11《赵伯升茶肆遇仁宗》，人民文学出版社1956年版，第128页。
③ （明）冯梦龙：《醒世恒言》卷15《史弘肇龙虎君臣会》，人民文学出版社1956年版，第274页。
④ （明）冯梦龙：《喻世明言》卷24《杨思温燕山逢故人》，人民文学出版社1958年版，第363页。
⑤ （明）冯梦龙：《警世通言》卷36《皂角林大王假形》，人民文学出版社1956年版，第524页。
⑥ （明）冯梦龙：《喻世明言》卷39《汪信之一死救全家》，人民文学出版社1958年版，第581页。
⑦ （明）冯梦龙：《醒世恒言》卷23《金海陵纵欲亡身》，人民文学出版社1956年版，第468页。

人的智力和道德状况的关注"①，他还说"现代生活中的狂乱活动在试图填补实际能填补的精神真空时，使通俗文化应运而生"②，通俗文化植根于快节奏发展的城市生活，其根本用意在于满足中下层市民解除压力、获取消遣的需求，所谓"勾栏不闲，夜夜团圆"，宋元话本和戏曲大部分以喜剧形式结局，表达的是小人物在戏剧化冲突中最终获取胜利的过程。在这类故事中，统治者往往充当的是小人物人生转折的重要作用。冯梦龙《喻世明言》中收录一则宋代话本故事《赵伯升茶肆遇仁宗》，讲的是秀才赵旭（赵伯升）入京赴考，其试卷被宋仁宗赏识，但他将"唯"字的"口"旁写成了"厶"旁，仁宗召见之时举出此字失误，赵旭却以"此字旨可通用"搪塞，"仁宗不悦，就御案上取文房四宝，写下八个字，递与赵旭曰：'卿家着想，写着"笔单、去吉、吴矣、吕台"，卿言通用，与朕拆来'"，赵旭不能，被仁宗抹除功名，赵旭后来流落茶肆打杂，遇见了私访的宋仁宗，仁宗因为夜梦金甲神人，扮作白衣秀士于闹市间寻觅人才，结局是仁宗招徕赵旭为官，治理西川。赵旭"文才尽好"，只因宋仁宗一句话而罢黜不用，但他自认"此乃学生考究不精，自取其咎，非圣天子之过也"，其后几经波折终被启用，"父母闻知，拱手加额，感日月之光，愿孩儿忠心报皇恩"。这则故事的核心是宣讲皇帝的知遇之恩，仁宗对赵旭的态度变化构成了整个的戏剧冲突。故事中仁宗的形象有其独断专行、刚愎自用的一面，可是无论是故事中人还是故事的创作者，对此都是欣然接受的，即使仁宗自认"今上不明"，赵旭依然秉持"非圣人之过"③的态度。故事中的宋仁宗是绝对权力的化身，是最终的仲裁，宋代选官制度中的复杂程序被说话人和听众完全忽略，君臣之间的复杂制约也被民众所无视，君权被视为至高无上、无可置

---

① ［美］利奥·洛文塔尔：《文学、通俗文化及社会》，甘锋译，中国人民大学出版社2012年版，第35页。
② ［美］利奥·洛文塔尔：《文学、通俗文化及社会》，甘锋译，中国人民大学出版社2012年版，第169页。
③ 《赵伯升茶肆遇仁宗》中，赵旭自叹过失之时还没有认出宋仁宗就是白衣秀士，不存在故意为仁宗开脱的情节。

疑的权力归属，而"臣"和"民"的义务就是无条件服从。

这种思想发展之下，统治者因其强大的权威性，往往成为传奇故事中最终的仲裁者和矛盾的解决者。纪君祥所著杂剧《冤报冤赵氏孤儿》由《左传》中晋灵公事迹改编而成，《左传》中的晋灵公是典型的昏君形象，但在《赵氏孤儿》中，为能够给程婴和赵氏孤儿一干人洗冤，灵公成了"明君"，他对赵盾等人的枉杀是被屠岸贾"欺君"所致。结局也是晋灵公"国多沾降，把奸贼全家尽灭亡。赐孤儿改名望，袭父祖拜卿相；忠义士各褒奖，是军官还职掌，是穷民与收养；已死丧给封葬，现生存受爵赏。这恩临似天广，端为谁敢虚让"，皇权的参与为这桩血亲复仇的故事增添了光明的尾巴，但也削弱了故事的悲剧意味。然而这种"皆大欢喜"的结局既符合市民阶层艰难生活中对"精神真空"的填补，又暗合了宋元理学对于"内圣外王"体系之下君主政治的追求，故而伴随着通俗文学发展大为盛行。明清之后，不仅忠臣昭雪需要皇帝的最终定夺，就连如男女私订终身的炽烈感情，也要凭借皇帝"据奏奇异，敕赐团圆"① 才能得以圆满结束。在这样的潜移默化之中，皇权在市民阶层得到了更广泛的认同与强化。

二 "发迹变泰"观念的流行

宋元说话题材众多，《都城纪胜》中说："说话有四家：一者小说，谓之银字儿，如烟粉、灵怪、传奇。说公案，皆是搏刀赶棒，乃发迹变泰之事。说铁骑儿，谓士马金鼓之事。说经，谓演说佛书。说参请，谓宾主参禅悟道等事。讲史书，讲说前代书史文传、兴废争战之事。最畏小说人，盖小说者能以一朝一代故事，顷刻间提破。合生与起令、随令相似，各占一事。"② 而所谓"发迹变泰"之事，"士马金鼓"之事，多是以皇帝尤其是开国之君起兴的事迹铺陈而成。宋元

---

① （明）汤显祖：《牡丹亭》第55出《圆驾》，人民文学出版社1963年版，第267页。
② （宋）耐得翁：《都城纪胜》"瓦舍众伎"条，《全宋笔记》第八编第五册，大象出版社2017年版，第15页。

曾广泛流行《五代史平话》《三国志平话》等话本，后者即是《三国演义》的雏形。这类作品的主要内容皆来自史著，但增加了大量戏剧化的冲突和巫道鬼神情节以满足观众需求，其对主人公"发迹"的细节活动描述，尤其可见中下层知识分子对于权力的羡慕和对君权的仰望情结。此类故事中，流传最广的当属被收录于《喻世明言》的《史弘肇龙虎君臣会》，讲述历仕后晋、后汉的武将史弘肇巧遇郭威，并辅佐他成为后周开国皇帝的故事。史弘肇的事迹散见于新、旧《五代史》中，他少年时行侠仗义，后来效忠后晋，在平定王昭战乱中崭露头角，其后辅佐刘知远，又与郭威等受命托孤，他战功彪炳却飞扬跋扈，最终被李业等杀死于宫殿之上。《史弘肇龙虎风云会》就由这段史迹敷衍而来，且与《五代史平话》中的内容多有重复，可见是宋辽金元时期流行的题材。这段故事中的史弘肇是白虎转世，"一个雪白异兽：光闪烁浑疑素练，貌狰狞恍似堆银。遍身毛抖撒九秋霜，一条尾摇动三尺雪。流星眼争闪电，巨海口露血盆"，而郭威更是"抬左脚，龙盘浅水；抬右脚，凤舞丹墀。红光罩顶，紫雾遮身。尧眉舜目，禹背汤肩。除非天子可安排，以下诸侯压不得"的"天生异相"的真龙天子。但两人发迹过程都颇有趣，史弘肇被闫待诏看重，将妹子嫁与他，郭威则是被唐明宗时内廷掌印女官柴夫人看上，主动求嫁，其后二人都受妻家帮助进入官场，经历重重波折，得以归附于刘知远麾下。这一故事夹杂了天命异兆、家族婚姻、武力夺权等诸多情节，既有出自底层的想象，也有唐五代政治变革的影子，这段故事中的郭威性格暴躁，行事鲁莽，与士大夫阶层理想中的君主形象相去甚远，但他天生异相，武力卓绝，又能得到贵族家族的相助，这番际遇无疑暗合了城市中挣扎的中下阶层的理想，是有其市场的。

然而《史弘肇龙虎君臣会》中的郭威作为开国之君，在道德上并无过人之处，其教化的作用就大为局限，其后的《五代史平话》[①]增加了历史细节，并对朱温、李嗣源、柴荣等人的治国理政中的得失都

---

① 流行的《新编五代史平话》并不见于元明藏书家书目著录，1901年曹元忠始得此书，认为是宋代巾箱本，并于1910年刊印，研究者根据其中的语词和避讳，多认为此本是宋元之际流行的版本。

有所判断，其讲唐明宗"为见世乱无主，于宫中每夜焚香，告天密祷曰：'臣本胡人，不能做中国主，致令甲兵未息，生灵愁苦。愿得上天早生圣人，为中国万民之主！'是年赵太祖生于汴梁夹马营中"①一段记载，还隐有华夷之辨的意义。

无论是《史弘肇龙虎君臣会》还是《五代史评话》，所看重的都是故事情节的曲折，故事的传奇性与教化性比重殊不相当，这种情况在元杂剧中有所变化。收录于《录鬼簿》中的杂剧《赵太祖龙虎风云会》，是罗贯中传世的唯一作品，这本著于元代末期的杂剧，以赵匡胤"陈桥兵变"为底本，既有缅怀前朝之情，又有借古喻今之意。赵匡胤甫一出场就颇有济世救国之心，"平生踪迹遍天涯，四海原来是一家。涂炭生民谁拯救，何时正统立中华"四句就点明了其立场，"向何时得蛮夷拱手遵王化，我只得纵横海内，游览天涯"，自陈心迹，表明对帝位毫无觊觎之心，听闻北汉进攻就即刻领兵北伐，"黄袍加身"之后先是百般推脱，无奈即位之后又严明纪律，优抚后周政权遗民，其后南征北战，平定天下后又强化文教，"既然主四海为一人，必须正三纲谨五常"，私生活也俭朴节欲，不近女色。《赵太祖龙虎风云会》中的赵匡胤形象，脱胎于两宋士大夫和史学家的叙述，又超越了这些叙述，表现的是义理精神深入之下，底层道德对于统治者最直白的想象和要求：一则，皇帝是功德并重的圣贤，他受上天护佑，当以民为本，本身毫无权力私欲，但是待人需忠厚诚恳，广结善缘，作战要身先士卒，治国以安抚民生为先，私人生活毫无瑕疵。二则，他又是识时务的实干家，能顺应下臣要求实现匡世济民的理想，这样的形象颇有浙东史派对君主的评价与期望，而浙东史派本身的构成亦是以经济发达之地的中下层士人为主，这种塑造其实是表现了看重实务、强调"经世"的宋代新市民阶层的普遍态度。希望皇帝将道德完人和时势英雄集于一身。这种理想完全脱离了历史实际，也不符合历史逻辑，故而并不为士大夫所取，但这些特性却符合市民阶层的

---

① 中国古典文学出版社标点：《新编五代史平话·唐史平话》卷上，古典文学出版社1954年版。

"理想",故而在《赵太祖龙虎风云会》的宋太祖身上都体现无遗,而罗贯中更是以此为根基,创作了《三国演义》中更具典型性的刘备形象,成为中国民间文化中"明君"的第一代言人。

三 对君主"人性"的表达

对于话本、杂剧等通俗文艺形式,商业性和戏剧化依然是其追求的第一属性,故而一旦帝王成为故事的主人公,他的个性与人生经历,依然需要得到欣赏者的共鸣才能有其市场。对于宋太祖的美化还有心怀前朝的含义,但是对宋以前的诸帝,故事性依然是第一位的,这种考量之下,对其"人性"的一面,在宋辽金元时期的通俗文艺作品中也得到了表达,《赵伯升茶肆遇仁宗》中的宋仁宗雅好文学,才思敏捷,《皂角林大王假形》中的宋徽宗迷信道教,书画风流,《好酒赵元遇上皇》中的宋太祖不拘小节,喜交朋友,这些细节拉近了统治者与市民阶层的关系,在维系君权的同时也拉近了民众与皇帝的距离,促进了这一题材在通俗文艺作品中的发展。而此类故事中最有代表性的,当属白朴杂剧《唐明皇秋夜梧桐雨》中所塑造的唐玄宗形象。唐玄宗与杨贵妃的爱情故事在新、旧《唐书》中就有所记载,其后凭借白居易《长恨歌》和陈鸿《长恨歌传》广为流传,宋人乐史著《杨太真外传》,宋代流传的《杨贵妃私安禄山》《明皇爱花奴羯鼓》《杨贵妃舞霓裳曲》等"说话"都丰富了这一题材。《唐明皇秋夜梧桐雨》剧名出自《长恨歌》中"秋雨梧桐叶落时"之句,白朴生逢金末丧乱,在对李杨二人的爱情描摹中又颇有黍离之痛,对明代洪昇《长生殿》有极大的影响。

《唐明皇秋夜梧桐雨》中的李隆基,荒废政事,"朝歌暮宴,无有虚日",又识人不明,宠爱杨国忠,轻信安禄山,这些情节都是符合史书记载的,但他对杨贵妃之爱却出自赤诚,不仅是"却早离愁情脉脉,别泪雨泠泠。五更长叹息,则是一夜短恩情",还在长生殿中"虽无人窃听,也索悄声儿海誓山盟"。他与杨贵妃吃荔枝,赏霓裳羽衣舞,"亲捧杯玉露甘寒,你可也莫得留残,拼着个醉醺醺直吃到夜静更阑",奢侈靡丽之中亦有浓烈的男女爱恋之欢。随后安禄山攻打长安,仓皇逃亡之时不仅第一个想到杨妃,还要担心她一路颠簸,"端详了你上马娇,怎支吾蜀道难!替你愁那嵯峨峻岭连云栈,自来驱驰可惯,几程儿挨得过剑门关?"直至陈玄礼逼宫,依然试图保护杨贵妃,为她主张:"道与陈玄礼休没高下,岂可教妃子受刑罚?他见请受着皇后中宫,兼踏着寡人御榻。他又无罪过,颇贤达。"贵妃死后,哀叹"他那里一身受死,我痛煞煞独力难加",退位后更是"退居西宫养老,每日只是思量妃子"。尤为难能可贵的是,《唐明皇秋夜梧桐雨》一改宋元通俗文学"求团圆"的习惯,更改了《长恨歌》以杨贵妃成仙的结局,以玄宗深夜醉酒梦见贵妃作结:"斟量来这一宵,雨和人紧厮熬。伴铜壶点点敲,雨更多泪不少。雨湿寒梢,泪染龙袍。不肯相饶",赐死杨贵妃既有时局逼迫,也有唐玄宗的懦弱自私,而悲剧意味的结局表明的既有对这种怯懦的惩罚,也有作者的同情与惋惜。《唐明皇秋夜梧桐雨》将李杨爱情置于政治的大背景之下,兵变之前,他们的爱情是浓郁深厚而恣意泛滥的,杨贵妃纵情歌舞,李隆基沉湎享乐为所欲为,在其威权之下既没有人能够阻止,也少有人能看出不妥,张九龄对安禄山的谏言只换来玄宗"卿休要怨寡人,这是国家典制,非卿可也"的回复,"国家典制"成了他满足私欲的借口。而一旦兵变,君权迅速沦丧,任凭玄宗反复对陈玄礼求情"总便有万千不是,看寡人也合饶过他一地胡拿",依然只能赐死杨妃以换回自己的性命。兵乱就如"恨无情卷地狂风刮",玄宗的权威在强兵压境之下荡然无存。相对于《长恨歌》等作品在爱情题材中寄托讽喻内容的做法,白朴《唐明皇秋夜梧桐雨》对玄宗的政治能力并无太多批评,而是集中于对唐玄宗、杨贵妃生离死别遭遇的个性化书写,所表达的不仅有对爱情沦丧的痛惜,更有对人生变幻无常的感慨。宋金元交替之际战乱频仍,无论市井庶民还是钟鸣鼎食之家,战争阴霾之下都甚少完卵,从这一层面上讲,帝君与市民阶层的距离又似乎拉得很近,历史的沧桑感跃然纸上。

这种对君主个性化的塑造丰富了宋元话本和杂剧中的人物形象，是通俗文学发展的重要特征。创作者着力于创作让主人公的行为和思想添加更贴合大众、更人情味的细节，这种做法看似与前述对君主权威属性的强化有所矛盾，但所表现的正是宋辽金元时期民间文化与史学发展结合的重要特征：史著的流行与民间"讲史"之风的盛行都为这一时期公共史学的发展提供了契机，史著中的君主事迹为民间文艺创作提供了题材，而伴随着历史文化在民间的扩散和史著的流行，史学家的观念对民众造成了潜移默化的影响。史学家对国家治理和私人生活的认同或批判，与民间文化朴素的道德情感相结合，成为民间文化塑造君主形象的重要参照，也左右着民间文化的评价。相对于史学家的评价对于义利、正统、华夷、用人、纳谏等条框的依赖和对于历史时势与君主活动的辩证关系的考虑，民间文化中对统治者的评判虽然也包含上述诸多因素，但更多的是基于普遍道德和直觉情感的强烈爱憎，这也成为左右民间文化中君主形象的主要力量。

四 君主评价中的爱憎情绪

在第十章中，笔者详细论述了宋辽金元史著中对刘备事迹记载的区别，并提出史著中对君德的强化又与大众朴实的道德观念相融合，进而影响到了民间文化中君主形象的构建的结论。事实上，史书中所记载的曹刘形象和史学家对蜀魏的立场，对士大夫和普罗大众的影响是不尽相同的：北宋以来士人对曹刘的判断基本沿袭了晋唐以来的观感，如范仲淹《剔银灯·与欧阳公席上分题》词，"昨夜因看蜀志，笑曹操孙权刘备。用尽机关，徒劳心力，只得三分天地"，还是以"三国鼎立"的观念看待和评价三位君主，并无厚此薄彼的评判。苏洵说"项籍有取天下之才，而无取天下之虑；曹操有取天下之虑，而无取天下之量；玄德有取天下之量，而无取天下之才"①，将曹刘并称，都有所批评。但民众听到曹刘遭遇的不同反应却是："涂巷中小

---

① （宋）王应麟：《通鉴地理通释》，中华书局2013年版，第332页。

儿薄劣，其家所厌苦辄与钱，令聚坐听说话。至说三国事，闻刘玄德败，颦蹙有出涕者；闻曹操败，即喜唱"①，即使幼童也对曹刘有非常分明的爱憎，足见市井文化在君主评价方面与史学家和士大夫阶层间的明显差异。

民间文化中所表现的对统治者的评价，究其特征而言有以下几点：

其一，市民取向。

在前引《东坡志林》所载事例中，"薄劣小儿"对曹刘的反应是非常鲜明和极端的，这固然有少年无知的原因，但也反映出说话、杂剧等民间表演艺术的教化特征。作为被视为"末九流"的小说、话本等文学创作，其所承担的道德说教目的一方面来自社会整体的道德要求，另一方面也来自创作者为提升民间文化地位所做的努力。冯梦龙在其较早所作的话本集《古今小说》的序论中讲到明代说话对社会道德水平的意义："试令说话人当场描写，可喜可愕，可悲可涕，可歌可舞；再欲捉刀，再欲下拜，再欲决脰，再欲捐金，怯者勇，淫者贞，薄者敦，顽钝者汗下。虽日诵《孝经》《论语》，其感人未必如是之捷且深也。嘻！不通俗而能之乎？"相比于史学家通过纷乱而交错的历史现象的思考来建构联系，进而寻求历史的规律性与可借鉴性的做法，通俗讲史和历史剧更看重的是让观众能够简单地判断是非，满足其情感与道德的需求。故而通俗文艺创作中的道德二元对立非常明显，从对皇帝的评价而言，就是"明君"和"昏君"有非常明确的划分。

元代杂剧家郑光祖善作历史剧，他以上古史入戏，但所讲所论俱是时事，在他所创作的《辅成王周公摄政》中，借周公之口，提出了对明君的要求，非常典型："不肖呵虽近族呵削了大权，贤仁的虽草泽呵加与重爵。正韶乐，明礼，开学校。一壁交有司家削减的刑罚省，一壁交关市处征收的税敛薄。释了故杀，饶了强盗。济贫困不敢

---

① （宋）苏轼：《东坡志林》卷1，中华书局1981年版，第7页。

侮于鳏寡，免差徭而况取于逋逃。"① 在司马光所撰《资治通鉴》中，对君主的第一要求就是"用人"，在士大夫看来，作为国家的领袖，执政者有义务选择合适的人才负责国家运行，并通过善听谏言，总体把握国家发展方向，君臣之间是"共治天下"的合作关系。但对于百姓而言，皇帝是一切活动的仲裁者，故而明君就应当赏罚分明，体恤百姓，节制私欲，事必躬亲……能够"为民做主"，君民才是统一立场。这也是刘备受到最多推崇的原因，在关汉卿《关张双赴西蜀梦》中，刘备是有情有义甘为朋友牺牲的勇士，在郑光祖《虎牢关三战吕布》中，他又是有勇有谋文武双全的英豪，在高文秀《刘玄德独赴襄阳会》中，他顾全大局，得道多助，他的优点与其说是明君，不如说是义气之交的诤友，正好符合市民阶层社会交往的需要。

而且，相对于史书中以执政能力、用人态度、内外政策等为条件的对君主的批评，宋元通俗文艺作品中对于"昏君"的指责，更多集中于其性情和私生活方面的态度。奸诈、贪婪、纵欲等私人生活空间的瑕疵都被放大，成为时人津津乐道的情节和评判依据。这方面最典型的作品就是被收录入《醒世恒言》的《金海陵纵欲亡身》，这一作品改编自《金史》中的《海陵本纪》，并加入了大量《后妃传》中的内容。《金海陵纵欲亡身》针对海陵王在夺取政权、日常治国和攻打南宋等政治活动中表现出的残暴与短视，"将史书所载废帝海陵之事，敷演出一段话文，以为将来之戒"②，其所表达的"以史为鉴"的思想，颇可见史学对于大众文化的影响。但是，《海陵本纪》对于完颜亮的批判，主要在于他"欲为君则弑其君，欲伐国则弑其母，欲夺人之妻则使之杀其夫。三纲绝矣，何暇他论。至于屠灭宗族，剪刈忠良，妇姑姊妹尽入嫔御。方以三十二总管之兵图一天下，卒之戾气感召，身由恶终，使天下后世称无道主以海陵为首"③，从纲常伦理角度

---

① （元）郑光祖：《辅成王周公摄政》第二折《郑光祖集》，三晋出版社2015年版，第202页。
② （明）冯梦龙：《醒世恒言》卷23《金海陵纵欲亡身》，人民文学出版社1956年版，第468页。
③ （元）脱脱等撰：《金史》卷6《海陵本纪》，中华书局1975年版，第118页。

对其提出批评，表现出的是理学发展的重要痕迹。而《金海陵纵欲亡身》则是将"妇姑姊妹尽入嫔御"加以扩充和夸张，在"以为将来之鉴"的旗号下，表达的实为一种庸俗的社会品味。

其二，对君主"社会角色"的讽刺。

社会角色是在社会系统中与一定社会位置相关联的符合社会要求的一套个人行为模式，也可以理解为个体在社会群体中被赋予的身份及该身份应发挥的功能。对于民众而言，说话、戏剧等艺术形式中的统治者，毋宁说是真实存在的历史形象，更像是某种社会角色，而角色的权利与义务，除了受历史事实限定外，更多的是被创作者和观赏者所共同赋予。民众对宫廷生活的想象往往受到其所见乡绅士族生活的限制，与真实情况往往大相径庭。脂砚斋在"脂批《红楼梦》"中曾经讲过一个笑话："一庄农人进京回家，众人问曰：'你进京去可见些个世面否？'庄人曰：'连皇帝老爷都见了。'众罕然问曰：'皇帝如何景况？'庄人曰：'皇帝左手拿一金元宝，右手拿一银元宝，马上捎着一口袋人参，行动人参不离口。一时要屙屎了，连擦屁股都用的是鹅黄缎子，所以京中掏茅厕的人都富贵无比。'"① 脂砚斋所讽刺的是明清白话小说"彼实未身经目睹，所言皆在情理之外"，但对于宋辽金元时期的民间艺术创作，这种对皇帝和皇帝生活的荒诞想象依然存在。其所描述的形象，既有粗俗的富贵气，又带有荒诞和愚蠢个性，实有对皇权的讽刺与消解。这种讽刺和消解在元代睢景臣的套曲《高祖还乡》中表达得尤为明确。《高祖还乡》取材自《史记·高祖本纪》："高祖还归，过沛，留。置酒沛宫，悉召故人父老子弟纵酒，发沛中儿得百二十人，教之歌。酒酣，高祖击筑，自为歌诗曰：'大风起兮云飞扬，威加海内兮归故乡，安得猛士兮守四方！'沛父兄诸母故人日乐饮极欢，道旧故为笑乐。十余日，高祖欲去，沛父兄固请留高祖。高祖曰：'吾人众多，父兄不能给。'乃去。沛中空县皆之邑西献。高祖复留止，张饮三日。"司马迁笔下的高祖虽颇有"暴发

---

① （清）曹雪芹：《脂砚斋重评石头记》第3回，上海三联书店2011年版，第30页。

户"的神色，但依然是亲民且恤民的形象。《高祖还乡》则借一个乡民之口说出刘邦回乡的场景：先是排场十足，"一彪人马到庄门，匹头里几面旗舒"，金碧辉煌前呼后拥，"辕条上都是马，套顶上不见驴，黄罗伞柄天生曲，车前八个天曹判，车后若干递送夫，更几个多娇女"，对待乡民，刘邦的态度倨傲："众人施礼数，那大汉觑得人如无物"，但在黎庶心中，他还是昔日獐头鼠目的无赖"刘三"："换田契强秤了麻三秆，还酒债偷量了豆几斛。"《高祖还乡》当为元曲中的常见情节，钟嗣成在《录鬼簿》中说："维扬诸公，俱作《高祖还乡》套数，唯公《哨遍》制作新奇，诸公皆出其下。"睢景臣之另辟蹊径，可能正在于他对民间文化和思潮的吸纳与巧用。

一方面，史学家通过史著、史论为政权的更迭作出了各种符合天命与人事的解释，但是在另一方面，政治变革传递到民间，其信号只剩下"乱哄哄你方唱罢我登场"，"从这一点上来说，皇帝又是平淡无奇、毫无神圣可言的"①，这也成为宋辽金元通俗文艺流行之下，高高在上的皇帝可以被百姓评判、嘲讽乃至痛斥的原因。这种对皇帝社会角色的讽刺与戏谑淡化了经史之学赋予君权的"神圣"色彩，也反映出这一时期社会思潮中对君主制度的质疑与批评。这种质疑与批评看似与前文所论民间文化中的"皇权至上"观念相矛盾，但实质上依然是这一观念的一体两面，它所强化的依然是"权力"本身。如同《高祖还乡》的旁观者，他所在意的并非刘邦当皇帝后的施政手段或治国结果，而是一个叫作"刘三""曾在俺庄东住，也曾与我喂牛切草，拽坝扶锄"的乡邻，却一夕"改了姓、更了名、唤做汉高祖"②这一事实。"皇帝轮流做，明天到我家"，统治者的作为已然不重要，更重要的是"君主"作为权力拥有者的身份属性。对权力的崇拜与民间文化中庸俗的实用主义精神结为一体，对皇权的嘲讽背后又有求而不得的向往和钦羡。但是，这种对君权的嘲讽与消解依然表现出整个社会层面上对于君主制度的认识的深入与矛盾，民间关注的是获得权

---

① 王学泰：《话说皇帝》，《社会科学论坛》2004年第7期。
② 隋树森编：《全元散曲》，中华书局1964年版，第545页。

力后的红利，而政治家和史学家则可以在民间舆论场的推动下，更尖锐地讨论这种获取权力的过程及结果。几乎在《高祖还乡》诞生的同时，历经元世祖至元文宗六朝的政治家张养浩眼见"关中大旱，饥民相食"①的情景，写下了《山坡羊·潼关怀古》，"兴，百姓苦；亡，百姓苦"，将批判的矛头直接对准制度本身；至明末黄宗羲提出"今也以君为主，天下为客，凡天下之无地而得安宁者，为君也。是以其未得之也，屠毒天下之肝脑，离散天下之子女，以博我一人之产业，曾不惨然，曰：我'固为子孙创业也。'其既得之也，敲剥天下之骨髓，离散天下之子女，以奉我一人之淫乐，视为当然，曰：'此我产业之花息也。'然则为天下之大害者，君而已矣"②，君主的神圣性已经完全被消解，对国家制度与治国理政讨论，也由此提升到一个新的高度。

---

① （明）宋濂等撰：《元史》卷175《张养浩传》，中华书局1976年版，第4092页。
② （清）黄宗羲：《黄宗羲全集》附录，浙江古籍出版社2012年版，第209页。

后论　作为历史理论的宋辽金元治国之论

宋辽金元的史学家们基于历史经验与时代特征的国家治理理论，是中国古代历史理论发展的一个重要标志。史学家作为发论者主体，充分发挥了士人阶层在君主专制制度下的能动性。他们的史论既是立足于现实政治的考虑，又富有突出的历史感。这一时期治国之论的发展，对其后的历史理论有非常重要的影响与推动，它在立论和结论上的一些局限性，也表现了君主专制制度之下政治对思想的束缚与压迫。

宋辽金元是多民族政权并存的时代，宋辽、宋金作为同时存在的政权，都在较为持久的时期内维持了稳定的统治，都具有强化君权、塑造国家统治合法性的需要，但因为政权构成形式的差异，对于国家治理的关注点和理论倾向性都有很大不同。继之而来的元朝建立了与中原政权一致的专制制度，进而完成了统一，但"异族"的身份和政权自身对中原文化认同所造成的矛盾，也造就了元代治国理论的时代特征。但是，作为一种历史理论，他们都表现出了史学家对于历史事件和历史进程的总结、归纳与思考，伴随着文化的交流和传承，这种归纳与思考也不断得到充实和深化。作为本书的最后部分，笔者试图从史学史发展的角度，对宋辽金元史学家治国之论的史学价值和史学意义加以总结和评论。

一　宋辽金元治国之论的史学特征

比之于前朝，宋辽金元史学在几个方面受到社会发展的突出影响：首先就是民族政权相继建立，民族关系错综复杂。北宋的建立从名义上取得了中原的统一，但周围的民族政权一直对它构成严重威胁，辽金则自建立之后就一直处于政权转型和汉化的过程中，元代完成了统一，但是统治上层的矛盾与民族矛盾贯穿政权始终，尖锐的民族矛盾与长时间的民族融合并存，使得这一时期的史家对于民族问题和华夷之辨敏感性极强。其次，这一时期是士大夫政治的发展期。两宋科举发达，科举入仕的士人多具有强烈的参政意识，"同治天下"成为这一时期士大夫的普遍要求，科举制度和这种对于治国理政的能动性也影响辽金元。士大夫政治的兴起带动了"忧患意识"的提升，以史为鉴思想成为主流，史学的实用性色彩进一步得到重视。最后是学术思想极为活跃，儒学完成了从章句之学向义理之学的转化，从而带动了义理史学的出现与流行。以上种种社会政治和思想文化的变化，都对宋辽金元的历史理论构成了影响，这一时期的史论比之前朝，在天人关系、正统之辨、夷夏之别、王霸并用等主题上尤其具有思辨性质，表现出了历史理论的深化与发展。

第一，"以史为鉴"的实用主义史学思想，是宋辽金元治国理论发展的主要动力。

宋辽金元的国家治理理论具有非常明显的忧患意识，这一点在两宋史论中表现尤为明显。所谓"安而不忘危，存而不忘亡，治而不忘乱，以忧患之心思忧患之故"[1]，是这一时期史论的出发点。所谓忧患，就是居安思危，而"思危"的关键又在于"知危"："今人有十金之产者，犹知爱之，况为天下富庶治安之主，以承祖宗光大完美之业，可不戒哉！可不慎哉！"[2] 这就需要对历史上的经验教训有相当程度的了解，由此构成了宋代对"以史为鉴"的格外重视。无论史论还是政论，只要涉及与治国理政相关的内容，宋人往往联系古今，通过对前朝的批评来进谏本朝行事。北宋学者多以汉唐五代为鉴，如《资

---

[1] （宋）李觏：《李觏集》卷3《易论》，中华书局2011年版，第51页。
[2] （宋）司马光：《稽古录》卷20《历年图序》，中国友谊出版公司1987年版，第653页。

治通鉴》《唐鉴》等著作,俱针对此而来,而南宋士人尤为强调对北宋覆亡之耻的反思,陈亮曾上书宋孝宗,说:"国家二百年太平之基,三代之所无也;二圣北狩之痛,汉、唐之所未有也。"① 他视北宋末年的靖康之变为切肤之痛,以此提醒和批评宋孝宗,希望宋孝宗可以秉持安不忘危的态度,执着中兴,完成北定中原之大业。

两宋治国之论的这一特性,对元代胡三省、苏天爵等人影响尤其明显。苏天爵《治世龟鉴》一书从书名到内容都是宋代《资治通鉴》《唐鉴》等史著的延续,全书虽然没有苏天爵本人的评论,但从他对前人史论的摘抄中,也能看到其思想的倾向。胡三省《资治通鉴注》中的史注既有对史事的辨析,也有议论与评价,其中不乏治国之论。胡三省在宋亡后虽然选择了归隐,但他对历史与政治的热情不变,胡注依循《资治通鉴》"教科书"的特质,从统治者的治国能力和道德品行两方面加以评价,看重国家法律与秩序的建设,这些都表现了胡三省对"以史为鉴"的看重。

第二,对于"华夷""正统"等观念的强调与深化,是宋辽金元治国之论的时代特征。

"正统"与"华夷"都是中国史学中的古老命题,作为中国最早的通史著作,《春秋》的精神内核就是通过对正朔、夷夏的辨别,阐明"尊王攘夷"的道理。而宋辽金元时期混乱的政权开局和错综复杂的民族关系,也促使史学家对这些问题作出更深入的思考。宋承五代而来,传统"五德终始"之说无法解释作为僭伪诸政权的延续。政治危机之下,传统的"正闰"之说被淡化,兼合"居正"与"一统"两要素的"正统"观卓然而建。史学家将"正统"与"君德"相联系,对皇权"合法性"的判断不再是宗法制度的单一的条件,"君子大居正"同样可以视为正统,这不仅为政权的更迭找到了最佳的注脚,也使得对君主的评价体系发生了重要变化。而被宋人所摒弃的"五德"之说被金人所继承,金之"德统"之争成为中国历史上的绝

---

① (元)脱脱等撰:《宋史》卷436《陈亮传》,中华书局1985年版,第12930页。

响。金代对"德统"的重视表达的是民族政权对于强化其自身对于中华文化的认同,其实是从另一个方面对"正统"的争取。对"正统"的看重反映在史论中,则是割裂了其与"天命"的联系,在将"天子"赶下神坛之后,"德"逐渐成为制约执政者的要素,无论是"德"与"功"的辩证关系,还是"诚意正心修身"的自律意识,都是将"君德"视为帝王所要修炼的第一要素。

在强化自身"正统"属性的同时,宋辽金元的史家对待"华夷"问题也极为看重,这种看重又因为政权的民族属性而各有侧重。两宋史家更重视"华夷之别",强调的是"夷狄自夷狄,华夏自华夏",这一方面是因为宋朝"守内虚外"的治国原则,另一方面也是史学家对于前代因为民族关系混乱导致覆亡的历史的反省。孙觉在《孙氏春秋经解》中,针对鲁僖公二十六年冬,"楚子使椒来聘"一事,发表议论说:"荆人来聘,不言君使,又不言其臣之名,荆时尚微,春秋欲中国,早为之,御不使之浸盛而侵渔中国也,于是来聘君称爵臣,称名,非楚能自同于中国也……《公羊》曰'始有大夫',《谷梁》曰'以其来我',褒之,是皆不知孔子伤中国之意。"① 春秋时以楚为夷狄,春秋末季楚王遣使朝觐周王,《公羊传》《谷梁传》都认为这是中华大同的标志,加以褒奖,但在孙觉看来,这是楚国侵入"中国"的行为,不仅不能使"中国"实力扩大,还会使其陷入楚国侵蚀之中。所以孔子"伤中国",是担忧为夷狄所同化,丧失"礼"的精神。孙觉的这种态度,反映了北宋士大夫对待民族态度的变化。中国自汉唐以来,都以疆土扩张、统领四方为强盛的标志,汉武帝攻破诸侯,驰骋西域,唐太宗混同华夷,被尊为"天可汗",这些在后人而言,都是赫赫威功,然而北宋在建立之初就连败于辽国,其后又数败于西夏,连年兵祸带给北宋沉痛的打击。此种情况之下,强调华夷不宜混同,既有强化宋朝的中华政权本位的意图,也有劝谏治国理政切勿贪恋军功的意义。

---

① (宋)孙觉:《孙氏春秋经解》卷7,文渊阁《四库全书》第147册,台湾商务印书馆1983年版,第704页。

相较之下，辽金元政权的史学家更侧重于阐述"夷夏"间的辩证关系。金代占据中原，从地理上拥有了"华夏"之地，金代史家又多为北方的汉人，他们虽然认同金朝的统治，但更多的是对金"汉化"的期待，故而他们强调金的"中华"属性。其中最具代表性的就是刘祁，他在《归潜志》中为海陵王完颜亮"翻案"，认可他"一统天下"的壮志，他看重宣孝太子完颜允恭，对他的逝世极为悲痛，也是因为允恭即位后当能"尽行中国法"[①]，实现"以夏变夷"。金代史家对于"华夏"的认同和对于金朝统治的认同是并行不悖的，这也表现出复杂的民族形势下，历史思想与时俱进的转化。进入元朝，史学家关于"华夷""正统"等问题的关注又有所发展，元修辽宋金三史的过程就是元朝史学家关于这些问题论争与思辨的过程，从杨奂等人"不辨华夷"的态度到杨维桢以"宋元"为正统序列，元代的民族政权性质逐渐淡化，史学家更多的是强调将元朝纳入中华正统，力求达到维护政权稳定和文化形态稳固的双重效果。

第三，义理史学的兴起，推动了宋辽金元治国之论对于君主评价体系的建立。

义理之学对于国家治理最大的影响，就是"内圣外王"之说。这一概念本于庄子，是希望统治者以修炼、节制自身为要。它本是基于道家"无为"思想的阐述，却为儒家所用，并最终被宋代士人所一再阐述而发扬光大，成为宋人的最高理想。"内圣外王"的通俗阐释，就是二程发之于前、朱熹阐释于后的"大学"之道，朱熹以"诚意正心"为"治国平天下"的基本准则，将个体行为的动机和出发点视为判断其统治是否符合"王道"的唯一标准。再来，国家治理理论又是服务于国家治理实务的，从欧阳修、司马光到南宋浙东史派，都着重于以统治者治国之"功"为评价标准。这种价值取向上的矛盾，通过朱熹与陈亮之间关于"王霸义利"的一场论争而载入史册，对于君主评价和君主形象的塑造都有极其深远的影响。

[①] 以上引文俱见（元）刘祁《归潜志》卷12《辩亡》，中华书局1983年版，第136—137页。

在这场论争中，朱熹等理学家一味强调治国理政出发点的正义性，忽略了其治国之实效。陈亮所论述的"才德双行，智勇仁义交出并见"，又在一定程度上混淆了评论标准。对此，与陈亮交游颇广的陈傅良亦有所察，他对这场论争的评判，实际上就是在试图平衡"功""德"之间的平衡，融合"三代"与"汉、唐"之间的分歧。至南宋末年，严峻的社会现实之下，朱熹所提倡的"内圣外王"之说显得过于脱离实际，即使理学家如真德秀、魏了翁等人，在他们的史论中也隐含了调和"王""霸""义""利"的倾向。元代建立之后，科举一度不受重视，但"有元立国，无可称者，惟学术尚未替，上虽贱之，下自趋之，是则洛、闽之沾溉者宏也"①，理学依然保持了兴旺的势头，义理之学对史学的影响更为深邃，在元修宋辽金三史中，评价的义理化标准已经非常明确了。

以上几点，是宋辽金元治国之论的突出特征，它们并非这一时期的史学家所独创，但确实在这一时期有很明确的表现，这与时代特征不无关联，也与史学家对于历史现象思考的深化有重要关系。

二 宋辽金元治国之论的历史价值与局限

国家治理思想是中国古代历史思想中的重要内容，知识阶层以对家国天下的热情，从不同角度对国家发展过程中的成绩、经验、教训提出各自的见解。治国之论所关注的君民关系、内外关系、德治与"法治"的关系等，不仅在当世颇有号召力，对后世的国家治理政策也有一定的影响。从史学发展角度说，治国之论的提出与理论的深入，表现的是君主专制制度之下一种特殊的历史价值——将君主视为一种历史现象，并通过对这一现象的观察、监督与质疑，在对国家治理提出具体和可操作见解的同时，对这一现象提出切合历史发展的评价与反思。

中国是世界上实行君主制历史最长的国家之一。从公元前221年

---

① （清）黄宗羲、全祖望：《宋元学案》卷95《萧同诸儒学案·序录》，中华书局1986年版，第3142页。

秦始皇建立秦朝，直到1911年辛亥革命推翻清朝统治的2000多年间，基本上都实行君主专制制度。其主要特点为：皇帝依靠官僚军事机构，维护其专制统治，在这种联盟下，执政者拥有无限的权力，他的意志就是国家的法律，臣民必须绝对服从。在中国古代社会，君主所处的位置决定了他对国家的发展有着突出的意义，因此也成为史家所特殊关注的对象。梁启超批评中国古代正史著作，说"二十四史非史也，二十四姓之家谱而已"，这一论断虽然失之偏颇，但确实点明了正史的一个重要特征，即以"帝王"作为史书中的核心人物。入宋之后，宋人对统治者言行、活动的重视程度超越前代，自盛唐而至五代，因为君主"无行"而导致朝代衰败甚至灭亡的事例屡见不鲜，具有极强的警醒作用，北宋流行的"文人政治"又推动了士大夫群体与皇帝"同治天下"的决心。正是在这一背景之下，宋初的史学家开始以一种历史的眼光"打量""君主制度"，并试图通过各种著述对这一制度加以规范和限制。

最早体现这一特点的，当属宋代类书中"帝王部"（皇王部）的编纂和议论。宋代类书"帝王部"比之唐朝有了很明显的发展，不仅在篇幅上远超唐代类书，在编纂目的、编目方式、评述评论等方面都不同于唐代类书，这些变化反映了宋人对君主现象的思考与认识的深化。尤其是《册府元龟》，它的编目一反前代类书多以时间、朝代为序的做法，而是按照君主制度所涵盖的内容设立条目，分门别类地将可供参照的历代治国事迹罗列铺陈，还通过每一子目之前的小序，提纲挈领地概述了这一子目所归纳的内容。《册府元龟》之后的《资治通鉴》在这一点上表现得更为鲜明，"鉴于往事，以资治道"的编纂目的是将其立于"教科书"的地位，"当皇帝"不仅是"天命"，更重要的是一种可以被观察、归纳和学习的能力，义理史学的发展更强化了这一认知。这种以历史眼光对治国理政的探讨与批评，表现出的是史学家脱离君主制度的束缚，以一种更为独立的眼光审视和思考国家治理制度的发展与局限性。

正是在这种审视与修正之下，宋辽金元的治国之论开启了古代中国对君主制度批判与反思的先河，这种反思与这一时期民族矛盾激化、社会变革剧烈的社会背景也有重要关系，时局的破坏、君权的旁落和民族关系的混乱都在一定程度上激化了对君权的质疑。南宋末年邓牧著《伯牙琴》，在《君道》一篇中他提出"古之有天下者，以为大不得已，而后世以为乐，此天下所以难有也"，认为皇帝以天下为一己谋私利，"智鄙相笼，强弱相陵，天下之乱，何时而已乎"[①]？他对君主专制的批判虽然单薄且缺乏对历史的分析，但也反映了那一变革时期思想的革新。但是，邓牧的批判依然是浅薄和有所局限的，他斥责君主的贪婪与掠夺本性，针对的只是秦朝君主专制制度建立之后的帝王，至于上古之君王，则是出自"天下所归"，他们的所作所为也是以庶民利益为重。邓牧的批判，与宋代中央政权"与民争利"的苛政以及"冗官"的积弊有直接联系，但这只不过是儒家政治"得君行道"模式的翻版，依然不脱传统儒家士大夫所希望的"明君贤臣"的理想政治影子。古代中国的君主专权是国家得以统一和稳固发展的基础，士大夫所构成的官僚集团可以在某种程度上限制君权的膨胀，但这种限制并不触及本阶级的根本利益。古代史学家以其敏锐的观察力和卓越的历史见解，时常可以穿越时间的限制，更深入地看待国家治理过程中制度的种种弊端，但他们终究不能脱离这种利益关系，从根本上去批判和否定这种制度，这是制度的局限，也是历史的局限。

---

① （元）邓牧：《伯牙琴·君道》，浙江古籍出版社2019年版，第7页。

参考文献

一 历史文献

（汉）班固撰，（唐）颜师古注：《汉书》，中华书局1962年版。

（汉）司马迁撰：《史记》，中华书局1959年版。

（汉）荀悦撰，张烈点校：《两汉纪》，中华书局2002年版。

（汉）荀悦撰，（明）黄省曾注：《申鉴》，上海古籍出版社1990年版。

（后晋）刘昫等：《旧唐书》，中华书局1975年版。

（唐）刘知幾撰：《史通》，（清）浦起龙通释本，上海古籍出版社2009年版。

（金）刘祁：《归潜志》，中华书局1983年版。

（金）王若虚：《滹南遗老集》，胡传志、李定乾校注，辽海出版社2006年版。

（宋）晁公武撰，孙猛校证：《郡斋读书志》，上海古籍出版社1990年版。

（宋）陈亮、邓广铭点校：《陈亮集》，中华书局1987年版。

（宋）陈振孙撰：《直斋书录解题》，上海古籍出版社1987年版。

（宋）程颢、程颐：《二程集》，中华书局1981年版。

（宋）邓牧：《伯牙琴》，中华书局1959年版。

（宋）范祖禹：《帝学》，陈晔校释本，华东师范大学出版社2015年版。

（宋）范祖禹：《唐鉴》，上海古籍出版社1984年版。

（宋）洪迈：《容斋随笔》，中华书局2005年版。

（宋）黄震：《黄氏日抄》，《全宋笔记》第十编第九册，大象出版社2018年版。

（宋）李焘：《续资治通鉴长编》，中华书局2004年版。

（宋）李心传：《建炎以来朝野杂记》，中华书局2000年版。

（宋）李心传：《建炎以来系年要录》，中华书局1988年版。

（宋）陆游：《南唐书》，《陆游全集校注》，浙江古籍出版社2015年版。

（宋）吕祖谦：《大事记》，文渊阁《四库全书》本，台湾商务印书馆1983年版。

（宋）吕祖谦：《东莱博议》，中国书店1986年版。

（宋）吕祖谦：《历代制度详说》，文渊阁《四库全书》本，台湾商务印书馆1983年版。

（宋）欧阳修：《欧阳修全集》，中华书局2001年版。

（宋）欧阳修：《新五代史》，中华书局1974年版。

（宋）司马光编著：《资治通鉴》，中华书局1956年版。

（宋）司马光：《稽古录》，中国友谊出版公司1987年版。

（宋）司马光：《涑水记闻》，中华书局1989年版。

（宋）宋祁、欧阳修等：《新唐书》，中华书局1975年版。

（宋）孙甫：《唐史论断》，丛书集成初编本，商务印书馆1922年版。

（宋）孙复：《春秋尊王发微》，文渊阁《四库全书》本，台湾商务印书馆1983年版。

（宋）王钦若、杨亿等编纂：《册府元龟》，凤凰出版社2006年版。

（宋）王应麟：《困学纪闻》，中华书局2016年版。

（宋）王应麟：《通鉴答问》，文渊阁《四库全书》本，台湾商务印书馆1983年版。

（宋）徐梦莘：《三朝北盟会编》，上海古籍出版社2008年版。

（宋）叶梦得：《石林避暑录话》，上海书店1990年版。

（宋）叶适：《叶适集》，中华书局1961年版。

（宋）郑樵：《通志二十略》，中华书局1995年版。

（宋）周必大：《文忠集》，文渊阁《四库全书》本，台湾商务印书馆1983年版。

（宋）周密：《齐东野语》，中华书局1983年版。

（宋）朱熹：《伊洛渊源录》，海文出版社1968年版。

（宋）黎靖德编：《朱子语类》，中华书局1986年版。

（宋）朱熹、（清）康熙：《御批资治通鉴纲目》，文渊阁《四库全书》本，台湾商务印书馆1983年版。

（元）郝经：《续后汉书》，商务印书馆1958年版。

（元）脱脱等撰：《宋史》，中华书局1985年版。

（清）黄宗羲：《明夷待访录》，中华书局1981年版。

（清）黄宗羲、（清）全祖望：《宋元学案》，中华书局1986年版。

（清）永瑢等：《四库全书总目》，中华书局1965年版。

（清）阮元校刻：《十三经注疏》，中华书局2009年版。

（清）王夫之：《读通鉴论》，中华书局1975年版。

（清）王夫之：《宋论》，中华书局2008年版。

（清）徐松辑：《宋会要辑稿》，中华书局1957年版。

（清）赵翼：《廿二史札记》，王树民校证本，中华书局2013年版。

二　当代学人著作

白寿彝：《中国史学史论集》，中华书局1999年版。

白寿彝：《中国史学史》，上海人民出版社2006年版。

白寿彝主编：《中国通史·导论卷》，上海人民出版社1989年版。

白寿彝主编：《中国通史纲要》，上海人民出版社1980年版。

陈来：《宋明理学》，华东师范大学出版社2004年版。

陈其泰：《史学与中国文化传统》，华夏出版社1999年版。

陈寅恪：《隋唐制度渊源略论稿》，上海古籍出版社1982年版。

陈垣：《通鉴胡注表微》，商务印书馆2011年版。

邓广铭：《邓广铭治史丛稿》，北京大学出版社1997年版。

邓小南：《祖宗之法——北宋前期政治述略》，生活·读书·新知三联书店 2006 年版。
范立舟：《宋代理学与中国传统历史观念》，陕西人民出版社 2003 年版。
方建新编：《二十世纪宋史研究论著目录》，北京图书馆出版社 2006 年版。
葛兆光：《中国思想史》，复旦大学出版社 2001 年版。
何泽恒：《欧阳修之经史学》，台湾大学出版委员会 1980 年版。
翦伯赞等主编：《中国通史参考资料》（古代部分），中华书局 1979 年版。
李天石等编：《宋辽金史研究概述》，天津教育出版社 1995 年版。
刘家和：《史学、经学与思想》，北京师范大学出版社 2005 年版。
刘泽华：《中国政治思想史》，浙江人民出版社 2020 年版。
罗炳良：《南宋史学史》，人民出版社 2008 年版。
漆侠：《宋学的发展和演变》，河北人民出版社 2002 年版。
钱锺书：《宋诗选注》，人民文学出版社 1989 年版。
汤勤福：《朱熹的史学思想》，齐鲁书社 2000 年版。
吴怀祺：《中国史学思想通史》（宋辽金卷），黄山书社 2002 年版。
杨家骆：《续通鉴长编辑略》，世界书局 1962 年版。
杨翼骧编：《中国史学史资料编年》，南开大学出版社 1994 年版。
于浩辑：《宋明理学家年谱》，国家图书馆出版社 2005 年版。
赵铁寒主编：《宋辽金元四史资料丛刊》，文海出版社 1977 年版。
[美] 刘子健：《中国转向内在：两宋之际的文化内向》，赵冬梅译，江苏人民出版社 2002 年版。